KB049670

1천만 원으로 시작하는 수도권 아파트 투자의 기적

빌라부터 정비사업까지 소액으로 가능한 돈 되는 아파트 공략법

1천만 원으로 시작하는

수도권 아파트
투자의 기적

김용성(건희아빠) 지음

비즈니스북스

1천만 원으로 시작하는 수도권 아파트 투자의 기적

1판 1쇄 인쇄 2024년 4월 16일
1판 1쇄 발행 2024년 4월 23일

지은이 | 김용성(건희아빠)
발행인 | 홍영태
편집인 | 김미란
발행처 | (주)비즈니스북스
등 록 | 제2000-000225호(2000년 2월 28일)
주 소 | 03991 서울시 마포구 월드컵북로6길 3 이노베이스빌딩 7층
전 화 | (02)338-9449
팩 스 | (02)338-6543
대표메일 | bb@businessbooks.co.kr
홈페이지 | http://www.businessbooks.co.kr
블로그 | http://blog.naver.com/biz_books
페이스북 | thebizbooks
ISBN 979-11-6254-370-2 03320

비즈니스북스는 독자 여러분의 소중한 아이디어와 원고 투고를 기다리고 있습니다.
원고가 있으신 분은 ms1@businessbooks.co.kr로 간단한 개요와 취지, 연락처 등을 보내 주세요.

부동산 투자는 언제나 현재가 중요하다

투자에는 정답이 없다. 해당 시기, 시장 상황, 각 타이밍마다 조건이 다르고 투자 심리도, 투자 환경도 다르기 때문이다. 그때는 옳았지만 지금은 틀린 지역이 될 수도 있고, 그때는 틀렸지만 지금은 관심 가져야 할 지역으로 변할 수도 있다.

내가 투자를 적극적으로 할 때는 지방투자를 많이 했었다. 투자 건수를 늘리기 좋은 시기였고 미분양으로 고전하던 시장이 한 고비를 넘기던 때였다. 지금은 이런 방식으로 투자하는 것이 맞지 않다. 시대가 변하면 그때마다 적합한 투자 방식으로 갈아타는 것이 현명한 투자라고 생각한다. 지금은 고금리 상황이다. 정부의 주택에 대한 규제완화도 소극적인 편이다. 이럴 때는 어떻게 투자해야 할까?

자산시장은 여러 가지 얼굴을 가지고 있다. 부동산, 주식, 채권, 보험, 대부, 금, 코인 등 다양한 큰 줄기가 있고 그 줄기마다 파생되는 작은 투자 방식들이 존재한다. 어떤 투자는 옳고 어떤 투자는 그른 것이 아니라, 시대별로 맞아 떨어지는 투자 방식이 존재할 뿐이다. 꼭 부동산이 아니어도 된다는 말이다. 그리고 부동산 투자를 이어가는 투자자라면 이런 때일수록 어떻게 대처해야 하는지, 무엇을 바라보고 어디로 나아가야 하는지 방향성을 생각해봐야 한다.

이 책이 부동산 투자의 바이블이나 정답지까지는 아닐 것이다. 하지만 소액투자를 원하는 많은 분에게 한 가지 방향성을 알려줄 수 있다면 나는 그것으로 만족한다. 내가 겪은 실수를 당신이 겪지 않기를 바라는 마음에서 말이다.

유동성 가뭄, 그래도 틈새는 있다

금리가 여전히 높다. 부동산 투자, 아니 자산시장의 실물투자에 적합하지 않은 때다. 하지만 역사적으로 볼 때 언제나 어디서나 틈새시장은 존재해왔고 앞으로도 그럴 것이다. 하락장이라고 돈 버는 사람이 없지 않고, 상승장이라고 모두 다 돈을 버는 게 아니듯 말이다.

조심스럽기는 하지만, 앞으로의 부동산 시장을 전망해 보자면 정부의 의지대로 움직일 것이라고 예상된다. 무슨 뜻일까? 지금은 시장에 유동성이 부족하다. 금리가 이렇게 높으니 현금 유동성이 부동산으로 돌지 않는다. 여유 자금이 은행으로 유입되어 부동산으로 재투자가 되는 순환장이 나타나지 않기 때문이다. 매수자는 대부분 실거주자라서 갈아타기 수요가 많고, 매도자는 매도하여 들어오는 현금을 역전세나 대출 상환에 사용한다. 유동성이 부족하기 때문이다.

그런데 이런 시장에서도 지속적으로 유동성이 공급될 분야가 있다. 바로 청약시장과 상급지 갈아타기 시장이다. 정부에서는 지속적으로 실거주(무주택 또는 1주택)자들에게 저금리의 대출상품을 만들어주고 있다. 특례보금자리론이나 신생아 특례대출 같은 상품으로 유동성을 공급해서 부동산의 급락을 막고 있는 것이다. 또 하나는 청약시장이다. 미분양 시장이 악화되어 건설사들이 줄파산하는 상황을 선제적으로 대응하는 정책을 보여주고 있다.

유동성이 공급되는 시장에서는 투자의 방향을 찾을 수 있을 것이고, 이외의 분야에서는 아쉽지만 투자의 메리트가 떨어질 것으로 보인다. 그렇다면 우리는 어떤 방식으로 정부의 정책을 읽어야 할까? 틈새시장을 열어주는 정부의 정책을 미리 파악하고 분석해서 선제적으로 대응해야 하지 않을까?

전쟁통에도 아이는 태어나는 법이라 했다. 아무리 시장이 안 좋다고 하더라도 틈새시장은 분명히 존재하게 되어 있다. 그 시장을 찾아내는 안목을 갖는 데 이 책이 도움이 되면 좋겠다.

투자자라면 흑백논리에 휩쓸리지 말자

지금까지 부동산 투자를 하면서 단 한 번도 쉬운 적이 없었다. 매번 처음으로 시도하는 투자였으며, 익숙한 방식에서 벗어나는 투자였다. 지방에서 미분양에 투자한다는 것 자체가 남들이 보기엔 넌센스였을 것이다. 지방 재개발·재건축 투자는 절대 안 된다고 하는 것이 지론이었으니까 말이다. 이제 와서 하는 말이지만, 나는 그 편견과 두려움을 단 한

번도 이겨내본 적이 없다. 모두 다 묵묵히 견디고 받아들이면서 나아갔을 뿐이다.

가까운 예로 2023년에 인천 미분양 물건을 투자하러 간다고 할 때 주변 사람들은 다 부정적이었다. "인천은 이제 끝이다." "대체 인천을 왜? 미추홀구를 뭐 하러?"라는 반응이 태반이었고 입지도 좋지 않다는 의견이 팽배했었다. 그러나 내가 본 것은 입지와 상품이 아니었다. 시장이 변화하고 있었고 인천의 미분양이 소진되는 상황을 보고 있었다. 그래서 3,000만 원이라는 소액으로 미분양 단지에 투자했고 나쁘지 않은 수익을 거두었다. 이것이 시장을 바라보는 가치의 변화다. 입지에 대한 평가는 그때그때 다르다. 다만 사람들은 그 사실을 자주 잊어버리는 듯하다.

나는 앞으로도 또 이렇게 이른바 '욕세권' 아파트들을 찾아다닐 것이다. 그 '미운오리'가 백조로 다시 태어나는 것을 직접 경험하고 보아왔기 때문이다. 투자자라면 편견을 갖지 말자. 어느 한쪽만 옳고 그르다는 흑백논리에서 벗어나 유연한 투자자로 성장했으면 좋겠다.

이 책을 쓰기까지 많은 고민이 있었던 것이 사실이다. 시장도 그리 좋지 못한데 굳이 지금 책을 내야 할지, 나중에 출간하는 게 좋지 않을지 거듭 생각했다. 하지만 나의 결론은 결국 '언제나 현재가 중요하다'였다. 바로 지금이 중요하다는 생각이 들었다. 현재 내 상황은 과거에 내가 한 선택의 결과물이다. 그렇다면 미래의 내 모습은 오늘의 내가 한 결정의 결과물일 것이다.

영원한 저의 스승, 골목대장님. 언제나 든든한 버팀목처럼 서 계셔주셔서 감사합니다.

힘든 상황마다 못난 남편을 응원해주고 지지해준 아내 오숙경 여사님, 사춘기를 지나고 있지만 잘 자라준 건희, 가인이에게 고맙다고 말하고 싶다.

언제나 저를 응원해주시는 모든 분들, 항상 감사합니다.

2024년 4월,

김용성(건희아빠)

○ 차례 ○

인트로

한국의 부동산은 언제까지 오를까?

제1부
서울특별시 초기 재개발 지역 분석

제2부
경기도 소액투자 지역 분석

제3부
인천광역시 소액투자 지역 분석

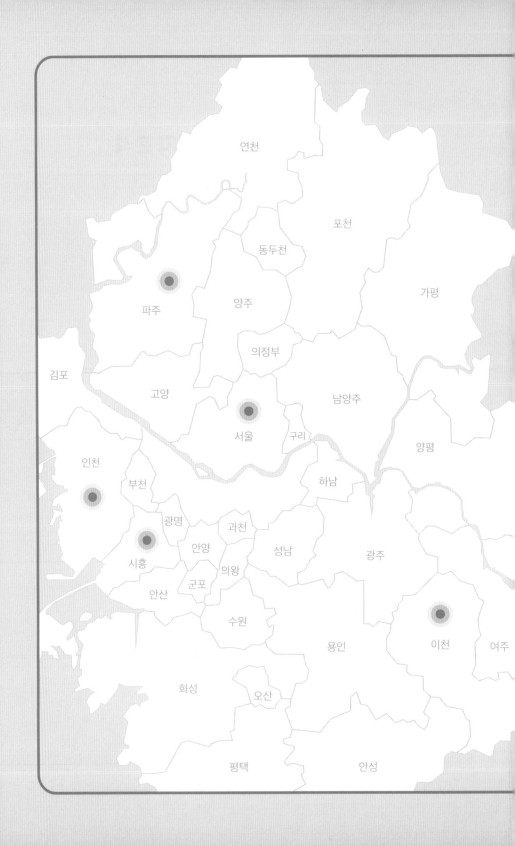

인트로

한국의 부동산은
언제까지 오를까?

부동산에 투자할 때 거시경제를 알아야 하는 이유

미국은 지난 2022년 상반기부터 기준금리를 급격하게 올리기 시작했다. 그것도 시차를 두고 시장의 방향을 보면서 천천히 올리는 방식이 아니라 '빅스텝'(0.5퍼센트포인트 인상 또는 인하) 혹은 '자이언트스텝'(0.75퍼센트 포인트 인상 또는 인하)으로 한 번 올릴 때마다 급격하게 금리인상을 단행했다. 한국의 부동산 투자자들이 지난 20년 동안 한 번도 겪어보지 못한 대재앙의 시작이었다.

(단위: %)

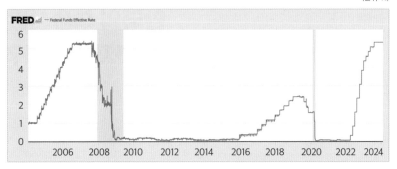

출처: FRED Federal Reserve Economic Data (연방준비은행에서 제공하는 경제 데이터베이스)

금리인상이 불러온 최악의 부동산 시장

이후 내용에서도 나오겠지만 나 역시 겪어보지도, 전혀 예측하지도 못한 시장 상황이었다. 너무나 절망적이었고 피가 마르는 날들이 계속됐다. 그런데 엎친 데 덮친 격으로 현재 상황이 언제 끝날지도 모르는데 불과 두 달 만에 다시 들려오는 미국 금리인상 소식에 연이어 우리나라도 기준금리를 인상시켰고 이는 곧 대출이자의 급등으로 이어졌다. 우리나라 대부분의 가계대출은 변동금리 방식을 택하고 있다. 저금리 시기에는 고정금리 방식보다는 변동금리가 약간 저렴한 장점이 있어서 조금이라도 이자액을 줄일 수 있는 변동금리로 대출을 실행하기 때문이다.

하지만 당시 금리 급상승기가 닥치자 대출 실행자들은 엄청난 금융 타격을 입게 된 것이다. 그게 실거주자든 투자자든 대출을 실행한 사람들이 체감하는 이자 급등의 타격은 상상을 초월했다. 나 또한 기존에 저금리로 받아둔 대출이자가 오르기 시작하면서 7퍼센트대 이자를 내게

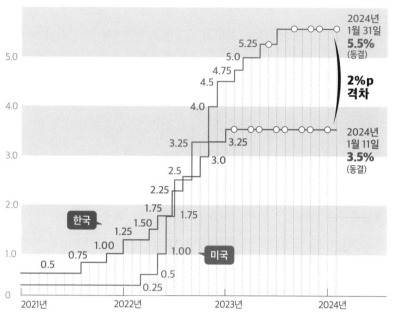

(단위: %)

출처: 한국은행, 미국 연방준비제도

되었다. 대출상품의 특징과 영향도 있지만 은행이자만 무려 세 배 가까이 오르게 되는 상황을 맞게 된 것이다. 그때 나는 정말 정신이 하나도 없었다. 매달 내는 이자액이 급격하게 늘어나 생활비로 써야 할 자금까지 끌어와야 했고, 원리금 상환 기한이 돌아오는 대출들은 새로운 변동금리가 적용될 이후에는 이자액이 감당이 안 될 정도여서 당장 어떻게든 상환을 해야만 했다. 지난 금리 급등기는 나에게 그 정도로 큰 고난의 시간이었다.

최근 금리 급상승기에 한국은행도 미국을 따라 기준금리 인상을 단행했다. 부동산 시장에서는 이자액 상환 부담에 따른 거래 위축 현상이 지속될 것이란 우려가 커졌고 거래량이 감소하는 악순환이 계속됐다. 더하여 대출금리 인상과 맞물려 부동산 매수 심리가 위축될 것이라는 시장 전문가들의 관측이 주를 이루기 시작했고, 얼마 안 가 심리지수가 꺾이는 게 확연히 보였다.

하지만 그런 와중에 천만다행으로 한국은 미국처럼 5퍼센트대까지 기준금리를 올리지 않고 3.5퍼센트에서 멈췄다. 정말 천행이라고밖에는 설명할 길이 없다. 미국의 기준금리가 5.5퍼센트인데 한국은 3.5퍼센트에서 멈추고 기준금리 역전 현상을 1년이 넘도록 버티고 있다. 그 점은 정말 한국은행에 감사한다. 그래서 이렇게 한국 경제가 버티는 것은 기적에 가깝다는 평가도 있다. 3.5퍼센트대의 금리에도 이렇게 힘든데 미국을 따라가서 6퍼센트대까지 올랐다면 우리나라 경제와 부동산 시장은 어떻게 됐을까.

한편, 대체적으로 우리나라의 기준금리 인하는 당분간 어려울 것이라는 관측이다. 미국과의 금리 역전차가 해소되지 않는다면 우리나라의 기준금리 인하는 없기 때문이다. 지난 20년 동안, 아니 40년을 보더라도 이렇게 미국이 기준금리를 급격하게 올리는 경우는 단 한 번도 없었다. 바꿔 설명하자면 40년 전만큼 급격한 기준금리 인상을 경험한 투자자는 아무도 없다는 뜻이다. 40년 전 일을 어떻게 기억하겠는가? 또 알고 있다고 해도 글로벌 경기는 수많은 경우의 수를 두고 변하는 것이기에 예측하기란 정말 어렵다.

사실 2022년 상반기까지만 해도 이렇게 금리인상을 예상한 전문가는 단 한 명도 없었다. 그리고 금리인상이 되더라도 우리나라는 기준금리를 이미 서서히 올리고 있던 상황, 즉 미국의 금리인상을 선반영하고 있

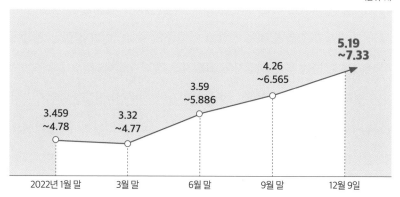

● 4대 시중은행 전세대출 금리 추이

(단위: %)

3.459
~4.78   2022년 1월 말

3.32
~4.77   3월 말

3.59
~5.886   6월 말

4.26
~6.565   9월 말

5.19
~7.33   12월 9일

출처: KB국민·신한·하나·우리은행 취합

었기에 추가적인 금리인상의 영향은 미미할 것이라는 예측이 대다수였다. 그렇게 미국의 금리 급상승은 누구도 예측하지 못했고, 그래서 대응하지 못했기에 결과적으로 최악의 상황을 맞고 만 것이다.

부동산 투자자들에게 2022년은 정말 최악의 한 해였다. 하루하루가 고통의 연속이었다. 금리인상이 얼마나 지속될지, 언제 끝날지, 금리인하기는 정말 오기는 올 것인지 아무도 답을 해주는 사람이 없었다. 사람들은 이렇게 미국의 금리인상이 한국의 부동산을 한 방에 무너뜨릴 수 있는 큰 무기라는 것을 그제야 깨달은 것이다.

한국의 전세시장이 소멸하다

그때부터 이해가 되지 않는 시장이 펼쳐지기 시작했다. 특히 전세시장이 이해가 되지 않았다. 2022년 상반기 최소 3.5퍼센트대였던 전세자금대출 금리가 2022년 하반기 최대 7퍼센트대까지 상승해버렸다. 이때부터 전세 수요가 실종되기 시작했다. 금리가 올라가니 전세자금대출이 자액도 같이 오르는 것은 당연한 수순이다. 이것은 인정한다. 그런데 전세 수요 자체가 전멸한 것은 정말로 이해를 할 수가 없었다. 정말 현장에서는 전세 매물을 묻는 세입자의 그림자도 찾기 힘들었다.

어떻게 금리가 올라간다고 전세 세입자가 전부 사라진단 말인가? 서울시 거주자의 60퍼센트는 전세 혹은 월세 세입자이고, 이 중 70퍼센트가 전세로 거주하고 있다. 자그마치 수백만 명의 수요층인 것이다. 그런데 이 수백만 명의 사람이 한순간에 사라지는 기이한 현상이 벌어졌다. 전세자금대출이자가 오른다고 해서 집을 비워주고 다들 이사라도 갔단 말인가? 아니면 서울 근교에 저렴한 전세로 이주했을까? 아니다. 당시 서울, 경기도, 지방 할 것 없이 전국의 전세 수요가 동시에 씨가 말라버렸다.

나는 아직도 이론적으로 합당한 이유를 찾지 못하고 있다. 금리상승기 8개월 동안과 그 후의 금리정체기까지 약 1년 6개월 동안 누군가는 전세 기한이 끝났을 것이고 누구는 이사를 계획한 사람들이 분명히 있었을 것이다. 사람이 살아야 하니 집이 필요한 것은 당연하다. 그런데 시장에 전세 수요는 흔적도 없이 자취를 감춰버렸다. 그것도 지역이나 시기를 막론하고 전국에서 똑같이 감쪽같이 사라져버렸다. 그 사람들은 다 어디로 갔을까?

현장에서는 전세 세입자를 구하지 못해서 별별 상황이 벌어지기 시작했다. 세입자에게 전세보증금을 돌려줘야 하는데 후속 세입자를 못 찾아서 부동산 100군데가 넘는 곳에 매물을 내놓는 투자자들이 수두룩했다. 그러면 새 세입자를 못 찾는 집주인들은 전세보증금을 낮추게 되고 전세가, 특히 전세호가는 급락하게 된다. 역전세의 시작인 것이다.

전세가가 폭락하자 이제는 역전세만 문제가 아니었다. 매매가격도 같이 폭락하기 시작했기 때문이다. 전세 세입자를 맞추지 못하니 매매라도 해서 보증금을 내주려는 집주인들이 늘어났고 이것이 매매가격의 동반 폭락으로 이어진 것이다. 심지어 전국에서 동시다발적으로 일어난 폭락장이었다. 부동산 가격은 언제나 오를 수도 내릴 수도 있다. 하지만 당시 매매가격이 폭락하는 속도는 정말 상상을 초월하는 수준이었다. 그 누구도 예측하지 못했고, 파급력은 너무도 강력했으며, 그렇기에 대응하기는 더더욱 어려웠다.

부동산 투자자는 레버리지를 지렛대 삼아 부동산 투자를 한다. 그리고 레버리지로는 전세와 주택담보대출을 이용한다. 그런데 전세가가 폭락하는데 주택담보대출 금리는 폭등을 하니 양쪽에서 압박을 받는 상황

● **2018~2023년 서울시 아파트 매매가격지수 추이**

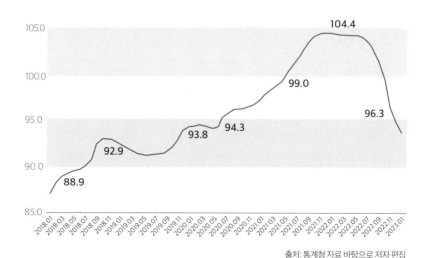

출처: 통계청 자료 바탕으로 저자 편집

이 일어난 것이다. 특히 전세가 폭락이 타격이 컸다. 전세가 폭락하면 다주택자들의 물건부터 매매시장에 나오게 된다. 부동산 시장에 물량을 조절하는 다주택자의 물건이 시장에 쏟아지면 안 그래도 수요가 없는데 매매가마저 폭락하는 악순환이 발생하고 만다. 당시 단 6개월 만에 서울의 핵심지역은 약 30퍼센트 이상, 비핵심지역은 최대 50퍼센트까지 매매가격이 빠져버렸다. '호가'라는 말이 무색할 정도로 시세가 무너져버린 것이다.

거시경제는 '투자의 쟁반'임을 잊지 말자

솔직하게 말하겠다. 부동산 강의를 하는 사람에게 치부가 될 수도 있지만 나는 이런 급락장을 겪어본 적이 없었고, 공부한 적은 더더욱 없었다. 주변에선 IMF 때도 이렇게 시장이 급락하지는 않았다고 했다. 나 역시 너무나 무섭고 고통스러웠고, 뭘 어떻게 대처해야 할지 몰라 눈앞이 깜깜했다. 수강생들은 이런 장에서 어떻게 팔아야 하느냐고 질문하는데 답변을 해줄 수가 없었다. 그냥 싸게 내놓으라는 말만이 해줄 수 있는 조언의 전부였다. 그때만큼 나 자신이 무능력하고 무기력하게 느껴진 적이 없다. 급락장에서는 백약이 무효하다는 것을 실감하게 된 것이다.

부동산을 공부하고 투자하면서 나는 내가 실력이 좋고, 운이 좋은 사람인 줄 알았다. 뭐든지 노력하면 다 될 거라고 생각하고 행동하는 사람이었다. 그런데 이 모든 행운과 노력의 좋은 결과들은 그저 그동안 시장의 흐름을 잘 탔을 뿐, 내 실력이나 운이 아니라는 것을 그때 깨달았다.

내가 들어간 때가 마침 지방 부동산 호황기였던 덕분이고, 미분양 부동산 투자 적기에 얻어 걸린 것이었다. 한마디로 시장 흐름에 잘 올라타서 수익이 좋았던 것뿐인데, 이를 반대로 해석하면 개인의 실력이 아무리 탁월해도 시황을 이길 수는 없다는 뜻도 된다.

물론 지나고 나면 다 경험이고 노하우라고 하는 사람들도 있다. 하지만 이때부터 나는 거시경제를 더 공부하지 않으면 아무리 입지 공부나 지역 분석을 잘해도 '말짱 도루묵'이라는 것을 깨닫게 되었다.

글로벌 경제니 거시경제니 하니까 너무 거창한가? 그럼 먼저 금리부터 공부해보는 건 어떨까? 미국의 금리, 중국의 금리가 우리나라 경제에 미치는 영향 정도는 알고 있어야 다음 급락장이나 돌아올 금리하락기에도 어떤 일이 벌어질지 예측할 수 있을 테니 말이다.

투자 격언 중에 "계란을 한 바구니에 담지 말라."라는 말이 있다. 분산투자를 강조하는 것이다. 그런데 만약 그 바구니를 올려놨던 쟁반이 무너지면 어떻게 될까? 거시경제를 이해하지 못하면 쟁반이 무너지는 일은 또 반복될 것이다.

이제 금리인상의 시대는 지나가고 금리정체기가 시작되었다. 그리고 언젠가 금리인하기가 돌아올 것이다. 사람들은 저금리 시대만을 기억하며 금리인하 소식을 기다리고 있다. 그럼 금리인하가 되면 우리가 바라는 파라다이스가 펼쳐질까? 결론부터 말하자면, 아니다! 더 혹독한 겨울이 기다리고 있을 것이다. 그 이유와 원인을 알려면 거시경제를 알아야 한다. 거시경제 공부가 너무 큰 숙제 같다면 적어도 금리의 영향만이라도 이해해보자. 그것이 우리가 쟁반 위에서 살아남는 길일 수 있으니 말이다.

금리와 부동산의 역학관계

금리와 부동산은 어떤 관계를 가지고 움직이게 될까? 아래 그림을 한번 살펴보자.

이것은 주식투자의 대가로 유명한 앙드레 코스톨라니André Kostolany의 '달걀 이론'Egg Theory이다. 이 이론은 경기는 금리를 기준으로 호황과 불황을 반복하기에 해당하는 시기에 따라 투자 대상이 어떻게 변하는지 설명해준다. '금리 최고점'은 금리가 정점을 찍는 시기로 대부분의 자본이 은행 예금으로 향해 시중에는 유동성이 부족한 상태다. 이 국면에 이

● 코스톨라니의 달걀 이론

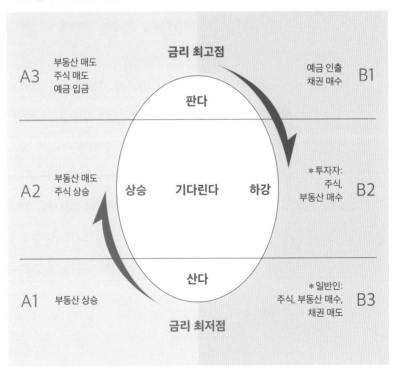

르면 시장은 서서히 경기 연착륙이냐 경착륙이냐로 논쟁이 일기 시작하고 장기금리가 하락하게 된다.

반대로 '금리 최저점'은 금리가 바닥을 찍는 시기로 낮아진 대출금리로 인해 대출이 빠르게 증가한다. 이에 따라 시중에는 막대한 유동성이 풀리고 이 유동성은 자산시장으로 흘러 전반적인 가격 상승을 일으킨다. 하지만 말 그대로 이론이기 때문에 실제와는 약간의 차이가 생길 수 있음을 감안하고 참고하자.

저금리라는 달콤한 꿈에서 깨다

여기서 우리가 기억해야 할 핵심은 '기준금리가 최저점이라면 부동산은 상승한다'는 것이다. 유동성이 커지면서 시중의 자금들이 주식과 부동산으로 몰리기 때문이다. 저금리로 대출을 받아서 건물과 아파트를 매수하기 시작하는 시기면서 부담감이 가장 덜한 시기다. 지난 약 10여 년 동안 우리는 이런 저금리 시대를 지나왔다고 보면 된다. 저금리의 영향이 점차 커지면서 2015년부터 부동산이 바닥을 찍고 상승하기 시작했고 2021년까지 꾸준히 상승 곡선을 그리는 괴력을 발휘하게 된 것이다.

그동안 우리는 이러한 저금리 상황에 적응해서 장밋빛 낙관론만 보게 된 것인지도 모른다. 유동성이 잠식되는 고금리 상황을 잊어버리거나 아예 고려하지 않게 된 것일 수도 있다. 나는 이 점이 참 아쉽다. 이론적으로는 알고 있었지만, 금리인상의 여파가 실제로 너무나도 급격하고 치명적으로 나타날 줄은 꿈에도 몰랐으니 말이다.

그래도 이론적으로 미국의 '테이퍼링'Tapering(양적 완화 정책의 규모를 점진적으로 축소하는 것)이 시작된다는 전조 현상이 있을 때 고정금리로 갈아타는 전략을 고려했어야 했다. 그런데 지난 시장의 성공가도에 취해서 시장금리의 급격한 변화를 대응하지 못했다. 아니, 어쩌면 준비하지 않고 있었다는 것이 맞는 듯하다. 지금도 반성하는 부분이다.

지금은 금리 최고점, 하지만 틈새시장은 있다

긍정적인 전망을 기대하는 투자자나 독자에겐 좀 미안한 말이지만, 2024년에 우리나라의 금리인하는 없을 것 같다. 미국과의 금리 역전차가 2퍼센트씩이나 나는데다가 미국의 금리인하 시기도 더 미뤄질 것 같다는 연방준비제도(이하 연준)의 시그널이 나오고 있기 때문이다. 이런 판국에 우리나라의 금리인하가 시작되겠는가? 시기상조다.

결론적으로 나는 지금 우리가 금리 최고점을 지나고 있다고 생각한다. 시장의 유동성이 말라가고 있으며 인플레이션이 여전히 너무 높다. 부동산으로 몰리던 유동성이 모두 빠져나가는 타이밍이다. 그러면 부동산 상승으로 갈 에너지가 빠져나가면서 사람들의 관심도가 떨어지고 심리는 얼어붙는다. 그래서 지금은 가지고 있는 부동산을 매도하는 시기다. 갭투자 같은 부동산 투자는 어울리지 않는 때라는 뜻이다.

주식시장도 비슷하다. 한두 번 정도 유동성에 대한 리스크가 적어질 때 주식시장은 폭등하고 종합주가지수 5,000을 바라본다는 기사가 나오기 시작한다. 부동산보다 주식시장의 버블이 더 늦게 터지기 때문에 나타나는 현상이다. 주가가 폭등하고 이를 부동산 시장 상승의 전조 현상으로 판단하는 실수를 하지 않길 바란다. 지난 역사가 말해주고 있으니 말이다.

금리가 최고점인 지금은 가지고 있는 부동산을 하나씩 매도하여 수익화 해야 한다. 개별적인 차이는 있으나, 부동산 시장의 전체적인 흐름이 매도 쪽으로 움직이고 있다. 그런데 그거 아는가? 어느 시장, 어느 시점이든 틈새시장은 존재해왔다. 그리고 그 틈새시장을 개척하고 미리 준비한 사람들은 언제나 돈을 벌고 있다.

그렇다면 지금 같은 고금리 상황에서의 틈새시장은 무엇일까?

고금리 시대, 우리는 무엇을 해야 할까?

금리인하 시기가 아직 오지 않는 지금 상황에서 투자자는 어떻게 하는 것이 현명할까? 앞에서도 말했지만 어느 시장, 어느 시점이든 틈새는 있다. 자산시장이 꼭 부동산만 있는 것은 아니다. 주식, 채권, 예금, 부동산 등등 다양한 쟁반과 바구니들이 있다. 금리인상기가 마무리되는

● 미국 기준금리와 채권금리 추이(2023.03.30 기준)

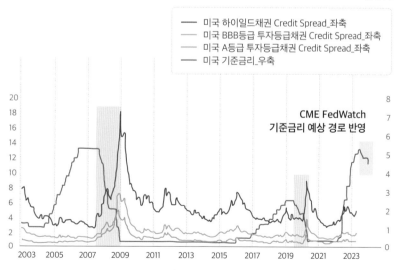

(단위: %)

출처: 블룸버그, CME FedWatch(시카고 상품거래소CME에서 제공하는 경제지표 도구)

시점이 되면 우리가 주목해야 할 시장이 있는데 바로 '채권'이다. 실제로 2024년 1월 기준으로 채권 수익률 6퍼센트대 상품이 나왔다. 1년 고정 수익률이니 예·적금보다는 좋은 수익률이 나올 수 있는 투자 방법이다.

좀 더 자세히 살펴보자. 보통 채권투자의 최적기는 금리하락기라고 한다. 앞의 그래프를 보면 붉은색으로 칠한 구간이 금리하락기이면서 경기침체기다. 이때 전체 시장이 하락하지만 채권가격은 폭등하는 것을 볼 수 있다. 2009년과 2020년에 채권가격이 급등하고 금리인하가 끝나자 채권가격은 다시 원점으로 돌아오게 된다.

쉽게 예를 들어 설명하자면, 5퍼센트대 채권을 사놓고 있다가 금리가 떨어져서 1퍼센트대 채권시장이 형성되면 5퍼센트대 채권은 1퍼센트대 채권 이자의 다섯 배를 받을 수 있는 셈이다. 그러면 채권도 주식처럼 매도할 때 비싸게 팔 수 있는 것이다. 이런 투자 방법을 채권투자의 꽃이라고 부른다. 한마디로 채권도 금리의 갭을 이용한 투자가 가능하다는 것이다.

가령 한국전력공사나 한국수력원자력 같은 공공기관의 채권은 절대 부도날 리가 없다. 이런 우량 기관의 채권을 미리 사놓고 1년 정도 후 금리인하기가 왔을 때 투자금의 50퍼센트 수익률을 기록하고 매도한다면 좋은 투자이지 않을까?

나는 부동산 투자자라고 해서 꼭 부동산만 해야 하는 것은 아니라고 생각한다. 이런 안정성 높은 투자도 고려해보자.

금리인하의 필요조건은 경기침체?

금리인하에 대해 여러 전문가들의 의견이 있다는 것에 일단 귀를 기울여 보자. 일부 전문가들은 금리인하가 부동산 시장에 긍정적인 영향을 줄 것으로 예상하고 있다. 예를 들어, 금리인하가 예상되면서 수익형 부동산 시장, 특히 오피스텔 시장에서 활황이 기대된다는 보도가 쏟아진다.

그럼 우리가 그토록 원하는 금리인하가 시작되면 장밋빛 시장이 돌아올까?

● **1970~2020년 이후 미국의 기준금리 추이**

(단위: %)

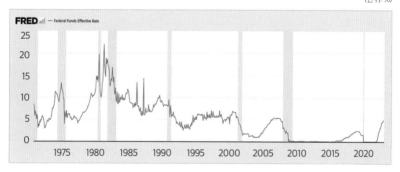

출처: FRED

FRED 사이트에서 검색해본 지난 50여 년간의 미국 기준금리 현황이다. 잠깐 부연설명을 하자면 파란색 그래프가 미국 기준금리 변화 추이이고, 하얀색 바탕은 보통 경기, 회색 세로 줄은 경기침체기를 의미한다. 이 통계를 볼 때 경기침체가 나타날 때 금리인하기와 거의 맞물리는 것을 알 수 있다. 다시 말해 금리를 내리는 시기마다 미국은 경기침체를 겪어야만 했다는 뜻이다.

그래프를 보면 가깝게는 지난 2008년 세계 금융위기와 2002년 IT버블 그리고 2020년 잠깐이기는 했지만 '코로나19' 시기에 미국에 경기침체가 왔다는 것을 알 수 있다. 그래서 연준은 금리를 인하해 유동성을 시장에 풀어서 경기를 부양하는 전략을 취했던 것이다.

좀 어렵게 느껴지는가? 쉽게 말해 경기가 너무 과열되었기에 금리를 올려서 유동성을 제한했더니, 어느 순간부터 경기가 너무 안 좋아지자 다시 금리를 내려서 경기침체를 풀어내려는 상황이 반복된다는 뜻이다.

그렇다면 이것이 우리나라와 무슨 관련이 있을까? 우리가 바라는 금리인하가 오려면 자연적으로 경기침체를 한 번 겪어야 한다는 뜻이 아닐까? 이처럼 금리인하는 그냥 오는 것이 아니다. 경기부양책이 나와야 할 만큼 시장이 안 좋아야 하고, 소위 '약발'이라고 하는 인플레이션 수치가 극도로 낮아져야만 미국은 금리인하를 시작할 것이다. 그렇다. 우리는 금리인하를 맞이하기 전에 경기침체를 먼저 만나게 될지도 모른다. 그러면 다가오는 경기침체는 어떻게 대처해야 할까?

● 2004~2024년 미국의 기준금리 추이

(단위: %)

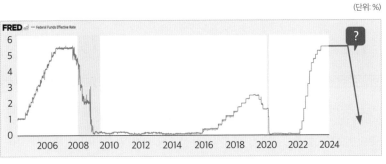

출처: FRED

이때 생각해볼 중요한 두 가지 질문이 있다. '고금리 상황은 얼마나 지속될 것인가?' 그리고 '금리인하 시기에 경기침체는 얼마나 지속될까?' 이다. 상황마다 대처해야 할 방법들이 다를 것이고, 지속 여부에 따라서 개인들의 버티는 능력이 다를 것이다.

고금리 상황은 얼마나 지속될 것인가?

먼저 고금리 상황이 얼마나 지속될지에 대해 생각해보자. 일단 지속성으로 본다면 약발이 먹히고 있다는 시장의 변화가 나타날 때쯤 금리인하의 시그널이 나올 것이다. 그럼 그때가 언제일까? 비교가 될지 모르겠지만 2008년 금융위기 전에 고금리 지속상황이 약 1년 6개월 동안 5퍼센트대 기준금리를 유지했다. 그럼 이번에도 비슷한 지속성을 가지지 않을까?

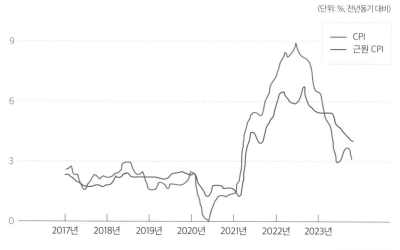

● 미국 소비자물가지수 상승률

(단위: %, 전년동기 대비)

출처: 미국 노동부

한번 금융 정책을 실행했다면 그것이 시장에 원하는 만큼의 영향력이 퍼져야 한다. 인플레이션 수치가 낮아들고 미국 소비자물가지수CPI, Consumer Price Index가 2퍼센트대까지 떨어져야 그때부터 정책적인 변화가 나타날 것이다.

그렇게 시장을 컨트롤하려면 시간이 필요하다. 대략적으로 금리상승이 멈춘 것은 2023년 상반기였다. 그럼 최소한 1~2년 정도는 그 정도 금리를 유지할 가능성이 높아 보인다. 변수가 많겠지만 미국 금리인하가 시작되는 시점은 최소 2024년 하반기에서 2025년부터 시작될 가능성이 높다고 생각된다. 그럼 앞으로 1년여를 더 고금리 상황이 지속될 것으로 보고 자금 계획을 세우는 것이 좋다. 불필요하게 재산세나 내고 역전세 가능성이 높은 물건은 손해를 보더라도 매도해 정리하고 다음 장을 기다리는 것이 현명하다고 본다.

금리인하기에 경기침체는 얼마나 지속될까?

아마 이에 대한 답을 정확히 아는 것은 신의 영역이지 않을까 싶다. 하지만 대체적으로 미국이 경기침체를 풀기 위해서 금리를 인하할 때는 대부분 금리인하 속도가 아주 빠르게 진행하게 된다. 유동성을 풀어서 실업률을 낮추고 고용률을 높여야 차기 선거에 유리하기 때문에 정치권에서 금리인하 속도를 높이라고 주문하는 경우가 많기 때문이다.

그러면 금리인하의 속도도 빨라지지 않을까? 조심스럽게 예상해볼수 있는 대목이라고 생각한다. 6개월 만에 5퍼센트대까지 올렸던 자이언트스텝 인상을 방불케 하는 속도로 금리인하도 빠르게 진행되기를 예상해본다. 그만큼 경기침체는 정치적으로 큰 이슈일 것이다. 그러한 변수가 금리인하의 속도를 가속화시킬 가능성이 높고, 그러면 경기침체는 또 소리 소문 없이 지나갈 수도 있다고 생각한다. 미국은 우리가 아는 것보다 더 강한 나라이기 때문이다.

경기침체의 시그널이 사라지고 저금리의 상황이 돌아오게 되는 2026년쯤부터는 레버리지 투자가 다시 성행할 것이다. 그때를 미리 준비하는 것이 현명한 투자자가 아닐까 싶다.

물론, 경기침체가 안 올 수도 있다. 코로나 팬데믹 때처럼 너무 큰 외부요인 때문에 온지도 모르게 지나갈 수도 있고, 원인이 경기침체가 아니더라도 정책적인 면이나 정치적인 이슈로 금리인하 시기가 빨라질 수도 있다. 그것을 아는 것은 신의 영역이다. 그러니 신이 아니라면 정석대로 준비하는 것이 맞지 않겠는가.

봄이 오려면 매서운 겨울을 견뎌야 한다. 그런데 봄이 오기 전에 꽃샘추위가 있다는 것을 잊지는 말자. 꽃샘추위가 한겨울 혹한보다 더 거셀 수 있으니 말이다. 과거는 미래를 비추는 거울이라는 말이 있다. 지금의 상황과 비슷한 과거의 상황을 미리 알아두고 복습하면서 미래를 대비하자.

2022년 하락장을 경험하고 깨달은 것들

앞서 서울시 매매가격지수 그래프에서는 2022년 초를 기점으로 서울의 매매가격이 폭락하는 것을 알 수 있었다. 다음의 그래프는 전국 매매시장의 흐름을 보여주는 것으로 약간의 시차는 있지만 전국의 매매가격

● **2018～2023년 전국 아파트 매매가격지수**

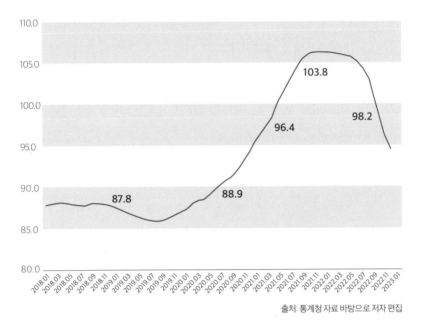

출처: 통계청 자료 바탕으로 저자 편집

또한 비슷한 시기에 무너지는 것을 볼 수 있다. 서울과 전국의 부동산 시장이 비슷하게 움직인 것이다.

시장이 무너지면 투자자도 무너진다

나는 최근만큼 차갑게 식은 시장을 경험한 적이 없다. 지방이 하락하면 서울이 오르고, 시간이 지나면 반대의 경우로 바뀌는 것을 봐왔기 때문이다. 지방도 지방 나름이라서 경상도(예를 들어 부산)가 무너지면 충청도가 오르고 전남이 떨어지면 강원도가 올라줬었다. 그래서 경상도에서 손해를 보면 충청도에서 손실을 메꾸고, 강원도에서 이익을 본 자금으로 전라도에서 본 손실을 메꾸는 식의 투자를 병행해왔다. 부동산이란 지역별로 순차적으로 오르고 내리는 것이라고 알고 있었는데 이렇게 전국의 장이 모두 무너지다니, 정말 최악의 상황이었다.

한마디로 뭘 해도 안 되는 시장이었다. 매도는 단 하나도 안 되고 투자해놓은 물건에서 자금이 회수가 안 돼서 다른 대출을 일으켜야만 했다. 소위 카드 돌려막기처럼 대출을 끌어다 쓴 것이다. 그 시간은 너무나 힘들었다. 원리금 상환일은 어찌 그리 빨리 돌아오는지 한 달 지날 때마다 이자는 눈덩이처럼 불어나서 매달 내는 이자만 1,200만 원에 육박한 적도 있었다. 정말 답이 없었고, 하루하루가 비참했다.

그렇게 정신적으로 고통에 시달리니 몸에도 이상 신호가 생기기 시작했다. 건강만큼은 자신했던 나였는데 한 번은 쓰러지기도 했고, 심지어 병원 응급실에 실려간 적도 있다. 제대로 일어서지 못할 만큼 갑자기 어지럼증이 일기도 했다. 하지만 무슨 일이 있어도 쓰러지면 안 되는 가장이고 아빠이기에 정말 이를 악물고 버텨냈다. 그래서 현금화시킬 수 있는 것은 죄다 팔았다. 일부 손해를 본다거나 수익률이 떨어지는 건 중요하지 않았다. 매달 돌아오는 이자를 줄이지 못하면 기본적인 생활도 할 수 없는 상황이 바로 들이닥칠 것 같았다. 그만큼 무섭고 두려웠다. 그러다 다행히 세 달 만에 6개의 물건을 매도해서 이자를 500만 원대로 낮추는 데 성공했고 나는 이 정도만도 어디냐며 크게 한숨 돌릴 수 있었다.

그 시기를 돌이켜보면 결국에는 나 자신이 너무 미웠다. 누가 시킨 것도 아닌데 상승장 마지막에 돌려막기식 투자를 늘려서 대출과 역전세를 자초한 것은 바로 나이기 때문이다. 그때 제주도에서 투자하려고 사놓은 농가 주택은 아직도 폐건물로 남아서 공실로 두고 있다. 대출이 안 나와서 현금으로 잔금을 치렀는데 지금은 시세의 3분의 1 가격으로도 매

매가 안 된다고 한다.

이번 하락장에서 배운 두 가지 교훈

첫째, 내가 감당할 만한 크기로만 투자를 해야 한다는 것이다. 나는 내가 분산투자를 충분히 해놨다고 생각했다. 정말 큰 오산이었다. 경제라는 것은 모두 얽히고설켜서 서로 영향을 주고받으면서 시세가 오르고 내린다. 주거용 부동산 한 가지에 '몰빵 투자'를 해놓고 전세 또한 레버리지인데 아무 생각 없이 갭투자를 한 리스크가 얼마나 큰지 그제야 깨달은 것이다. 투자 선배들이 대출 투자를 선호하지 않는다는 것을 이해하지 못했던 내 불찰이다. 폭락장에서도 살아남을 수 있을 만큼만 투자를 했어야 했다. 그때의 나는 뜬구름을 잡으려 한 것인지도 모른다.

그리고 두 번째는 아무리 힘들어도 버티면 길이 보인다는 것이다. 당시는 정말 갑갑하고 답답했다. 현금은 말라가고 통장 잔고는 바닥을 드러내고 있었다. 당장 며칠 뒤 이자를 내야 하는데 돈은 없었고, 김밥 한 줄 값이 아까울 정도로 입맛도 없었다. 그런데 그 시간도 지나고 나니, 결국 버티면 살길이 열린다는 걸 알게 됐다. 죽을 것 같으면 하나가 팔리고, 연체할 것 같으면 어찌어찌 자금이 만들어졌다. 힘들고 절박하면 그 속에서도 어떻게든 방법이 찾아지더라는 말이다.

지금 힘든 투자자들이 정말 많을 것이다. 출구가 보이지 않는 터널처럼 하루하루 힘들게 지나고 있을 거다. 그래도 버티면 좋은 때가 분명히 온다. 경기도, 정책도 5년이면 변한다. 시황도 변하고 금리도 변해 있을 것이다. 이제 2년 정도가 지나가고 있다. 앞으로 3년만 더 버티면 다시 좋은 시기가 올 것이다. 그러니 힘들고 어렵더라도 포기하지 않기를 바란다. 이 말은 지금 나 자신에게 해주고 싶은 얘기이기도 하다.

주거시장만 위험한 게 아니다

2024년 1월 MBC 〈PD수첩〉에서 'PF 폭탄과 공실 지옥−위기의 지식산업센터' 편을 방송했다. 지식산업센터(이하 지산)나 오피스텔 같은 수익형 부동산은 상승장 마지막에 불타오르는 틈새 투자 상품이다. 하락장이 시작된 2022년 상반기까지 활황이던 것도 지산과 오피스텔 분양시장이었다. 지산은 대출 규제의 영향에서 벗어나 최대 90퍼센트까지 대출을 받을 수 있고, 주택 수에도 포함되지 않기에 많은 투자자가 주거 상품의 규제를 피해서 투자했다.

암울한 지산 투자시장, 타개책은 없는가?

그런데 이런 지산도 고금리와 여기저기 지어올린 탓에 생긴 물량 폭탄 앞에서는 힘을 못 쓰고 무너지기 시작했다. 분양을 받으면 전매도 가능해 소액투자로 유망하다고 해서 투자했는데 입주장이 되면서 잔금을 못 치르거나 임대도 못 맞추는 물건들이 수두룩한 것이다.

방송을 보니 투자 실패담과 현재 지산들의 현황, 투자자와 주변 사람들이 겪는 암울한 현실을 잘 정리해 내보낸 것 같다. 가정이 파탄 난 사연에서부터 지산 투자로 동생이 자살했다는 사연도 있는 걸 보면 하락장이 맞기는 하다. 투자 한 번으로 가족들까지 힘들어지니 그 사람의 심정은 오죽했을까? 그저 열심히 살아보려는 사람들도 같이 힘들어지는 것이 전형적인 하락장의 모습이다. 그렇다면 이 상황을 풀어나갈 방법은 없을까?

먼저 현 상황을 객관적으로 살펴보자. 우선은 지산의 공급 물량이 소화가 되어야 한다. 2021년에 분양한 곳들은 입주 시기인 2024~2025년에 물량이 최고치에 달할 것이다. 이 물량이 소화가 되어야 임대가 맞춰진다. 지방뿐만 아니라 서울이라도 물량 앞에서 장사는 없다.

두 번째, 금리인하가 시작되어야 한다. 올해 금리인하를 바라는 분들이 많은데 우리나라 금리인하는 힘들 것 같다. 미국과의 금리 차이가 아직 크기에 시기상조라고 본다. 미국과 한국의 금리는 2퍼센트나 역으로 차이가 나 있다. 우리나라가 금리인하를 할 수 있는 여력이 생기려면 미국이 3.5퍼센트 이하로 금리를 인하해야 한다. 그런데 미국이 2024년 2퍼센트 이상 금리인하를 단행한다는 것은 어려운 일이다. 나는 적어도 2025년까지는 기다려야 한다고 생각한다.

부동산 투자도 자신만의 무기가 있어야 한다

개인적으로 구리갈매지구 지산을 매입하려고 알아본 적이 있다. 입주장에서 계약금 포기 물건을 잡아서 등기를 치려고 했었는데 대출이 생각보다 안 나와서 포기를 했다. 당시에는 그게 그렇게 아깝더니 지금 와서 보면 천만다행이다. 상품성은 좋았으나 실입주가 안 되고 임대도 어려운 물건이어서 포기했는데 전화위복이 된 것 같다.

지산 상황을 보면서도 느꼈지만 투자자마다 자신이 잘하는 상품과 분야가 있다. 나는 미분양 투자와 재건축 투자가 전문이다. 웬만하면 손해를 보지 않을 정도의 실력과 물건 보는 안목을 가졌다고 자부한다. 출구 전략이 확실한 물건들만 매수하기 때문이다. 손해를 보더라도 이 정도면 팔 수 있겠다 싶은 물건들을 분석하고 또 분석해서 투자하면 리스크가 크게 줄어들 수 있다.

● 구리갈매지구 지식산업센터 매매 물량과 호가

출처: 네이버페이 부동산

그래서 이 책을 보는 독자들에게도 어느 한 분야를 전문적으로 파보고 공부하고 임장도 다녀보면서 자신만의 무기를 만들어 놓기를 추천한다. 남들이 한다고 친구 따라 강남 가듯 자기 판단 없이 시장 분위기에 휩쓸려 투자했다간 현재 지산 시장 같은 결과가 날 수도 있으니 말이다.

이제 우리가 가져야 할 포지션은?

그럼 우리는 지금 상황에서 무엇을, 어떻게 해야 할까? 재차 강조하지만 어느 때든 틈새시장은 있어왔고 이를 미리 간파한 선행 투자자들은 시기별로 방식을 달리하면서 수익을 얻어가고 있다.

그렇다면 2024년 금리 정점기의 투자 방향은 어떻게 잡아야 할까? 흔히 말하는 입지 좋은 단지 몇 개 찾아서 갭투자 해놓으면 알아서 집값이 올라갈까? 재건축이나 재개발 분양권 모두 투자 대상이 될까? 내 생각엔 이전처럼 쉽게 접근하진 못할 것 같다.

이유는 앞에서도 언급했듯이 시장에 유동성이 부족하기 때문이다. 현재 투자자들은 집을 매도하고 나서 남는 현금을 다시 재투자해 물건을 갈아타는 방식을 거듭하지 않고, 대출을 상환하거나 역전세를 막는 데 집중하고 있다. 부동산 거래로 발생된 유동성이 다시 부동산으로 재진입하지 않고 있는 것이다. 그러면 입지별로 유동성의 선순환 공급이 되지 않으니 부동산의 거래량이 늘어나더라도 가격 상승으로 이어지지는 않는다.

역으로 접근하면 틈새가 보인다

그럼 이를 바꿔 해석해 유동성이 공급되는 곳을 관심 있게 보면 되지 않겠는가? 정부에서 정책적으로 저금리로 대출을 풀어주어서 유동성이 공급되는 상품과 지역들, 즉 틈새시장을 찾는 것이다. 그렇게 정부의 공급 정책에 순응하는 투자를 이어가야 한다.

지금 정부의 방향성은 크게 두 가지로 실거주 수요에 대한 정책 지원과 분양시장의 침체 방지다. 실거주 수요에 대한 매매시장 지원은 투기수요를 배제한 자가 마련에 대한 정책적인 지원 차원에서 유동성이 공급되고 있다. 부동산 시장의 침체도 방지할 수 있고 실거주 수요에 대한 금융지원으로 중간사다리가 끊기는 것을 방지하는 효과도 있다.

두 번째는 분양시장의 침체 방지인데 현 정부는 분양시장을 지원해주려는 정책적 의지가 강하다. 이는 무엇을 의미할까? 분양시장이 침체되면 가장 먼저 타격을 받는 것은 건설사다. PF대출Project Financing(해당 건설 사업계획을 담보로 자금을 융통하는 것) 리스크다, 워크아웃Workout(재무구조 개선 작업)이다 하면서 건설사들이 자금 경색이 심화되고 있다. 건설사가 무너지면 건설업만 타격을 입는 것이 아니라 우리나라 경제 전반에 악영향을 끼친다. 그래서 정부는 직·간접적으로 미분양을 줄여서 건설사들의 유동성을 지원해 주려는 것이다.

미분양 감소 지역을 찾아라

정부의 방향을 읽었다면 이제 실행 방법을 찾을 차례다. 나는 크게 세 가지를 말하고 싶다. 우선 미분양이 감소하는 지역에 관심을 가지는 것이다.

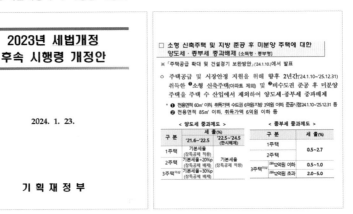

출처: 기획재정부

2024년 1월 정부는 '2023년 세법개정 후속 시행령 개정안'을 발표했다. 주택 공급 및 시장 안정을 위해 부동산 세제를 개편한다는 것으로 주요 내용을 보면, "미분양 주택을 주택 수 산정에서 제외"한다는 부분이 있다. 지방 미분양시장을 되살리려는 의지가 있는 것이다.

좀 더 상세히 들여다보면 소형 신축주택에 대한 비수도권 준공 후 미분양 주택을 주택 수에서 제외하는 것으로 양도세와 종부세 중과 배제를 해주겠다는 것이다. 기간은 2024~2025년이다. 다만 미분양 주택 중에서도 준공 후 미분양에 한정한다는 점이 아쉽다. 일단은 악성 미분양에 대해서만 세제 혜택을 주겠다는 뜻인데, 정부가 지방 분양시장의 침체를 심각하게 생각하고 있다고는 해석된다.

또 하나 아쉬운 점은 종부세와 양도세 중과 배제를 해주겠다고는 하지만 실질적으로 투자자에게 필요한 취득세 중과 배제는 아직 언급이 없다는 것이다. 취득세 중과가 투기 수요를 막는 규제이긴 하지만, 지금

● 전국 아파트 착공 실적

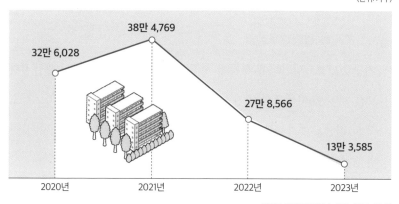

(단위: 가구)

32만 6,028

38만 4,769

27만 8,566

13만 3,585

2020년   2021년   2022년   2023년

＊매년 1~11월 기준임 / 출처: 국토교통부

같이 침체가 길어지는 시기에는 투자자들의 매수세가 절실한데 이를 가로막는 것이 취득세 중과이기 때문이다. 투자자 입장에선 아직은 약간 부족한 정책이라고 보여진다. 하지만 이렇게 정부에서 미분양 주택시장의 위기를 인지하고 있음을 보여주니, 정책의 실효성이 부족하다고 느껴지는 타이밍이 온다면 추가적인 규제 완화도 실행될 가능성이 높다고 생각한다.

최근 3년을 보면 전국의 아파트 착공 실적이 줄고 있다. 착공이 없다면 신축의 공급도 없다는 뜻이다. 이는 입주 물량이 부족해진다는 의미기에 신축에 대한 선호도는 더 높아질 수밖에 없다.

미분양은 시기마다 미운 오리일 때도 있고, 황금 알을 낳는 거위일 때도 있다. 지금은 비록 미운 오리일 수 있지만, 입지가 좋고 더 이상 입주 물량이 없는 지역의 미분양 주택을 매수할 기회가 생긴다면 또 다른 투자의 장이 열린다. 이것이 미분양 투자가 매력적인 이유다.

신생아 출생률이 높은 지역에 희망이 있다

출생률과 부동산 투자가 무슨 관련이 있다고 갑자기 이 얘기를 꺼냈을까? 자세히 설명해보겠다.

지난 2023년 상반기에 부동산 시장은 거래량이 증가하면서 상급지가 전고점 대비 90퍼센트까지 가격이 회복됐다. 뒤이어 중급지 아파트들도 거의 80퍼센트까지 시세가 복구되었고 9월까지 거래량이 늘어나는 반등의 장세를 보여주었다.

고금리 상황에서도 이렇게 반등이 일어날 수 있었던 것은 바로 유동성의 힘 때문이다. 고금리로 대출이 막히자 정부에서는 저금리 대출 상품을 내놓게 되었는데 이것이 '특례보금자리론' 대출이다. 무주택이나 1주택 소유자만을 대상으로 나온 상품으로 3~4퍼센트대의 저금리로 주택담보대출을 실행할 수 있었다. 이것이 밑받침 되어 갈아타기 수요가 나타났고, 더불어 집값이 더 떨어지지는 않을 거라는 심리적 지지선이 생기면서 실수요자들이 특례보금자리론을 지렛대 삼아 부동산을 매수하기 시작했던 것이다. 이는 침체된 부동산 시장에 유동성을 공급해주며 반등장을 만들었다.

하지만 아쉽게도 2023년 9월 부동산 시장의 과열을 의식한 정부에서 특례보금자리론의 주택가격 9억 원 한도를 제한, 6억 원 이하의 주택만 대출을 해주는 규제를 발표해버린다. 그 뒤로는 다시 유동성이 막히면서 부동산 거래량이 가라앉아 버렸다.

이에 2024년에 실수요자를 위해 새로이 대출상품이 나오게 됐는데, '신생아 특례대출'이다. 이 상품은 무주택 가구가 주택을 구입하거나 전세자금을 마련 시, 저금리 융자 지원을 위해 디딤돌대출과 버팀목대출

● 신생아 특례대출 한도와 요건

	주택구입자금대출	전세자금대출
소득	1억 3,000만 원 이하	1억 3,000만 원 이하
자산	5억 600만 원 이하	3억 6,100만 원 이하
대상 주택	9억 원 이하	보증금 수도권 5억 원, 지방 4억 원 이하
대출 한도	5억 원	3억 원
소득별 금리	8,500만 원 이하 1.6~2.7%	7,500만 원 이하 1.1~2.3%
	8,500만~1억 3,000만 원 2.7~3.3%	7,500만~1억 3,000만 원 2.3~3.0%

출처: 국토교통부

의 요건을 완화해주는 것이 특징이다. 특례보금자리론을 대신할 정도의 유동성을 공급해줄 수 있을지는 지켜봐야겠지만, 거래량이 완전히 무너진 부동산 시장에 다시 유동성을 공급해줄 한 줄기 빛이나 다름없다. 부동산 시장은 수요는 언제나 있지만 그것을 뒷받침해줄 정책과 무기가 필요한데 2024년에는 '신생아 특례대출'이 그 무기가 되지 않을까 조심스럽게 예측해본다.

실제로 해당 특례대출 신청 첫날에 '주택도시기금 기금e든든' 사이트의 서버가 마비되기까지 하면서 이 상품에 대한 관심이 높다는 것이 증명되었다. 아직 수요가 남아 있고, 그 수요를 뒷받침해줄 유동성만 공급해 준다면 상승은 못하더라도 하락장을 방어해주는 좋은 방책이 되리라 본다.

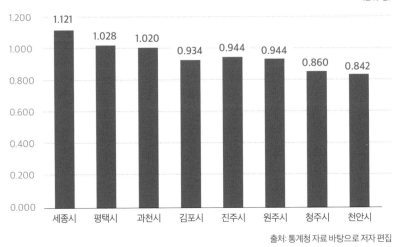

● 지역별 신생아 출생률

(단위: 명)

세종시 1.121, 평택시 1.028, 과천시 1.020, 김포시 0.934, 진주시 0.944, 원주시 0.944, 청주시 0.860, 천안시 0.842

출처: 통계청 자료 바탕으로 저자 편집

물론 신생아 특례대출을 받으려면 조건이 있다. 당연히 신생아가 있는 세대에서 대출받을 수 있는데, 지역별로 출생률 차이가 많이 나는 것이 사실이므로 이왕이면 출생률이 높은 지역이 부동산 시장이 살아나는데 유리해 보인다.

서울은 영원한 유동성 공급처이니 제외하고, 서울을 제외한 지역에서 신상아 출생률이 높은 지역을 찾아보면 세종시가 단연 으뜸이다. 세종시에서 다시 반등이 나올지 지켜볼 만하다고 생각한다. 그리고 평택, 김포, 진주, 청주 같은 지역들이 좋아 보인다. 그래도 수요가 있는 지역이 상승 여력이 높을 테니 말이다.

개발의 축을 선점하자

이왕이면 다홍치마라고 호재가 있는 곳이 좋다. 그것도 GTX 같은 대형 호재가 있는 곳이 더 매력적이라고 생각한다.

　정부는 2024년 1월 '교통 분야 3대 혁신 전략'을 민생토론회 방식을 빌려서 GTX 예비노선을 발표했다. 주요 내용은 '속도 혁신'으로 전국 GTX 시대를 통한 초연결 광역경제생활권 실현을 목표로 한다. 핵심적인 내용은 다음과 같이 정리할 수 있다.

● 교통 분야 3대 혁신 전략에 관한 보도자료

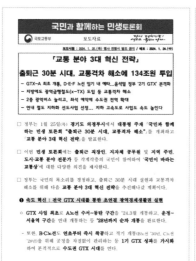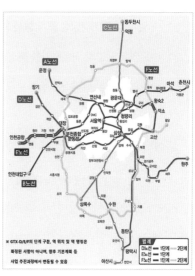

출처: 국토교통부

○ GTX 사업 최초로 A노선 수서~동탄 구간을 2024년 3월 개통하고, 운정~서울역 구간을 연내 개통하는 등 2028년까지 순차 개통을 완료한다.

　– 또한 B·C노선도 연초부터 즉시 착공하고 적기 개통(B노선 2030년, C노선 2028년)을 위해 공정을 차질 없이 관리하는 등 1기 GTX 성과를 가시화하여 본격적으로 수도권 GTX 시대를 연다.

o 한편, A·B·C 기존 노선을 연장하고, D·E·F 신규 노선을 신설하여 2기 GTX 시대를 빠르게 준비한다.

- A·B·C 노선 연장은 선先 지자체 비용 부담 방식 협의, 후後 예비타당성조사 등 절차 진행을 통해 사업을 추진하되, 지자체의 비용 부담이 합의되는 경우 임기 내 착공을 목표로 속도감 있게 사업을 추진한다.

- 신규 D·E·F 노선은 제5차 국가철도망계획에 전체 노선을 함께 반영하고 속도감 있는 사업을 위해 구간별(1-2단계) 개통을 추진하며, 1단계 노선은 임기 내 예비타당성 조사 동시 통과를 추진할 예정이다.

o 수도권과 지방의 교통격차를 해소하기 위해 지방 대도시권에서도 GTX와 같은 수준의 우수한 서비스를 누릴 수 있도록 광역급행철도(x-TX)를 도입한다.

광역급행철도망을 신속하게 구축하고 외곽 지역의 교통 격차를 해소하겠다는 의지가 강력하다. 물론 GTX가 들어오려면 시간이 얼마나 걸릴지도 모르고, 선거철 한때 나오는 공약일 수도 있다. 하지만 이런 대형 정책 노선은 연속성이 있는 것이 특징이다. 만약 이번 정권에서 실행이 안 되더라도 개발의 축은 다음 정권으로 이어져 실행력을 높여 발표되는 것이 정책의 연속성이다. 좋은 입지와 꼭 들어와야 할 노선이라면 먼저 실행되기도 할 것이다.

GTX는 실로 혁신이다. 운정에서 삼성까지 30분이면 도착한다. 게다가 요금도 4,000원대라고 한다. 지금 광역버스를 타면 3,800원을 내야 하는데 이용자들이 단 몇백 원 차이로 GTX를 외면할 리 없지 않은가.

이렇게 정책적으로 교통망 개선의 열망이 높은 지역들을 관심 있게 보자. 정책은 연속성이 있다. 다음 정권에서도 배턴을 이어받아서 사업을 꼭 진행할 수밖에 없는 지역들은 정책 우선순위에서도 항상 우위에 있을 것이다.

월가의 격언 중에 "팔고 나면 실망하고, 사고 나면 후회하고, 가지고 있으면 걱정되고, 아무것도 안 하면 초조하다."라는 말이 있다. 마치 우리 투자자들을 두고 하는 말인 것 같다. 하지만 걱정하지 않아도 된다. 크게 보면 지금 어디에 해당하든 아무 상관없다. 다 겪어봐야 할 투자의 성장통이니 말이다.

투자에는 정석이 없다. 유연해야 하며 편견이 없어야 한다. 그래야 오래가고 안전한 투자를 지향할 수 있다. 언제나 당신의 투자를 응원하겠다.

제1부

서울특별시
초기 재개발 지역 분석

제1장

우리가 서울 초기 재개발에 관심 가져야 하는 이유

왜 초기 재개발일까?

서울에 투자를 하고 싶은데 왜 군이 리스크가 크다고 하는 초기 재개발에 관심을 가지라는 것일까? 이런 의문이 드는 게 당연하다.

어느 부동산 강사님이든 좋은 입지의 좋은 물건을 장기적으로 가져가라고 한다. 그래야 오래 투자할 수 있고 저절로 가치가 올라 고생한 데보답이 되어줄 거라고 말이다. 그런데 나는 이 말이 반은 맞고 반은 틀렸다고 생각한다.

사실 우리는 무엇이 좋은 물건인지 다 안다. 쉽게 강남을 생각해보자. 특히 강남의 압구정이 우리나라 부동산 1번지라는 건 투자를 하지 않는 사람도 알고 있다. 다만 압구정 매물을 매수할 70억이 없으니 문제 아니겠는가? 그렇다, 서울이 좋고 압구정이 좋은 것은 다 알지만 비싸도 너무 비싸다. 초기 투자금만 수억 원에서 수십억 원이 필요하다. 좋은 물건을 오래 가져가라는 이론은 옳은 말이다. 하지만 내 현실에 맞지 않는 이론이 무슨 필요가 있을까?

나는 서울에 투자할 자금을 모으기 위한 초기 수단으로 지방 부동산 투자를 선행해왔다. 지방 부동산에 투자해 불어난 수익금으로 다시 수도권으로, 서울로 올라오려는 전략이었다.

그럼 다시 이야기의 처음으로 돌아가보자. 왜 초기 재개발에 관심 가져야 할까? 바로 투자금 때문이다. 서울의 신축을 사려면 수억에서 수십억이 필요한데, 그 돈이 있는 사람도 굳이 한곳에 몰아서 넣지는 않을 것이다. 하지만 그보다 적은 돈으로 서울의 신축을 살 수 있는 기회가 있다면 어떨까? 지금은 저평가 지역이지만 시간을 두고 기다린다면 핵심 지역으로 성장 가능한 입지라면 말이다.

그래서 우리는 서울의 초기 재개발을 봐야 한다. 소액으로 서울의 신축을 매수할 수 있는 가장 현실적인 방법은 입지 좋은 초기 재개발 지역에 선진입해서 시간에 투자하는 것이다. 준공까지 오래 걸리고 때때로 사업이 중지되는 리스크가 생길 수도 있지만 이 또한 우리가 투자하면서 감당해야 할 몫이라고 생각한다.

그럼 이제부터 서울의 초기 재개발에 관심 가져야 하는 이유를 좀 더 구체적으로 알아보도록 하자.

서울 초기 재개발에 관심 가져야 하는 이유 1. 계속 오를 것이 분명한 전세가율

우선은 전세가율(매매가 대비 전세가)이 올라갈 것이기 때문이다. 앞에서 잠깐 언급했듯이 이제 서울에는 신축 공급량이 점점 줄어들고 있다. 도심 개발은 시간이 오래 걸리고 사업을 이어가는 데 수많은 변수가 따르기에 투자하기에도 어렵다. 특히 서울 도심은 투자하려면 수억 원에 달하는 투자금이 있어야 한다.

대안으로 빌라에 투자하라고 추천하는 유튜브 영상들이 여럿 있기는 하지만, 지난 화곡동 전세사기 사건에서 알 수 있듯이 상승장에서 하락장으로 한번 틀어진 방향성은 여간해서는 되돌리기가 어렵다. 그렇다고 3기 신도시를 바라보기엔 입주까지 적지 않은 시간이 걸릴 거란 게 보편적인 의견이다. 분양가 급등으로 3기 신도시에 대한 기대감이 낮아지고 있고, 신도시 건설 주체들도 사업을 줄줄이 지연시키거나 일부 사전청약까지 마친 단지들마저 사업을 취소하고 있기 때문이다.

사전청약까지 받아놓고 주택시장이 안 좋으니 사업성이 없다고 판단해 사업을 취소해버리는 것이다. 그럼 청약을 믿고 무주택을 유지해온 실수요자들은 어떻게 하라는 말인

● **인천시 가정2지구 B2블록 사업취소 안내문**

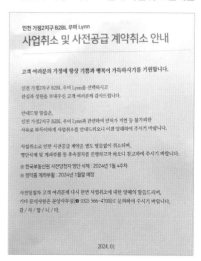

출처: 심우건설 우미린 아파트 분양사무실

가? 그들 입장에선 이래저래 고민이 많아질 것 같다.

이처럼 3기 신도시도 현재로선 불투명한데 서울에는 이제 입주 물량이 거의 전무한 상태다. 글로벌 경제의 변수가 있기는 하지만, 여전히 금리가 높은 상황에서 매매가는 하락하는 반면 전세가는 상승해서 전세가율이 높아질 수밖에 없을 것이다. 그래서 나는 2024년 하반기에 서울의 평균 전세가율이 60퍼센트까지 오를 것이라 예상하고 있다.

서울은 지난 2022년부터 꾸준히 전세가율이 낮아지기 시작해 2023년은 50퍼센트대였다. 미국의 기준금리 상승으로 높은 금리에 부담을 느낀 수요층이 전세시장에서 이탈했기 때문이다. 매매가보다 전세가의 하락폭이 커진 이유이기도 하다.

하지만 이미 2023년 하반기부터 전세가 상승의 기미가 보였고 현재

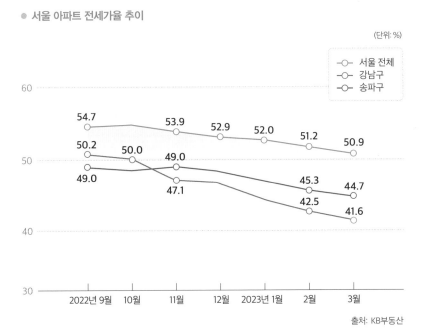

● 서울 아파트 전세가율 추이

(단위: %)

출처: KB부동산

도 전세가율이 계속 오르고 있다. 공급이 줄어들고 있는 이유도 있기는 하지만, 전세자금대출에 대한 금리의 유동성을 정부에서 계속 지켜주고 있고, 이러한 유동성의 공급은 전세시장을 안정화시켜줄 것이다. 이것이 가장 중요하다고 본다. 매매시장으로 옮겨가지 못한 유동성이 전세시장을 받쳐줄 것이고, 공급이 없는 상황에서 입주 물량이 전무하다면 전세로의 수요는 늘어날 수밖에 없다. 다시 정리해보자면 전세시장에 유동성 공급이 지속되는 상황에서 매매시장으로 옮겨가지 않는 수요층은 대체 시장으로 전세를 택할 수밖에 없을 것이고, 그 결과 전세가율이 오르는 현상으로 나타날 것이다. 그 시기와 크기의 문제이기는 하지만 2024년 하반기에는 지금보다는 전세가율이 높아질 것은 당연해 보인다.

서울 초기 재개발에 관심 가져야 하는 이유 2. 입주 물량이 없다

두 번째 이유로 서울은 이제 입주 물량이 없기 때문이다. 서울의 입주 물량은 2024년을 기점으로 급격히 줄어 2026년부터는 거의 '0'에 가

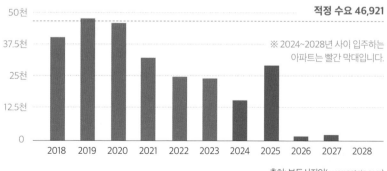

● 서울 기간별 수요/입주 현황

(단위: 가구 수)

적정 수요 46,921

※ 2024~2028년 사이 입주하는 아파트는 빨간 막대입니다.

출처: 부동산지인(www.aptgin.com)

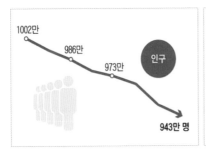

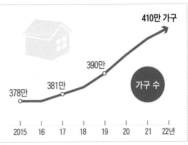

출처: 통계청

깝다.

부동산 침체로 사업성이 부족하니 건설사들이 분양을 미루는 것이다. 건설사 입장에서는 도시재생사업에서 분양가의 상승으로 사업의 메리트가 떨어지니 굳이 무리해서 분양을 진행하는 것도 리스크가 크다고 생각할 것이다. 그 또한 정비사업이 잘 진행되지 않는 이유 중 하나다.

위의 자료와 같이 서울의 인구는 점점 줄어들고 있다. 우리나라 전체적으로 인구 감소는 피할 수 없는 현상이기도 하다. 하지만 가구 수는 꾸준히 늘어나고 있음을 주목해야 한다. 특히 1~2인 가구는 지속적으로 증가할 것이다. 결국 인구는 줄어도 집은 여전히 부족한 상황이 벌어질 거란 얘기다.

일부에선 전체 인구 감소로 경제활동인구도 줄고 있으니 주택 가격도 떨어질 거라고 주장한다. 하지만 나는 그 말이 사람들의 니즈까지 파악하지 못해서 나온 얘기라고 생각한다. 신축을 선호하는 것은 상승기냐 하락기냐를 떠나서 사람들이 집에 대해 갖는 본능적 욕구라고 할 수 있다. 누구나 새 아파트에서 쾌적한 주거환경을 누리고 싶어 하고, 좋은 입지의 신축 브랜드 아파트를 원한다. 1~2인 가구라고 다를까? 꼭 전용 84제곱미터가 아닌 더 작은 평형이라도 주변 인프라가 잘 갖춰져 있고 안전하며 좋은 아파트에서 살고 싶은 욕구는 더욱 커질 것이라고 생각한다.

서울 초기 재개발에 관심 가져야 하는 이유 3. 주택 보급률이 낮아지고 있다

멸실주택도 문제다. 서울은 단독·다가구 물량이 계속 줄어들고 있다. 서울 곳곳에서 정비사업이 진행되고 있어서인 이유도 있지만, 원하지 않는 주택에서 거주하기 싫어하는 수요의 이탈이 가장 큰 원인이다. 설령 주택이 남아돈다고 해도 좋은 지역, 좋은 형태의 주거 상품은 더욱 각광받을 것이라고 생각한다. 입주 물량이 줄어들수록 좋은 입지의 똘똘한 한 채에 대한 선호도는 더욱 높아질 것이다. 희소성이 커지기 때문이다.

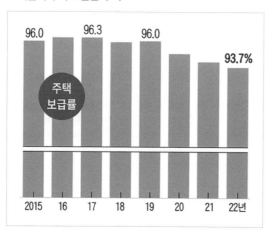

● 서울시 주택 보급률 추이

출처: 통계청

그러니 우리는 이러한 수요가 들어올 만한 길목에서 미리 지키고 있다가 신축이 개발되어 공급되는 시점에서 실거주 수요자에게 매도할 수 있다면 최고의 투자가 되지 않을까? 그런데 서울에서 신축 아파트를 사려면 아무리 강북의 비핵심지역이라고 해도 최소 10억 원에서 수십억 원을 감당해야 한다. 하지만 우리는 당장 그런 큰돈이 없다.

그럼 어떻게 서울의 신축을 저렴하게 매수할 수 있을까? 정비사업지의 입주권이나 분양권은 너무 비싸다. 몇 억씩 자금이 필요하고, 대출을 받으려면 주택 수의 허들이 크다. 그래서 다시 말하지만 나는 시드 머니가 적을수록 초기 재개발을 봐야 한다고 생각한다. 비록 사업 초기라서 리스크가 있기는 하지만, 서울의 신축을 가장 저렴하게 매수할 수 있는 유일한 방법이기 때문이다.

나는 앞으로 도시재생사업의 활성화가 대안이 될 수 있다고 본다. 도시재생사업은 서울시의 주거환경을 개선하고 도시의 지속 가능한 발전을 위한 노력의 일환으로 추진되고 있으며, 각 사업별로 구역의 진행사항과 매매의 가능 여부 등이 모두 다르다. 이 중 주민들의 선호도가 가장 높은 것은 '신속통합기획사업'으로 서울시에서 가장 정책적으로 밀어주고 있기도 하다. 속도감 있게 추진되고 사업성을 높여주며 주민동의율에서 인센티브가 있어서 사업 진행 시 장점이 많다. 반면에 실거주 의무가 부여되고, 전세 세팅이 어렵다는 단점도 있다.

여러 도시재생사업 중 내가 소개하고 싶은 것은 도심 모아타운 사업이다. 어떤 정책이든 장점이 있으면 단점도 있는 것이고, 이 점은 모아타운도 마찬가지다. 모아타운의 리스크는 뒤에서 더 자세하게 언급하도록 하겠다. 먼저 모아타운이 무엇인지부터 차근차근 알아보도록 하자.

모아타운이란?

모아타운이란 소규모주택정비 관리지역을 뜻한다. 재개발 조건을 충족하지 못해 대규모로 개발이 어려운 노후·저층 주거지의 새로운 정비모델인 '모아주택'을 블록 단위로 모아 단지화하여 사업을 진행하는 방식이다.

서울시와 국토교통부는 소규모주택정비 관리지역 방식을 활용해 모아타운 공모로 통합 추진하고 있다. 각각 13곳, 12곳의 서울 지역 소규모주택정비 관리지역 후보지를 선정한 바 있으며, 이들 모두를 검토해 적정한 곳에 모아타운을 지정하고 관리할 계획이라고 한다.

● 모아주택의 사업별 특징

출처: 매거진H

모아타운 공모에 참여할 수 있는 대상지는 면적 10만 제곱미터 미만, 노후·불량 건축물이 50퍼센트 이상인 지역이다. 자치구에서 제출한 대상지에 대한 평가점수 70점 이상인 지역 중 소관 부서가 검토해 적정하다고 판단한 지역에 최종 도시계획, 건축·교통 등 분야별 선정위원회의 심의를 통해 최종 선정한다. 다만, 대규모 재개발이 어려운 지역을 정비하는 특성상 재개발 추진 또는 예정 지역은 대상에서 제외된다.

서울형 소규모 정비사업 모델인 모아주택은 오세훈 서울시장이 후보 시절 저층 주거지의 열악한 주거환경을 개선하고 주택 공급을 확대하기 위해 마련한 공약 중 하나다.

현재 서울시 내 저층 주거지 면적은 131제곱킬로미터로 전체 주거지의 41.8퍼센트를 차지하지만, 무려 87퍼센트가 노후도 등 재개발 요건을 충족하지 못해 사실상 방치되어 있다. 해당 지역들은 좁은 골목에 다세대·다가구 주택이 밀집해 주차난이 심각하고 불법 주·정차 등의 문제로 화재에도 취약하다.

이에 서울시는 모아주택을 통해 다세대·다가구 주택 필지 소유자들이 개별 필지를 모아 블록 단위로 양질의 주택을 공동 개발할 수 있도록 지원할 계획이다. 모아주택은 대지면적 1,500제곱미터 이상을 확보해야 추진할 수 있는데 공공기여와 국·시비 지원 등을 활용해 지하주차장과 어린이집, 도서관 같은 기반시설을 확충할 수 있다. 절차적으로는 빈집 및 소규모주택 정비에 관한 특례법에 따른 소규모주택 정비사업으로 추진한다. 자율주택과 가로주택, 소규모재건축, 소규모재개발 방식을 통해 기존 재개발·재건축보다 짧은 기간 내에 사업을 추진하는 장점이 있다.

실제로 재개발·재건축 같은 대규모 정비사업은 정비계획 설립부터 사업 완료까지 8~10년이 걸리는 반면, 소규모주택 정비사업은 정비계

출처: 서울시

획과 추진위원회 승인, 관리처분인가 등의 절차가 생략되어 2~4년이면 사업을 완료할 수 있다. 더불어 시는 모아주택이 집단적으로 추진되는 10만 제곱미터 이내의 지역을 한 그룹으로 묶어 하나의 대단지 아파트처럼 체계적으로 관리하고 편의시설을 확충하는 모아타운 개념도 도입하기로 했다.

모아타운으로 지정되면 사업 추진이 가능한 대상지 대부분을 차지하는 제2종 7층 이하 지역에서 최고 층수를 10층에서 15층까지 완화하고, 필요 시 용도지역도 상향한다고 한다. 또 도로나 주차장, 공원, 주민공동이용시설 등에 대한 공공자금을 지원 받을 수 있으며 공공건축가가 기본설계도 지원한다. 서울시는 모아타운을 통해 오는 2026년까지 총 3만 호의 신축 주택을 공급하기로 했고, 아울러 모아타운에 대한 자치구 공모와 주민제안을 통해 매년 20개소씩 5년간 100개소를 지정할 계획이다.

모아타운 프로젝트는 일반적으로 작은 규모의 주택들을 모아 더 크고 현대적인 주택 단지로 재개발하는 것을 의미한다. 또 주민들의 의견을 반영하여 지역 공동체의 특성을 유지하고 살기 좋은 환경을 조성하는 것이 중요한 목표이기도 하다. 더 중요한 점은 모아타운은 신속통합기획 대비 매매가 자유롭다는 장점이 있다. 물론 권리산정기준일이 있기는 하지만 조금만 주의하면 피할 수 있는 리스크이기에 큰 문제는 되지 않는다고 본다. 바로 이것이 모아타운의 시범사업지가 투자자들에게 관심을 받는 이유다.

● 모아타운과 모아주택의 핵심 정리

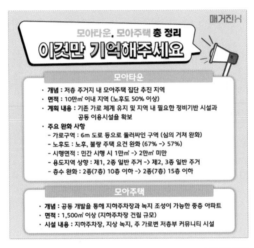

출처: 매거진H

초기 재개발의 장점과 단점

초기 재개발 사업은 여러 장점이 있지만, 단점과 문제점도 분명히 존재한다. 주로 사업의 진행 과정과 결과에 관련된 것들인데 재개발을 추진하는 대부분의 사업지에서 다양한 갈등과 이슈가 생긴다. 그런데 초기 재개발 사업, 그중에서도 모아주택은 이러한 리스크가 상당 부분 상쇄될 수 있는데 그 이유는 바로 사업 진행 속도에 있다.

모아주택의 장점

모아주택은 전면 재개발보다는 사업 규모가 작아서 사업 속도도 상대적으로 빠르게 진행되는 장점이 있다. 정비계획수립이나 조합추진위원회 승인, 관리처분계획의 절차가 생략되어 기존 10년 이상 걸리던 것이 최장 4년 안에 완료될 수 있기에 모아주택의 최대 장점이 된다.

또한 재개발로는 진행이 어려운 노후도를 가지고도 사업이 가능하다. 재개발은 노후도 67퍼센트가 만족되어야 하는데 모아주택은 57퍼센트만 만족하면 된다(2024년 이전 기준). 기존 재개발 지역에서는 자꾸 신축 빌라가 공급되면서 노후도를 낮추지 못해 진행되지 못하는 경우가 많은데, 이 수치를 줄여 사업의 허들을 낮추는 것이다.

이러한 장점 때문에 기존에 주차 공간이 부족했던 소형다가구나 다세

● 모아타운과 모아주택의 장점 요약

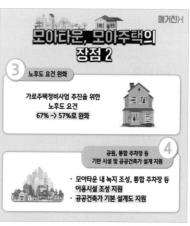

출처: 매거진H

대 주택이 밀집해 있던 지역의 소유주들이 모아주택 추진을 신청 및 요구하고 있다. 기존에는 3~4개의 필지를 합쳐서 허물고 신축 빌라를 지었는데 이제는 거주 환경을 개선하면서 중층의 아파트로 공급할 수 있기에 집값 상승도 같이 기대할 수 있기 때문이다.

모아주택의 단점

모아주택은 장점이 많은 만큼 반대로 주의해야 할 사항도 있다. 먼저 권리산정기준일을 주의해야 한다. 모아주택은 예정구역으로 편입될 때 권리산정일이 발표된다. 때문에 이후 지어진 신축 빌라는 새로운 집을 받을 수 없고 현금청산이 된다. 부동산에서도 상담 시 잘 알려주겠지만 사람이 하는 일이다 보니 매수자 본인이 꼭 챙기고 주의해야 한다.

또한 권리산정기준일로부터 2년 내에 관리지역에 지정되지 않거나, 관리계획 수립지역에서 제외되는 필지에 대한 권리산정기준일은 자동 실효되는 것도 염두해야 한다. 2년 내에 관리지역으로 지정되어야 하고, 그렇지 않으면 신축 빌라도 매매가 가능하다는 뜻이다.

나는 이것 자체가 리스크라고 본다. 선례가 없는 정책이다 보니 2년 후에 어떤 문제가 생길지 모른다는 불확실성이 존재한다. 그러므로 어느 정도 사업이 진행된 상태에서 투자를 고려하는 것이 좋겠다.

또 하나, 사업지마다 차이는 있겠지만 주거 편의성보다는 수익성이 중요한 상가주택 밀집 지역에서는 저층의 노후 주거지라 할지라도 기존 건물주가 부정적인 입장을 보이는 경우도 있다. 매달 임대수익을 확보할 수 있는 상황에서 미래 가치가 재개발·재건축보다 상대적으로 떨어지는 소규모 정비사업을 추진한다는 것이 큰 메리트로 여겨지지 않는 것이다.

그리고 커뮤니티 및 기반 시설 지원의 인센티브도 일정 부분 기부채납 증가를 고려해야 하기 때문에 마냥 긍정적으로 볼 수 없다는 의견도 있다. 이외에도 단일 개념의 아파트보다는 선호도가 떨어질 수 있다고 보는 의견도 많다. 주차장 같은 공동 공간을 단지가 개별처리하는 게 아니라 여러 단지가 공유해야 되는 만큼, 어떻게 주민 간 대립 없이 모아타운의 관리 방안을 수립하느냐도 리스크 중의 하나다.

모아주택에 대한 결론

모아주택은 투자 대상으로 볼 때 리스크가 큰 사업 방식임에 분명하다. 하지만 투자자의 최대 약점인 출구 전략이 가능하다는 강점이 있고, 사업을 중앙정부에서 지원하고 있다는 것은 분명 강력한 메리트다.

나는 서울같이 신축에 대한 수요가 꾸준한데다 도심의 주거환경 개선사업을 하는 곳은 투자를 할 때 충분한 호재라고 생각한다. 물론 소액으로 접근하기 힘든 서울의 빌라시장이라도 찾아보고 노력해서 분석한다면 저렴한 가격으로 서울의 대지지분을 가질 수 있는 기회는 분명히 찾아올 것이다. 이는 서울의 주거환경 개선사업을 이해해야 하는 가장 중요한 이유이기도 하다.

사실 나는 이전까지만 해도 모아타운, 모아주택에 대해 부정적이었다. 신축 빌라 업자들만 이득을 보고 비싼 빌라 분양시장으로 투자자들을 몰아넣는 정책으로 보였기 때문이다. 하지만 앞으로는 관심 가져야 할 중요한 부분이라고 생각한다.

우리가 지방에 투자하는 이유는 단 하나, 서울에 투자하기에는 돈이 부족하기 때문이다. 그러니 같은 돈으로 매수가 가능하다면 서울에 투자해야 한다. 서울은 한국에서 가장 성장 가능성이 큰 도시이기 때문이다.

제2장

기회의 땅이 될
중랑구 초기 재개발

중랑구는 소액투자자에게 '아직 긁지 않은 복권'

지난 2023년 12월 21일 윤석열 대통령은 서울시 중랑구 중화2동 모아
타운 현장을 방문하여 주민 간담회를 가졌다. 이 행사에서 윤 대통령은
노후 주거지의 대표적인 지역인 중화동에서의 개발가능성을 열어두면
서 "앞으로는 재개발·재건축의 착수 기준을 노후성으로 완전히 바꿔야
될 것 같다."고 말했다.

이날 간담회를 다룬 연합뉴스의 보도에 따르면 윤 대통령은 도심 재
건축과 재개발 사업 추진 속도를 높이기 위해 관련 절차를 원점에서 재
검토하고 개선하라고 지시했다. 기존에 재건축과 재개발 착수 기준이

'위험성'이었던 것을 바꿔 '노후성'을 새로운 기준으로 삼아 재개발·재건축을 신속하게 추진하겠다는 뜻을 보인 것이다.

또한 윤 대통령은 "현재는 재개발과 재건축을 추진하려면 먼저 기존 주택에 대한 안전진단부터 받고 이를 통해 그 위험성을 인정받아야 사업을 시작할 수 있다."며 "자신들이 살고 있는 집이 위험해지기를 바라는 웃지 못할 상황이 또 일어난다."고 했다. 이어서 "새 집을 찾아 도시 외곽으로 갈 것이 아니라 직장 가까운 도시 내에 집을 구해 살 수 있도록 생활환경을 개선할 것"이라며 "주민 여러분의 고충 등 생생한 목소리를 기탄없이 말해달라."고 전했다. 윤 대통령은 이날 간담회에 오세훈 서울시장, 원희룡 당시 국토교통부 장관, 조규홍 보건복지부 장관과 중랑구 중화2동 모아타운 사업지를 둘러봤다고 한다.

내가 뉴스로 이번 장을 시작하는 것은 정치 이야기를 하자는 게 아니다. 선거철마다 나오는 공약을 설명하고자 하는 것도 아니다. 내가 눈여겨본 것은 왜 정부의 관계자들이 노후 주택이 많은 지역을 찾을 때 중랑구를 선택했냐는 것이다. 앞으로 개발의 여지가 크고 도심 주거 상황이 열악한 지역을 찾아보니 중랑구로 온 것 아닐까? 물론 선거철에 나오는 민심 달래기용 퍼포먼스일 수도 있다. 그것까지는 정확히 판단하기 어렵지만, 한 가지 확실한 것은 정부에서는 중랑구를 노후 주거지 변화의 시발점으로 생각하고 있다는 것이다. 즉, 사업 개발에 대한 열망이 크고 선거에 유리하게 작용할 만한 입지를 가진 지역으로 중랑구로 보고 있다고 생각해도 되지 않을까 하고 조심스럽게 예측해본다.

그리고 이렇게 정치권과 정부에서도 관심 가지고 살펴보는 지역들의 주거환경 개선사업은 잘될 수밖에 없다고 생각한다. 행정 처리에서 지원까지 관급에서 밀어주는 사업은 리스크도 적어지고, 사업의 속도도 빠르게 진행되어 성과를 눈으로 보여주려는 의지가 강하다고 볼 수 있다.

중랑구에는 인프라가 부족하다는 것을 정부에서도 인식한 것으로 보인다. 그래서 생활 인프라와 대형 쇼핑몰 같은 인프라 시설의 확충을 위해서 도심 개발이 필요하다는 점을 역설하고 있다. 또한 지역 발전 차원에서 추진하던 일자리 사업이 지지부진하다는 점도 알고 있어 보인다. 아마도 SH공사 본사 건물 이전 사업이 원활하지 않은 것을 의미하는 것 같다.

사실 중랑구에는 일자리가 없다. 전형적인 베드타운이면서도 신축 아파트 공급이 거의 없었다고 보면 된다. 따라서 공급도 없고, 수요도 이탈하는 전형적인 도심 공동화 현상이 중랑구에서 일어나고 있다. 정부에서도 이를 인지하고 개선할 방법을 간접적으로 제시하고 있는 듯하다. 아울러 교통망 확충 현안도 KTX 망우복합역사 개발 사업이나 경전철 등이 아직 첫 삽도 못 떠보고 중지된 것을 인식하고 있음을 알 수 있다. 한마디로 정부 또한 개발의 필요성은 느끼고 있으며 인프라가 낙후된 지역을 다시 개선하려는 의지가 있다는 것을 알리려는 제스처로 보인다.

나는 투자자로서 바로 이 점이 중요하다고 생각한다. 정부에서 낙후된 중랑구의 각 지역을 개발하려는 의지를 보이고 개선점을 찾으려 노력하고 있다는 점이다. 물론 일회성 퍼포먼스일 수도 있고 도심 개발은 서울 전 지역을 대상으로 하는데 중랑구만 편중해서 본 것일 수도 있다. 알겠지만, 모든 정책은 장·단점이 있기 마련이다. 그중에서 우리에게 맞는 장점을 찾아 나서는 것이 우리의 의무이자 권리라고 나는 생각한다.

그럼 이제 투자자의 시각으로 중랑구를 상세히 살펴보도록 하자.

중랑구에 모아타운이 자주 선정되는 데는 이유가 있다

2023년 8월 서울시는 보도자료를 통해 2차 모아타운 대상 예정지 세 곳을 발표했다. 이 중 두 곳이 중랑구 망우동과 중화동이다. 중랑구 중화동, 면목동, 망우동은 모아타운 대상지를 선정할 때 자주 꼽히는 곳으로 중랑구 일대가 모아타운이 선정될 만한 입지와 사업성 등 노후화에 대한 조건을 충족한다고 해석할 수 있다. 나 역시 저층 주거지면서 정비가 필요한 지역이 중랑구이며, 따라서 본격적인 개발이 진행되기 전에 미리 좋은 물건을 선점해야 할 지역 중 하나라고 생각한다.

● 모아타운 2차 수시공모 선정 보도자료(1)

출처: 서울시

다음으로 모아타운 대상지 선정 기준을 살펴보자. 보도자료에 따르면 선정위원회에서는 반지하 주택 밀집 또는 상습 침수로 인한 피해 여부, 건축물 노후도 등 정비 필요성, 모아타운(소규모주택 정비사업) 실현 가능성, 주민 갈등이나 신축 등 투기 우려 여부, 기타 지역 여건을 고려한 소규모주택 정비사업 추진 합리성 등을 고려사항으로 보고 사업 대상지를 선정했다고 한다. 즉, 이러한 조건을 가지고 있는 지역이 중랑구에 많다는 뜻이기도 하다.

● 모아타운 2차 수시공모 선정 보도자료(2)

출처: 서울시

그럼 우리는 여기서 또 하나의 힌트를 얻을 수 있다. 이런 지역이 중랑구에 많이 있고, 모아타운으로 개발하려는 신청 구역이 많다면 사업이 선정되기 전에 미리 매수하고 기다릴 수 있지 않겠는가?

구역지정이 될지 안 될지는 아무도 모른다. 하지만 진행되고 있는 사업지의 인근 지역은 비슷비슷한 입지와 사업성을 가지고 있을 것이다. 어디는 빠르고 어디는 조금 느리고의 차이만 있을 뿐 노후화나 입지 가치에서 그다지 차이가 나지 않는다는 뜻이다. 그렇다면 모아타운이나 신속통합기획 등이 선정된 구역 주변에서도 이렇게 개발이 될 만한 지역을 먼저 찾을 수 있을 것이다. 물론 여러 고려해야 할 지점도 있다.

선정 조건을 보면 "반지하 주택이 72%를 이상 차지하고 노후도 약 87%에 이르는 중랑구 망우본동 354-2 일원은"이라는 부분이 있다. 다시 말해 반지하 주택이 많고 노후도가 높은 지역이 선정대상이 될 수 있

● 모아타운 2차 수시공모 선정 보도자료(3)

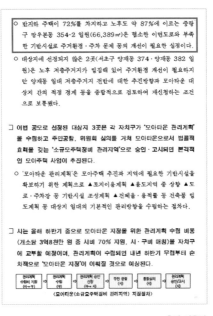

출처: 서울시

76

다는 뜻이다. 더하여 "이면도로와 부족한 기반시설로 주거환경·주차 문제 등의 개선이 필요한 실정이다."라는 언급이 있는데 주거환경 및 주차 환경 개선이 필요하다는 것은 주민들의 민원이 자주 발생하고 노후도에 따른 기반 시설이 거의 없다는 말이다.

그런데 생각해 보면 망우본동 354-2번지 일대만 반지하가 많고 바로 옆 지역은 기반시설이 많지는 않을 것이다. 신축 빌라가 변수이긴 하지만 인근한 동네라면 비슷한 노후도와 주거환경을 가지고 있다. 그러니 한번 선정된 지역 주변에서 새로운 구역이 지정될 가능성이 높다고 봐도 되지 않을까?

나는 그러한 접근 방식이 구역지정 전에 선점이 가능한 선행 투자의 가능성을 열어준다고 생각한다. 실제로 면목동 모아타운과 2021년의 신속통합기획 '2.4 대책'의 공공재개발 구역들은 옆 구역이 지정되면 바로 따라서 순차적으로 구역지정 되는 것을 볼 수 있다. 꼭 면목동이 아니어도 된다. 중화동, 망우동, 상봉동 모두 비슷하게 주거환경이 열악한 곳이라면 구역 내 물건보다는 구역 인근의 신축 빌라가 공급되지 않는 지역도 투자의 대상으로 고려할 수 있다.

실제로 2022년부터 2023년 말까지 이렇게 구역지정 이슈가 있는 면목동 인근과 중화동 인근 모아타운 예상 지역의 빌라를 사기 위해 선행 투자자들이 많이 진입하기도 했다. 물론 신속통합기획 지역과 공공재개발 구역은 매매가 어렵기 때문에 장기투자를 감안해야 하지만, 그 또한 장단점이 있으니 투자의 한 과정으로 생각하면 좋을 듯하다.

신속통합기획이라고 좋은 것만 있고, 모아타운이라고 단점만 있는 것이 아니다. 서초·양재에 있는 모아타운은 좋고, 중화동과 망우동의 모아타운은 나쁘다는 편견도 없어야 하겠다. 좋고 나쁨은 투자하는 사람의 투자 스타일과 방향성에 따라서 달라지는 법이다. 서초·양재의 빌라를 매수하려면 수억 원이 들지만, 중랑구 망우동에서는 1억 원 내외로 투자가 가능하다. 투자의 방법이 다른 것일 뿐, 지역에 대한 선입견을 갖고 접근하지 않았으면 좋겠다. 그래야 편견 없이 제대로 물건의 가치를 분석할 수 있기 때문이다.

소액투자자에게 기회의 땅이 될 중랑구

2023년 11월 서울시는 네 곳의 모아타운 대상지를 선정 발표하였다. 구로구 구로동, 성북구 석관동, 중랑구 망우3동과 묵2동 등 총 네 곳을 소규모주택 정비사업지로 선정한 것이다. 권리산정 기준일은 11월 30일

● 구로·성북·중랑 등 모아타운 대상지 선정 보도자료

출처: 서울시

로 발표되었다.

이때도 중랑구에서 두 곳의 모아타운이 선정되어 개발될 계획이다. 중랑구에서 이렇게 모아타운과 신속통합기획(공공재개발)이 많은 것은 그만큼 낙후된 주거 형태가 많다는 뜻이다. 그리고 동시에 개발 여력이 커질 수밖에 없는 곳이라는 뜻이기도 하다.

중랑구 내에서도 구역지정에 적극적인 곳이 있고, 이제 시작하려고 하는 곳 등 온도차가 있다. 내가 중랑구를 도심 개발 투자를 선점할 수 있는 기회의 땅이라고 생각하는 이유다.

현재 중랑구에는 총 11곳의 모아타운 사업이 진행 중이다. 망우동에

● **중랑구의 모아타운 사업 추진현황**

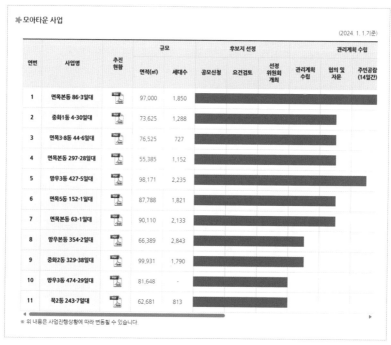

✱ 모아타운 사업

(2024. 1. 1.기준)

연번	사업명	추진현황	규모		후보지 선정			관리계획 수립		
			면적(㎡)	세대수	공모신청	요건검토	선정위원회 개최	관리계획 수립	협의 및 자문	주민공람 (14일간)
1	면목본동 86-3일대	PDF	97,000	1,850						
2	중화1동 4-30일대	PDF	73,625	1,288						
3	면목3·8동 44-6일대	PDF	76,525	727						
4	면목본동 297-28일대	PDF	55,385	1,152						
5	망우3동 427-5일대	PDF	98,171	2,235						
6	면목5동 152-1일대	PDF	87,788	1,821						
7	면목본동 63-1일대	PDF	90,110	2,133						
8	망우본동 354-2일대	PDF	66,389	2,843						
9	중화2동 329-38일대	PDF	99,931	1,790						
10	망우3동 474-29일대	PDF	81,648	-						
11	묵2동 243-7일대	PDF	62,681	813						

※ 위 내용은 사업진행상황에 따라 변동될 수 있습니다.

출처: 중랑구

세 곳, 중화동 두 곳, 묵동 한 곳, 면목본동 다섯 곳이 구역지정되어 도시재생사업을 진행하고 있다. 이 중 가장 속도가 빠른 구역은 면목본동인데 시범구역으로 장점을 살려서 조합설립인가를 마치고 사업시행인가를 진행하고 있다. 나머지 10개 구역은 비슷하게 사업 속도를 내고 있는데 대부분 2023년 구역이 지정되어서 진행상황은 유사하다고 보면 될 듯하다. 또한 모아타운 사업을 신청 대기 중인 사업지도 10여 곳이나 된다. 당연히 사업 진행 속도나 입지 가치는 사업지마다 다를 수밖에 없고 투자금도 다를 수밖에 없다. 좋고 나쁜 것은 없다. 다만 나에게 맞는 구역과 물건이 있을 뿐이다.

그럼 이제 미래의 중랑구 대장이 될 단지를 하나씩 살펴보도록 하자.

중랑구의 차기 대장주를 찾아서

부동산 앱 '아실'에서 중랑구 인근의 개발 현황을 찾아보면 정말 구역지정이 많이 된 것을 볼 수 있다. 물론 모아타운만 있는 것은 아니다. 재개발, 재건축, 공공재개발, 신속통합기획 등 다양한 개발 사업이 구역별로 진행 중이다. 그런데 지금 보이는 곳만 사업이 진행되고 있는 것은 아니다.

검정색 원으로 표시한 곳들도 각각 모아타운이나 신속통합기획으로 구역지정을 위해서 동의서를 걷고 있거나 사전타당성심의를 통과한 지역이다. 정말 많은 구역들이 도심 개발을 진행하고 있는 것이다. 모두 좋은 구역들이다. 모두 장·단점이 있고 노후도도 다르며 역세권과 접근

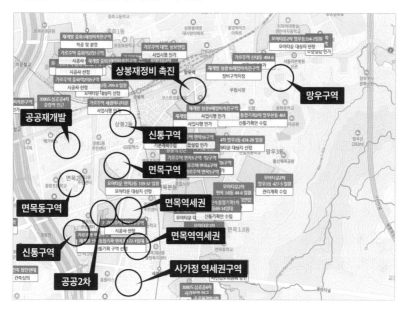

출처: 아실

성도 다르다. 경전철 면목선 개발 호재와 연계된 지역도 있고 상봉재정
비촉진구역 내의 지역도 있다.

  각기 다른 형태의 입지와 상품성으로 재개발 사업을 진행하고 있으므
로 딱히 어느 지역이 좋고 나쁘다기보다는, 투자할 메리트가 있고 출구
전략이 자유로운 구역이나 예정구역을 찾아서 투자하는 것이 가장 현실
적인 방법이라고 본다.

초기 재개발 접근 시 주의할 점 3가지

다만 이때도 몇 가지 주의사항이 있는데 나는 크게 세 가지를 꼽는다.

  첫째, 출구 전략이 있어야 한다. 다시 말해서 매도가 가능한지 여부를 꼭 확인해야 한다는 것이다. 구역지정 이슈가 있거나 구역이 지정되면 권리산정기준일이 공포된다. 그 이후에 지분이 분할되는 투자는 현금청산 되므로 꼭 유의해야 한다. 쉽게 말해 신축 빌라의 준공일이 권리산정기준일보다 빨라야 한다. 그리고 공공재개발과 신속통합기획 구역 등은 매매 시 실거주 의무가 있어서 매도가 어려울 수 있다. 장기적으로는 좋은 구역이지만 부동산 투자라는 것이 언제 어떻게 현금이나 명의가 필요할지 모르는 일이니 팔고 싶을 때 팔 수 있는 구역을 들어가는 것이 좋다.

둘째는 신축 빌라다. 권리산정기준일을 어기지 않았다고 방심하면 안 된다. 신축 빌라는 관리하기는 편하지만 너무 비싸다. 현재 중랑구에서 대장주는 사가정센트럴아이파크인데 전용 84제곱미터 기준 매매가가 약 11억 원 초·중반에 형성되어 있다. 또 바로 옆의 신축인 라온프라이빗 아파트는 전용 84제곱미터가 10억 원 초반으로 형성되어 있다. 결국 대장주의 가격을 기준으로 매매가격을 예상해봐야 한다는 뜻이다.

일반적으로 서울의 조합원분양가는 7억~8억 원선이다. 이것도 사업이 진행되면서 계속 오를 가능성이 높다. 그러면 빌라를 매수했을 때 일반적으로 감정평가를 받아서 2억 원 정도가 최대 나올 수 있다고 보면(매물이나 지분마다 차이가 있을 수 있다), 평균적으로 3억 원짜리 빌라를 매수하면 감정평가액 2억 원에 조합원분양가 8억 원을 더해서 추후 신축 아파트를 10억 원에 매수할 수 있다고 보여진다.

그럼 이 가격보다 높은 6억 원짜리 신축 빌라를 매수하면 감정평가액이 얼마로 나올까? 신축이라고 평가액이 더 나오고 층수가 높다고 후하게 받지는 못할 것이다. 왜냐하면 감정평가가 실행되는 약 5~10년 후에는 지금의 신축 빌라도 구축이 되어 있을 테니 말이다.

그러면 6억 원짜리 매물을 매수하게 되면 조합원분양가 8억 원을 더해서 10억 원짜리인 매물을 14억 원에 매수하게 되는 악수를 둘 수도 있다. 한마디로 매도를 할 수가 없는 경우가 발생하는 것이다. 내가 비싸게 주고 샀으니 비싸게 주고 팔고 싶겠지만, 현장의 현실은 냉혹하다. 누가 공급가보다 비싼 빌라를 매수해 주겠는가? 그러므로 신축 빌라에 접근할 때는 꼭 주의하기 바란다.

세 번째로 신축 빌라가 많은 지역을 피해가는 것이 좋다. 인접 지역이 모아타운으로 사업을 진행한다고 해서 바로 옆의 빌라 단지를 매수하는 것은 위험할 수 있다. 노후도가 안 맞을 수 있기 때문이다. 빌라는 아파트와 다르게 빠르게 공급이 된다. 3~5개월이면 신축 빌라촌으로 변할 수도 있다는 말이다. 지금은 다가구 밀집지역이지만 갑자기 신축 빌라촌으로 변하면서 투기성 지분투자를 하려는 수요까지 유입되면 노후도와 사업성을 맞추기가 어려워서 장기간 사업이 표류할 수 있다. 때문에 이왕에 사업지 인근 지분투자를 하려면 빌라 공급이 쉬운 다가구 밀집지역보다는 다세대가 어느 정도 군락을 이루고 있는 지역을 선정하는 것이 좋다. 이렇게 세 가지 주의사항은 꼭 인지하고 현장에 임장 가보는 것을 추천한다. 임장은 서울 초기 재개발 지역 투자에서 가장 기본 중에 기본이다.

하지만 여기에도 예외사항이 있기는 하다. 일례로 망우본동 354-2번지 모아타운이 그렇다. 나는 그곳 사례를 보면서 모아타운에 대한 편견을 버리게 되었다. '이런 지역이 어떻게 모아타운으로 개발될 수 있지? 신축 빌라가 이렇게 많은데?'라면서 말이다. 부동산 투자는 이렇게 예상치 못한 반전이 있어서 참 재미있다. 무슨 뜻이냐면 이렇게 공급이 많은 신축 빌라촌에서도 모아타운이 선정되고 구역지정이 가능하다는 것이다. 무조건 안 된다고 섣불리 판단하기보다는 입지와 가격, 추진위원회의 의지 등도 큰 역할을 할 수 있으니 편견을 가지고 지역을 바라보면 안 되겠다는 반성을 하는 계기가 되었다.

중랑구 모아타운의 시작점, 망우동

먼저 망우동 모아타운부터 분석해보려고 한다. 사실 중랑구에서 가장 활발한 도시재생사업이 진행되는 지역은 면목본동이었다. 지난 30년 동안 개발의 바람이 불었다가 꺼지고 불었다가 꺼지기를 반복했던 지역이라서 나름의 역사가 길다. 개발에 대한 열망이 크지만 아쉽게도 사업이 좌초되는 경우가 많아서 실망감도 컸던 지역이다.

망우동은 면목본동보다 더 낙후된 지역이다. 도심 접근성, 즉 철도망과의 접근성이 그다지 좋지 못해서 7호선 라인이 가장 주력인 면목본동보다 주택가격의 오르고 내림이 약간 늦은 지역이다.

망우본동 354-2번지

첫 번째는 망우본동 354-2번지 모아타운 사업지다. 이곳은 노후·저층 주택이 밀집되어 있으며, 도시재생활성화 구역과 일반주거지역이 혼합돼 있어 대규모 개발에 어려움이 있었지만, 주민들의 요구를 반영하여 서울시에서 모아타운 대상지로 선정하였다. 기존에 망우동 가로주택정비사업을 자체적으로 진행했는데, 모아타운으로 선정되면서 통합개발 형식이 가능해졌기에 관심 있게 지켜볼 만한 곳이다.

'도시 및 주거환경정비법'(이하 도정법)에 따르면 재개발은 노후도가 67퍼센트 이상이어야 하는데 이 지역의 노후도는 90퍼센트다. 하지만 규정상 90제곱미터 미만의 과소 필지가 40퍼센트 이상이어야 하는데 현재는 12퍼센트밖에 되지 않아서 재개발 요건을 충족하지 못했다. 그래서 소규모주택 개발 형식인 가로주택정비사업을 진행하고 있다가 도정법보다 규제가 완화된 형태의 모아타운으로 사업 방향을 바꾸게 된 것이다.

현재 조합원은 약 500명, 예정 세대수는 약 1,000세대라고 한다. 단독주택이 많아서 사업성이 나오는 상황이라 일반분양 시 메리트가 있어 보인다. 그리고 현재 제2종인 사업지를 제3종으로 종상향이 가능하다면 사업성은 더 좋아질 수 있다. 물론 변수가 많아서 확정 세대수는 변경될 수 있다.

● 모아타운 및 가로주택정비사업 대상지

출처: 서울시

입지와 주변 환경

현장을 가보면 이면도로가 자동차 한 대 겨우 지나갈 정도로 비좁고 복잡하다. 노후화된 지역이라 빨간 벽돌로 된 건물들이 자주 보여 전형적인 빌라·다세대 밀집지역이라는 것을 알 수 있다. 망우로와 인접해서 차량 교통은 편리하지만, 7호선과의 접근성은 좋지 않은 편이다.

개인적으로는 모아타운을 그다지 좋지 않은 사업 방식으로 생각하고 있었다. 모아타운은 신속통합기획사업보다 노후도가 약 10퍼센트 낮아도 추진이 가능하다. 그래서 빌라 업자들은 신속통합기획 자리보다 모아타운 추진 지역에 신축 빌라를 많이 지었다. 그리고 이렇게 쪼개진 지분을 뒤에 진입한 일반 투자자에게 비싸게 분양해 이득을 보고 나가는 사례가 많았기 때문이다. 게다가 이런 식으로 신축 빌라가 많아지면 조합원도 늘어나고 초반에 계산된 노후도와 사업성이 맞지 않는 경우도 늘어날 수밖에 없다고 보였다.

● 현장 전경

임장 당시, 여기 망우본동 354-2번지 일대도 마찬가지로 신축 빌라가 많이 들어서고 있

었다. 거의 두 집 넘어 하나씩 신축 빌라였기에 '여기서 사업이 진행되는 게 맞을까?' 하는 생각이 무척 강하게 들었다. 이곳은 구역지정 전 건립된 신축 빌라들이 많아서 가장 큰 단점으로 작용한다. 구축과 신축이 혼재되어 있는 동네라고 보면 될 듯하다.

투자를 위한 접근 전략

모아타운은 구역지정 이후에도 매매 거래가 가능하다. 하지만 이때 조심해야 할 물건들이 있다. 아래 표시한 매물을 보자.

방 3개, 화장실 2개의 신축 빌라인 듯한데 5억 1,500만 원에 호가가 올라와 있다. 대지지분을 계산해보면 6평이 넘지 않을 것이다. 그럼 추후 감정평가를 얼마나 받을 수 있을까? 아무리 많이 잡아도 1억 5,000만 원이 최대치 아닐까? 변수가 생길 수 있겠지만, 현재로선 예상과 크게

● 인근 매물 시세

출처: 네이버페이 부동산

달라지지 않을 것 같다. 만약 그렇다면 프리미엄이 3억 원 이상인 것인데 예상 조합원분양가가 7억 원이라고 가정 시, 모아주택 전용 84제곱미터를 약 11억 원에 매수하는 셈이다. 아마 실제는 그 이상이 될 수도 있다고 본다. 건축비며 인건비가 지속적으로 오를 테니 말이다. 따라서 우리는 가능한 저렴한 매물을 찾아서 예상 감정평가액과 분양가를 분석해보고 접근하는 것이 현명하다. 이후로도 거듭 강조하겠지만, 신축 빌라의 상품성은 감정평가에 반영되지 않을 가능성이 높다. 확실한 지표인 대지지분으로만 계산하는 것을 추천한다.

내가 비싸게 주고 샀다고 남에게 비싸게 팔 수 있다고, 아니 팔 때까지 기다릴 수 있다고 하는 것처럼 부동산 투자에서 어리석은 생각은 없다. 현실과 현장은 냉혹하다. 출구 전략이 애매하다면 시작하지 않는 것이 현명할 것이다.

해당 사업지에서 좀 더 넓혀보면 인근에 재건축 가능한 단지들이 보인다. 투자자라면 관심 가져볼 만하다고 생각한다. 지도에서 망우1구역 위쪽으로 5층짜리 저층 아파트인 경남 아파트와 3층짜리 신일빌라 3차 등이 있는데, 대지지분은 약 15평으로 적정하지만 단지가 작고 아직 이렇다 할 재건축 바람이 불지는 않고 있다. 나중에 통합개발 형태로 추진하면 좋을 입지라서 한 번쯤 임장을 다녀오면 좋을 듯하다.

참고로 망우1구역도 장점이 많은 곳이다. 인근 다가구 지역까지 같이 사업구역에 포함해 재건축이 진행 중인데 공공재건축이라서 사업성이 높아지는 장점이 있으므로 인근 지가 상승에 긍정적인 영향을 미칠 것이라고 생각한다. 위에 언급한 두 곳처럼 인근에 다시 따라갈 만한 재건축 단지들도 파악해서 분석해 둔다면 향후 투자하는 데 도움이 될 수 있

● 모아타운 주변 재건축 가능 단지

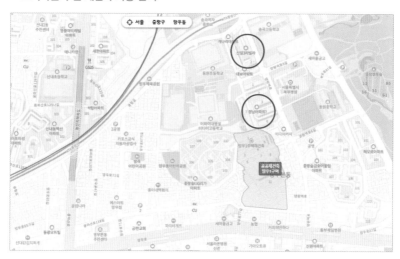

을 것이다.

  망우1구역에는 주요 아파트 단지가 3개 있는데 개나리(1988년 준공, 78세대)·대보(1988년 준공, 80세대)·경남(1989년 준공, 250세대) 아파트다. 이 중 가격 면에서 투자 메리트가 있는 곳은 대보와 개나리 아파트로, 특히 개나리 아파트를 우선 고려해보면 좋겠다. 두 아파트는 입지와 대지 지분이 비슷하고 해당 아파트의 단지 크기 차이가 약간 있을 뿐이다.

  실제 임장을 가보면 단독으로 재건축을 하기에는 어렵겠다는 것을 단 번에 알 수 있다. 단지가 너무 작기 때문이다. 그리고 사진으로는 평지 같아 보이지만 경남 아파트 인근 염광 아파트부터 내리막길로 이어지는 언덕 지형이다. 단차가 만들어지는 아파트인 것이다. 근처 이면도로도 문제다. 왕복 2차선이라 버스 한 대만 지나가도 길가에 주차된 차들을 가까스로 비켜 갈 정도로 도로 여건이 좋지 못하다. 다만 양원역과 인접

● 망우1구역 주요 아파트 단지

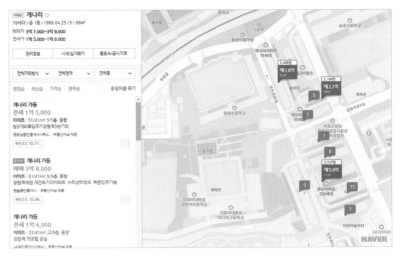

● 개나리·대보 아파트 입구 전경

하고 망우역이 GTX 개발 호재가 있어서 개발이 본격화되면 주거환경에
도 긍정적인 영향을 줄 수 있으니 타이밍을 보면서 접근하는 것이 좋을
것 같다.

　이 책의 초반에도 언급했지만 나는 'B급'을 노리는 전략으로 투자를
한다. 누구나 인정하는 좋은 단지, 좋은 아파트는 실투자금이 많이 들어
가서 가성비가 떨어진다. 그래서 그 옆의 작지만 A급 단지를 따라갈 만

한 단지들을 투자해놓고 기다리는 전략을 취하는 것이다. 기다림이 길어질 때도 있고, 예상보다 빠르게 결과가 나올 때도 있지만 단점보다는 장점이 더 많은 방법이라고 생각한다. 개나리 아파트와 대보 아파트 역시 이렇게 따라가기 좋은 입지와 상품성을 가진 단지로 볼 만하다.

망우3동 427-5번지

다음으로 망우3동 427-5번지 모아타운 2차 단지를 보자. 이곳은 총면적 9만 8,171제곱미터, 8개 구역으로 가로주택정비사업을 진행하고 있는데 이제 통합형 개발이 가능한 상황이다.

망우3동 427-5번지의 총 소유자, 즉 조합원은 650여 명이고 약

● 망우3동 427-5번지 모아타운 2차 위치

출처: 아실

● 가로주택정비사업 구역별 위치와 면적

구분			위치	면적(m²)	구성비(%)
합계				98,171.0	100
시행구역	공동주택용지	소계		60,508.9	61.7
		A1 사업추진구역1(가로주택정비사업)	망우3동 437-1번지	6,723.3	6.9
		A2 사업추진구역2(가로주택정비사업)	망우3동 436-1번지	6,365.0	6.5
		A3 사업추진구역3(가로주택정비사업)	망우3동 432번지	8,265.2	8.4
		A4 사업추진구역4(가로주택정비사업)	망우3동 427-1번지	10,206.1	10.4
		A5 사업추진구역5(가로주택정비사업)	면목3·8동 46-1번지	6,802.9	6.9
		A6 사업추진구역6(가로주택정비사업)	면목3·8동 3-1번지	6,435.1	6.6
		A7 사업추진구역7(가로주택정비사업)	면목3·8동 2-1번지	7,727.3	7.9
		A8 사업추진구역8(가로주택정비사업)	면목3·8동 10-2번지	7,984.0	8.1
정비기반시설		도로		9,653.4	9.8
시행구역 외	B1~B5	주택용지 등		28,008.7	28.5

출처: 서울시

1,500세대 아파트 건립을 목표로 사업을 진행하고 있다. 토지가 제1종과 제2종이 섞여 있어 종상향의 기대감도 크고, 종상향 인센티브가 주어진다면 2,000여 세대에 달하는 대단지가 될 수 있는 강점도 있다. 아무래도 일반분양 물량이 많아지면 사업성이 좋아지니 조합원에게 메리트가 적지 않을 것으로 예상된다.

이들 단지 중 8구역(A8)은 조합설립인가를 받았고, 나머지 구역은 각 개전투식으로 개별 동의서 작업을 하고 있었는데 모아타운 예비구역으로 지정되면서 가로주택정비사업 조합들도 사업에 탄력을 받고 사업을 진행할 수 있게 되었다.

입지와 주변 환경

이곳은 7호선 면목역을 도보로 가기에는 거리가 있어 역세권으로서의 장점은 부족하다. 하지만 우측으로 망우산이 있어서 산 조망이 좋은 단지가 될 가능성이 높다. 실제로 임장을 가보면 등산객을 종종 본다. 또 바로 앞에 근린공원이 다수 조성되어 있어서 주거환경만 개선된다면 꽤 괜찮은 아파트로 개발되어 선호도 있는 단지가 될 수 있다고 생각한다.

실제로 임장을 가보면 개별 가로주택정비사업 조합이나 추진위원회 사무실을 종종 볼 수 있다. 개별 사업으로 진행하고 있었지만 인근 구역의 동의율이 높아질수록 서로 시너지를 주고받으며 사업이 추진될 것이기에 진행 속도도 더 빨라질 수 있다고 생각한다.

● 현장 전경

투자를 위한 접근 전략

주변 빌라 시세를 살펴보면 간혹 다음과 같은 매물이 올라올 때가 있다. 매매가 1억 3,000만 원 원룸으로 1층이라고 나와 있으나 반지층일 가능성이 크다. 사진을 보면 수리가 되어 있어서 가격이 비싸 보이기도 한다. 월세나 전세를 높게 받으면 소액투자가 가능한 물건으로 보인다.

이곳 시세를 분석해보자면 먼저 대장주와 인근 신축의 가격을 파악해야 한다. 기축 대장주인 사가정센트럴아이파크의 시세가 약 11억 원이고 인근 30평대 아파트가 7억~8억 원대임을 감안하면 이 지역의 전용 84제곱미터 신축의 가격은 9억 원대가 적정해 보인다. 역세권이 아니고 면목본동 상권과도 가깝지 않다는 단점이 있으니 1억 원 정도 저렴하면 될 듯하다.

그렇다면 조합원분양가는 약 7억~8억 원선일 것이고 3룸짜리 빌라 기준으로 감정평가는 1억~2억 원 정도가 나올 것이라고 예상한다면, 매매가 3억 원 이하의 매물을 구하는 것이 현실적으로 적정해 보인다. 감정평가액이 예상과 다를 수도 있지만 우리는 보수적으로 보고 접근하는 것이 좋으므로 너무 높은 수익률보다는 안정적인 수익률을 바라고 접근하는 것이 좋겠다.

● 인근 매물 시세

출처: 네이버페이 부동산

저렇게 저렴한 매물도 조합원 입주권이 발생한다. 물론 감정평가액은 생각보다 적을 수 있겠지만 수익률에서나 소액투자의 관점에서는 좋은 매물로 보인다. 꾸준히 임장하고 찾아보면 이렇게 소액으로 투자할 만한 매물도 종종 나오니 현장을 자주 가볼 것을 추천한다. 단, 2룸짜리 신축 빌라는 쳐다보지도 말자. 절대 수익성이 나오지 않는다.

7호선 역세권으로 강남 접근성이 좋은 중화동

다음은 중화동의 도시재생사업을 알아보도록 하자. 중화동은 망우동보다 더 많은 모아타운과 공공재개발, 도심공공주택 복합사업, 역세권개발사업 등이 진행되고 있다.

특히 중요한 점은 7호선과의 접근성이다. 중화동은 지하철 7호선 중화역과 상봉역이 인접해 있는데 7호선은 강남을 경유하기 때문에 환승 없이 출·퇴근할 수 있는 최적의 황금노선이다. 그래서 경의중앙선이 있는 망우동의 선호도가 중화동이나 면목본동을 따라가지는 못하는 것이다. 이렇듯 서울과 경기 지역에서는 핵심지와의 접근성, 즉 지하철과의 접근성이 가장 중요한 요소다.

중화1동 4-30번지

중화동에서 처음 찾아볼 지역은 중화1동 4-30번지 일대 모아타운 2차 사업지다. 중화역과 상봉역과는 약간 거리가 있는 곳으로 2022년 모아타운 대상지로 선정되어 사업이 진행되고 있다.

● 중화1동 4-30번지 모아타운 2차 사업지 위치

출처: 아실

● 가로주택정비사업 구역별 위치와 면적

구분			위치		면적(m²)	구성비(%)	비고
합계					73,625.8	100	
시행구역	공동주택용지		소계		50,260.8	68.2	
		A1	사업추진구역1 (가로주택정비사업)	중화1동 1-1번지 대명·삼보연립	7,402.0	10.0	
		A2	사업추진구역2 (가로주택정비사업)	중화1동 4-30번지	3,269.0	4.4	
		A3	사업추진구역3 (가로주택정비사업)	중화1동 133-7번지	5,859.6	8.0	
		A4	사업추진구역4 (가로주택정비사업)	상봉1동 304-4번지	8,215.0 (8,552.0)	11.2	(공공공지 포함 연변 부여 기준)
		A5	사업추진구역5 (가로주택정비사업)	상봉1동 215-6번지	8,112.9	11.0	
		A6	사업추진구역6 (가로주택정비사업)	상봉1동 190-88번지	17,402.3	23.6	
	정비기반시설		도로		10,734.8	14.6	
			공원		248.0	0.3	
			공공공지		337.0	0.5	
			공공청사		730.0	1.0	
시행구역 외	B1~B4		주택용지 등		11,315.2	15.4	

출처: 서울시

도면 표시	사업 구역	사업 계획			비고
		토지등 소유자(명)	시행자	추진 단계	
A1	대명·삼보연립 가로주택정비사업	-	조합	사업시행인가	
A2	중화1동 2구역 가로주택정비사업	32	조합(예정)	동의서 징구	
A3	중화1동 3구역 가로주택정비사업	59	조합(예정)	동의서 징구	
A4	중화1동 4구역 가로주택정비사업	110	조합(예정)	조합설립 추진 중	공공공지 포함
A5	중화1동 5구역 가로주택정비사업	102	조합(예정)	조합설립 추진 중	
A6	중화1동 26구역 가로주택정비사업	206	조합(예정)	동의서 징구	

출처: 서울시

이곳은 총 면적이 7만 3,625.8제곱미터, 조합원은 약 600명으로 건립 계획 세대수는 약 1,300세대를 목표로 진행하고 있다. 총 6개 구역에서 가로주택정비사업이 진행되는데 구역별 세부 사항은 다음과 같다.

구역지정 이후 정비기반시설을 나누어 추진될 것이며 6개 구역 중 대명·삼보연립(A1)은 조합을 설립, 사업시행인가까지 완료되었다. 그 외 나머지 구역은 조합설립을 추진 중이거나 동의서를 징구하는 단계다. 같은 사업지 내에서도 빨리 가는 곳과 따라가는 곳이 있는 것이다.

입지와 주변 환경

현장을 가보면 전형적인 단독·다가구 밀집지역인 것을 알 수 있다. 약간 언덕형으로 자전거를 타고 가면 내리막길 골목이 있다.

동네를 둘러보다 보면 기존 다가구 건물을 허물고 신축 건물 공사 현장을 볼 수 있는데, 나는 이 점이 약간 의문이다. 권리산정기준일 이후에 들어오는 빌라 지분 쪼개기는 현금청산 대상인데 왜 공사를 진행하는가 싶어서다.

● 현장 전경

투자를 위한 접근 전략

기존 동네의 주거 형태가 다가구 밀집지역이라서 매매가격도 조금 비싼 편이다. 15억~18억 원 구간으로 형성되어 있고, 대부분 '1+1' 입주권을 바라보면서 가능성 있는 매물부터 사는 편이라고 한다. 건물 규모나 금액이 큰 물건은 거래하기도 힘들고 수익률 관점에서도 추천하기 쉽지 않으니 잘 팔리고 출구 전략이 가능한 가벼운 소액 매물을 찾아보는 것이 좋다.

가령 2룸짜리 신축 빌라가 매매로 나오는 경우가 있는데, 빌라의 상품성은 남아 있을지 모르지만 감정평가 단계에서 메리트는 떨어질 수 있어서 주의하는 것이 좋다. 계산을 해보면 대지지분 1평당 거의 1억 원에 거래되는 셈인데 잠깐 생각해도 수지타산이 맞지 않는다. 예를 들어서 아래 사진의 인근 매물 시세를 보면 3억 8,000만 원에 전용면적

$27m^2$(8평) 정도의 신축 빌라가 나와 있다. 이 정도 면적이면 대지지분은 약 3평 내외일 것이다. 그러면 평당 1억 원짜리 매물이 되는 것이다. 이런 매물을 조심하자.

초기 빌라 분양시장에서는 감정평가를 시행사 쪽 감정평가사가 해주기 때문에 대출을 잘 받을수 있다. 또한 전세가도 잘 받을 수 있는 조건이 형성된다. 그런데 문제는 전세를 맞추고 2년 후다. 후속 세입자를 구하기가 어렵기 때문이다. 이 구역처럼 신축 빌라로 공급해서 사업을 진행하고 있는데, 후속 세입자를 구하지 못해서 고생하는 경우도 발생할 수 있는 것이다. 권리산정기준일만큼 신축 빌라도 조심 또 조심하자.

● 인근 매물 시세

출처: 네이버페이 부동산

중화1 재정비촉진구역

다음으로는 중화1 재정비촉진구역을 알아보자. 흔히 '중화1구역'이라고도 부른다. 이곳은 정비사업이 완료되고 '리버센SK뷰롯데캐슬'이란 이름으로 분양해서 완판되었다(1,055세대, 2025년 11월 입주 예정). 과거 이명박 대통령 시절 '중화뉴타운'으로 지정되어 사업이 진행되다가 다른 구역들은 사업 진행이 지지부진해서 구역지정이 취소되고 사업이 중지되었는데, 이곳 중화1구역만은 유일하게 살아남아 분양에 성공했다.

● 중화1 재정비촉진구역 위치

출처: 아실

입지와 주변 환경

중화1구역은 중화역과 인접하고 단지 규모도 크다. 특히 중랑천과도 가까워 2028년 완공 예정인 동부간선도로 지하화 호재와 맞물려 더욱

큰 혜택을 볼 수 있는 입지적 가
치를 지녔다.

● 현장 전경

● 현장 전경

굳이 단점이라면 기존 다가
구 밀집지역을 개발하는 곳이
라 빌라촌이 가깝고 나홀로 신
축 아파트라는 것 정도다. 그런
데 앞으로는 동네가 많이 바뀔 것이다. 중화동 구역해제지역부터 가로
주택정비사업과 공공재개발, 모아타운 등 주변에서 정비사업을 진행해
서 도심 신축 주거벨트가 형성될 것이기 때문이다. 각 정비사업지들이
서로 시너지를 주고받으며 성장할 것으로 보인다.

투자를 위한 접근 전략

가장 신축인 리버센SK뷰롯데캐슬의 분양권 가격을 보면 전용 84제
곱미터 기준 약 11억 원에 형성되어 있다. 면목본동의 사가정센트럴아
이파크와 비슷한데 이 가격이 중화동의 도시재생사업 신축의 기준점이라
고 보면 된다.

이는 다른 사업지 매물을 분석할 때 전용 84제곱미터를 기준으로 11억
원이 넘으면 사업성이 없다고 보고 신중하게 진입하여야 한다는 뜻이다.
만약 실거주라면 지금이라도 리버센SK뷰롯데캐슬의 분양권을 매수하
는 것도 좋은 방법이다. 차기 중랑구의 대장이 될 단지이기 때문이다.
집값을 이끄는 단지는 항상 그만한 힘이 있고 브랜드와 가격 결정력을
가지게 된다.

지금은 중랑구라는 핸디캡이 있어서 11억 원선이지만 동부간선도로

● 리버센SK뷰롯데캐슬 분양권 시세

지하화가 완성되어 수변공원이 생기고 인근 사업지들도 신축으로 같이 개발된다면 현재 가치를 훌쩍 넘어설 것이 분명하다. 소액투자로는 초기에 자금이 많이 들어가서 추천하기에 부담스럽지만, 실거주 신축을 원하는 수요자라면 적극적으로 고려해보기 바란다.

중화2동 329-38번지

다음으로 중화2동 329-38번지 모아타운 2차 사업지를 보자. 이곳은 원래 2003년 '중화뉴타운' 재개발 사업이 추진되다가 2014년에 해제된 지역으로, 정식 명칭은 '중화2재정비촉진구역'이지만 현 중화1재정비촉진구역이 성공적으로 분양을 하고 사업이 진행되고 있어서 흔히 '중화역 2구역'이라고 불린다. 정비구역이 해제된 후로는 가로주택정비사업이

● 중화2동 도시재생활성화지역

출처: 중랑구

● 중화역2구역 인근 개발현황

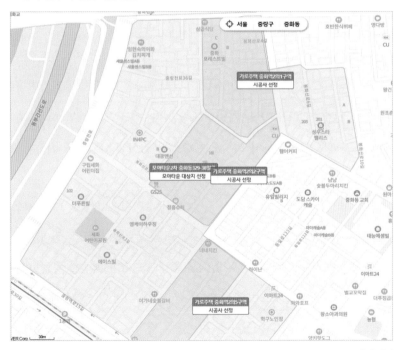

출처: 아실

진행되었다.

이곳의 조합원은 약 800명이며 약 2,800여 세대를 공급할 계획이다. 현재 중화역2구역에서는 8개의 가로주택정비사업이 소규모 정비사업으로 진행되고 있으며, 4개 사업지가 조합설립 추진되었고 나머지 4개 사업지도 동의서를 걷고 있는 중이다.

입지와 주변 환경

중화역2구역은 중화1구역과 비슷한 입지지만, 중랑천과 인접한 면적은 더욱 크다. 단지 규모도 중화1구역 대비 약 1.3배(9만 9,931제곱미터)로 메리트가 큰 사업지라고 할 수 있다. 중화1구역의 성공이 저층 주거지 위주의 2구역에도 영향을 미쳐서 고층 아파트 건립 의지가 높으며 개발의 추진력을 더하고 있다.

2구역의 단점이라면 전체 주택 중 단독주택 비중이 약 78퍼센트 정도로 높은 편이라는 것이다. 따라서 고층 주택으로 개발되지 않는다면 신축 빌라 밀집지역으로 변할 가능성도 있었다. 하지만 재개발 노후도는 맞추지 못해도 모아타운의 노후도는 충족하여 전체 사업으로 진행하게 되었다.

원래 제1종과 제2종 주거지로 층수 제한이 있었으나, 모아타운 사업지로서 임대주택 비중을 높여 300퍼센트의 용적률을 받을 수 있다면 최대 35층까지 아파트를 올릴 수 있어서 최대 2,800여 세대를 공급할 수 있다(일반분양 물량 2,450여 세대, 임대주택 250여 세대 및 상가주택 등). 사업성이 좋은 지역이 될 수 있다는 뜻이다.

시공사로는 DL이앤씨가 'e편한세상' 브랜드로 시공권을 가져오려고 노력 중이라고 한다. 건설사 두세 곳이 홍보를 하고 있는데 어느 건설사가 맡든 좋은 단지로 완성될 것이라고 생각한다. 개발되고 나면 중화1구역을 뛰어넘는 단지로 상상해봐도 좋겠다.

다만 2구역도 문제가 아예 없는 것은 아니다. 일단 각기 진행하던 사업지에서 동의서 징수가 지지부진하다. 사업 진행 속도가 생각보다 빠르지 않을 수 있는 것이다. 그리고 이 구역도 신축 빌라가 많다. 돌아다녀 보면 신축 빌라 분양광고 홍보물을 종종 볼 수 있는데 준공은 된 것 같으나 아직까지 분양이 완료되지 않아서 애를 먹는 곳이 적지 않은 듯하다.

● 현장 전경

투자를 위한 접근 전략

다행히 중화역2구역은 평지라서 아파트를 올리면 단지의 구조나 배경이 멋지게 나올 것이다. 중랑천을 따라서 사업지가 펼쳐져서 '중랑천 뷰' 프리미엄이 붙을 가능성이 아주 높다. 게다가 동부간선도로 지하화에 따른 수변공원이 완성되면 환경 프리미엄은 더 높게 형성될 것이다. 좋은 지역이다. 저렴한 매물이 나올 수 있으니 관심 가지고 자주 임장을 다녀보자.

중화역3구역

다음은 가칭 '중화역3구역'이다. 가로주택정비사업으로 진행되고 있는데 중화역2구역처럼 모아타운 신청을 준비하고 있다. 2구역과 비슷하게 2014년에 정비구역이 해제되었고 중화촉진지구에서는 2023년 해제되었다.

현재 이 구역에는 총 5개의 가로주택정비사업지가 있고 이 중 동의율 70퍼센트가 넘은 구역은 2개로 나머지 3개 구역은 동의율을 높이려고 노력 중이라고 한다.

입지와 주변 환경

임장을 가보니 중화역2구역과 별반 다르지 않았다. 오히려 큰 도로인 동일로와 가까워서 교통이 편리하고 지하철역과도 가까운 장점을 가지고 있다.

하지만 단독주택 비중이 높은데 2구역보다 빌라가 조금 많다. 이런 곳은 개발이 늦어지면 늦어질수록 신축 빌라가 들어오는 속도가 빠른 경향이 있는데 소규모주택 정비사업에서 참 아쉬운 지점이다.

● 현장 전경

● 중화역3구역 위치

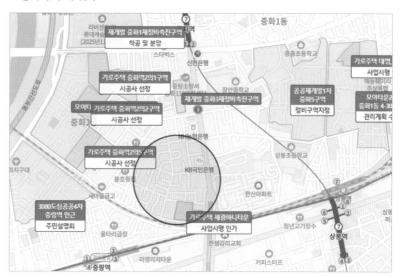

● 중화역3구역 가로주택정비사업 구획도

한편 중화역3구역은 중화역2구역 대비 용적률에 메리트가 있어서 사업성은 더 좋을 것으로 평가받는다. 태릉시장과도 가까워 생활 인프라도 양호하여 중화역2구역이 먼저 사업을 진행하고 있지만 충분히 따라갈 수 있는 입지라고 보인다.

투자를 위한 접근 전략

신축 빌라 가격이 비싸서 투자하기에는 메리트가 떨어지지만 간혹 저렴한 매물이 나온다면, 특히 공시지가 1억 원 이하의 매물이 나오면 취득세 중과를 피할 수 있다. 이렇게 따라가는 지역만의 장점도 있으니 임장 갈 때 같이 둘러보기를 추천한다.

중화역3구역은 2룸짜리 신축 빌라 기준으로 약 2억 5,000만~3억 원선으로 매물이 나와 있는데, 전세가격을 1억 5,000만 원 받으면 1억 원 내

● 인근 매물 시세

출처: 네이버페이 부동산

외로 투자가 가능한 물건들이 많다. 대지지분을 기준으로 6평 정도에 평당 5,000만 원이 넘지 않는 물건을 고르는 것이 좋겠다. 그 이상은 출구 전략이 애매해질 수 있으니 주의하기 바란다.

중화동 325번지

다음은 가칭 '중화동 325번지' 가로주택정비사업지로 가보자. 이곳은 중화역2구역과 중화역3구역을 따라가는 형태의 입지로 정비구역의 크기가 작고 모아타운으로 개발되기에는 조건이 부족하다. 바로 오른쪽으로 '3080도심공공재개발 4차 중랑역 인근' 사업이 진행되고 있어서 구역의 편입도 어렵다.

● 중화동 325번지 가로주택정비사업 위치

출처: 카카오맵

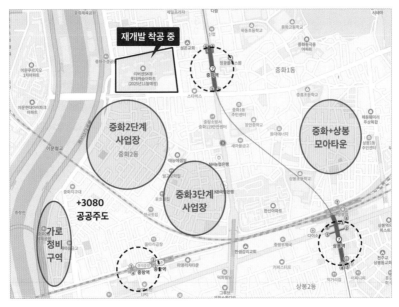

출처: 중화3구역 추진위원회

입지와 주변 환경

'중화뉴타운'이 2014년 해제되고 정비구역이 없어지면서 개별 소규모 정비사업지들이 각자 사업을 진행했는데, 이곳 중화동 325번지도 중랑천에 인접한 장점을 보고 사업을 추진했었다. 하지만 부동산 경기가 꺾이면서 추진 동력을 잃었고, 조합 내부에 갈등마저 심화되면서 사업이 한동안 표류했다. 그래서 기존 토박이 입주민들은 이곳에서 정비사업을 하는 데 부정적인 경향을 보인다. 너무 오래 기다려왔고 사업 진행에 대한 실망감이 크기 때문이다. 아직도 현장에 가보면 반대하는 측의 항의문이나 현수막 등이 있는데, 사업이 얼마나 지지부진하고 내부 갈등이 심했는지 알 수 있는 부분이기도 하다.

다행히 다시 부동산 경기가 활성화되고 중화1구역 분양이 성공하면서 기대감이 커져 사업을 다시 진행하는 쪽으로 분위기가 바뀌고 있다고 한다. 아직 추진위원회 단계이긴 하지

● 현장 전경

만 중화역3구역이 완성되면 분명히 따라갈 만한 입지를 가지고 있기에 주목할 가치가 있는 곳이다.

투자를 위한 접근 전략

중화역 325번지는 지금 당장은 투자하기에 우선순위에선 밀리지만 입지적 장점이 있어 개발 가능성이 크기에 알아두면 좋을 구역이다. 대

● 인근 매물 시세

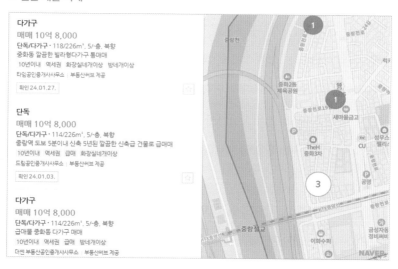

출처: 네이버페이 부동산

체로 다가구나 단독주택 매물이 올라오는데 빌라 매물은 그다지 많지 않다고 한다. 신축 빌라 공급을 하기에 중화동 상단이나 묵1동 지역이 더 저렴하기 때문인데, 그래서인지 아직까지는 노후도가 높은 지역으로 남아 있다. 이후 몇 년만 지나면 동부간선도로 지하화에 따른 수혜를 직·간접적으로 볼 수 있는 지역이라 지분투자로도 나쁘지 않다고 생각한다. 인근 지가는 꾸준히 오를 것이기 때문이다.

초기 재개발의 춘추전국시대, 면목동

내 생각에 면목동은 중랑구에서 애증의 지역임에 틀림없다. 개발한다고 했다가 취소되고, 개발한다고 말이 나오다가 또 수그러들었다. 그렇게 개발의 흐름이 왔다가 흩어지기를 반복하는 곳이다. 이는 주거 인프라가 열악하고 도로가 좁으며 개발의 추진력이 부족하다는 뜻도 된다.

하지만 면목동은 지하철 7호선 면목역과 가까운 장점이 있어서 강남 출퇴근이 가능하다. 입지적으로 노원구보다 더 좋은 교통망을 가지고 있다고 보아도 무방하다. 다만 신축 아파트가 없고, 심지어 구축 아파트조차 부족한 상태다. 거의 단독주택이나 빌라 밀집지역이고 재래시장이 포진해 있어서 주거 환경이 좋지 못해 실거주로 정주하기에는 부족한 편이다.

중랑구의 망우동, 중화동을 포함한 3개 지역 중 정비사업지가 가장 많은 곳이 면목동이다. 면목동 도심 재개발 구역을 조사하다가 머리가 아플 정도였다.

사업지 이름이 비슷한 곳이 너무 많고 구역들도 제각각이며, 비슷한 사업지에서 각기 다른 사업 방식을 추진하는 경우도 많아서다. 사업지 명칭의 예를 들면 이렇다. '면목1구역, 면목2구역~면목7구역', '면목역1구역, 면목역2구역, 면목역4구역', '면목1-1구역, 면목2-1구역, 면목역3-1구역', '면목역세권개발사업', '면목공공재개발 사업' 등이다.

　　비슷한 명칭을 가지고 사업을 진행하는 곳이 너무 많다 보니, 큰 사업지를 제외하고는 외우는 것을 포기하는 게 빠르다 싶기도 했다. 실제 현장을 가보면 구역지정이 안 됐는데도 각기 사업을 진행하는 곳들이 더 많았다. 면목동의 특징이라고 봐야 할 듯하다.

　　이렇게 당장은 복잡하지만 면목동은 전체적으로 그림이 크게 변화할 지역이다. 나홀로 아파트나 나홀로 가로주택으로 소규모 개발이 아닌,

● 면목동 정비사업 구역들

출처: 아실

인접한 사업지들이 연계가 되면서 대규모 개발의 흐름을 이어받을 것이다. 물론 또다시 부동산 경기가 안 좋아지면 사업이 중단되고 정체될 수도 있다. 그래도 노원구를 이길 수 있는 강북 최고의 입지로 성장 가능한 곳이기에 꼭 관심 있게 지켜봤으면 좋겠다. 앞의 정비사업지들이 이후 대규모 신축 아파트 단지로 탈바꿈한다면 중랑구의 한계를 넘어서 노원구보다 더 좋은 주거 선호도를 갖게 될 것이다. 강남을 더 빠르게 갈 수 있기 때문이다.

그럼 이제 향후 대장주가 될 만한 주요 사업지들을 알아보도록 하자.

면목본동 86-3번지

가장 먼저 소개할 지역은 시범지구로 선정된 면목본동 86-3번지 모아타운이다. 모아타운 시범지구로 체계적 정비를 앞두고 있는 면목본동 86-3번지 일대는 총 7개의 가로주택정비사업이 진행 중이다. 또한 중랑구 도시재생사업 중에서 가장 속도가 빠른 곳이기도 하다. 시범지구로서 좋은 선례가 되어야 하기에 행정 처리나 지원이 잘되는 편이다. 이처럼 시범사업지는 행정적 지원도 원활하기에 관심 가져볼 만하다.

조합원은 약 650명이고 총 1,850여 세대가 공급될 예정이다. 현재 관리계획안 승인을 받고 사업시행인가 구간을 지나고 있으며 2027년 준공을 목표로 한다. 모아타운 치고 사업 속도가 빠른 편이다. 권리산정기준일은 2022년 1월 20일로 이때 이후에 건축 허가를 받고 지분 쪼개기로 신축 빌라를 매수한다면 입주권을 받지 못하고 현금청산 될 수 있으니 꼭 확인이 필요하다.

총 7개 정비사업 구역 중 5개 구역은 조합설립인가를 받았고 2개 구역은 조합설립을 준비 중이다.

● 면목본동 86-3번지 일대 가로주택정비사업 대상지

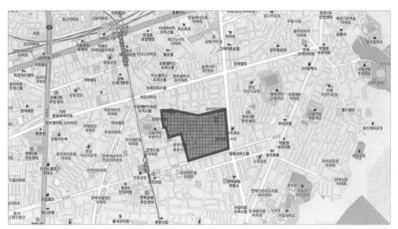

출처: 중랑구

● 면목본동 86-3번지 모아타운 위치

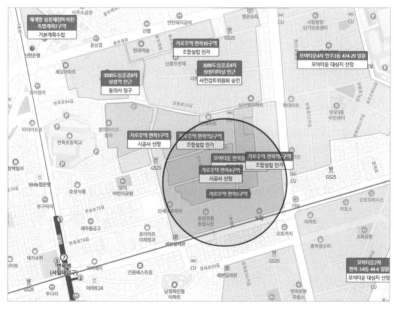

출처: 아실

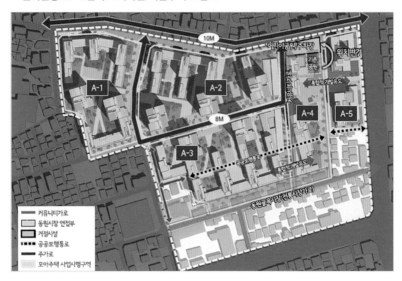

출처: 중랑구

입지와 주변 환경

입지적으로 면목역과 인접하고 동원시장이 활성화되어 있어서 신축 단지가 들어오면 선호도가 높은 사업지가 될 것이다. 동원시장을 기준으로 상단을 모아타운으로 개발할 계획으로 인근 공공재개발과 함께 시너지를 주고받으면서 성장할 수 있는 가치를 가지고 있다.

현장에 가보면 5개 구역이 조합설립인가를 득한 상황이고 시공사 선정 단계를 거치고 있어서 시공사가 내건 홍보 현수막을 자주 볼 수 있다. DL이앤씨 건설이 7개 구역을 통합개발해 'e편한세상' 브랜드로 확장하려는 계획을 내세우는데, 나는 단일 브랜드가 개발하는 것도 나쁘지 않다고 생각한다. 여러 시공사가 달려들어 중구난방으로 개발하기보다는 구역이 인접해 있다면 단일 개발이지만 호환성과 시너지를 높이는 데

● 현장 전경

단일 브랜드가 더 우호적이다.

투자를 위한 접근 전략

전부터 이 지역은 지분 쪼개기가 극심했었다. 굳이 여기만 해당되는 것이 아니라 면목동 전역이 신축 빌라가 들어서는 게 당연한 지역이여서 평당 가격도 비싸게 형성된 물건들이 많다. 물론 상품성이 남아 있기는 하겠지만 준신축 빌라를 너무 비싸게 매수하는 것은 이후 매도 시 리스크가 클 수 있으니 조심하기 바란다.

입지가 좋고 사업성이 좋기는 하지만 이 사업지도 단점이 있다. 면목 본동 86-3번지 모아타운의 가장 큰 리스크는 바로 동원시장이다. 시장을 한번 꼭 가보기 바란다. 평일에도 정말 사람이 많고 주말에는 거의 발디딜 공간이 없을 정도다. 60년 전통의 중랑구 최대 재래시장이라 할 만

● 인근 매물 시세

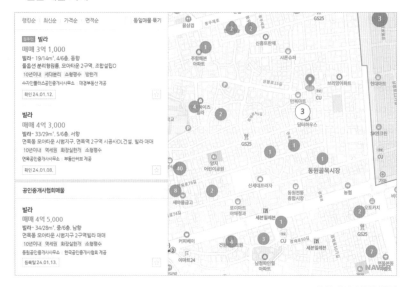

출처: 네이버페이 부동산

● 동원시장 전경

하다. 입구부터 사람들이 오고가며 유동인구가 넘쳐난다. 그만큼 장사
가 잘되고 상권이 살아 있다는 뜻이다.

그런데 이런 곳에서 모아타운을 하겠다고 하면 상인들의 저항은 없을
까? 물론 동원시장 골목은 공동구역으로 상업거리화 하겠다는 계획을

가지고 있지만, 말처럼 쉽지는 않을 것 같다. 동원시장 거리만 상가와 상인이 있는 게 아니기 때문이다. 시장이 너무 크다 보니 동원시장 거리 위쪽에도 재래상가가 확장되어 장사를 하고 있고, 유동인구의 동선도 개발의 축과 엇갈리게 구성될 수도 있다.

상가는 재개발 사업에 있어 최대 리스크다. 상인들의 생존권이 걸려 있기 때문에 명도나 동의서에 합의가 어렵다. 이곳은 동원시장의 향방에 따라서 모아타운의 승패가 결정된다고 해도 과언이 아닐 듯하다.

면목본동 297-28번지

다음으로 면목본동 297-28번지 모아타운 2차 사업지를 보자. 2022년 상반기 모아타운 사업예정구역으로 선정되었고, 2023년 8월 관리계획이 승인되어 사업이 진행 중인 곳이다.

조합원은 약 650명이고 건립 예상 세대수는 약 1,600세대다. 면목역 초역세권이라는 강점이 있어서 인근 모아타운이나 신속통합기획 사업지 중 입지가 가장 좋다는 평가를 받는다.

이 일대의 개별 동의서 진행사항을 보면 현재 2구역과 5구역은 조합을 설립했고, 나머지 구역은 동의서 징구 중에 있다.

입지와 주변 환경

면목본동 모아타운 구역 바로 오른쪽으로는 신속통합기획 구역으로 지정되어 사업을 진행하고 있다. 임장을 가보면 민간재개발에 거부감이 있는 사람들도 있다는 것을 알 수 있다. 그도 그럴 것이 입지와 동네 상태는 거의 똑같은데 어디는 신속통합기획, 어디는 모아타운, 어디는 공공재개발이다 보니 사업 진행방식이 천차만별이고 그 때문에 매매가 안 되는 경우도 생기기 때문이다.

● 가로주택정비사업 대상지

출처: 중랑구

● 면목본동 297-28번지 모아타운 2차 위치

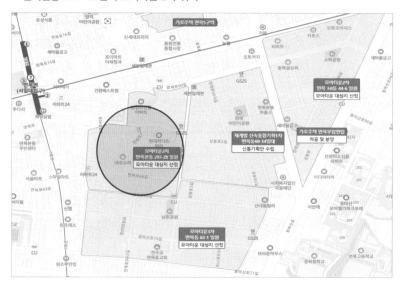

출처: 아실

● 가로주택정비사업 구역별 위치와 면적

구분				위치	면적(m²)	구성비(%)	비고
합계					55,385.0	100	
시행 구역	공동 주택 용지		소계		38,728.0	70.1	
		A1	사업추진구역1 (가로주택정비사업)	면목본동 1149-1번지 일대	10,495.5	19.0	
		A2	사업추진구역2 (가로주택정비사업)	면목본동 106-5번지 일대	3,758.2	6.8	
		A3	사업추진구역3 (가로주택정비사업)	면목본동 107-33번지 일대	8,505.4 (9,343.7)	15.4	
		A4	사업추진구역4 (가로주택정비사업)	면목본동 317-1번지 일대	6,799.8	12.3	(주차장 포함 연번부여 기준)
		A5	사업추진구역5 (가로주택정비사업)	면목본동 109-18번지 일대	9,169.9	16.6	
정비기반시설			도로		7,389.0	13.2	
			주차장		838.3	1.5	
시행구역 외	B1~B2		주택용지 등		8,428.9	15.2	

출처: 중랑구

● 가로주택정비사업 구역별 사업 진행 현황

도면 표시	사업 구역	사업 계획			비고
		토지등 소유자(명)	시행자	추진 단계	
합계		653	-	-	
A1	면목본동 1구역 가로주택정비사업	140	조합(예정)	동의서 징구	
A2	면목본동 2구역 가로주택정비사업	49	조합(예정)	조합설립 추진 중	
A3	면목본동 3구역 가로주택정비사업	218	조합(예정)	동의서 징구	주차장 포함
A4	면목본동 4구역 가로주택정비사업	74	조합(예정)	동의서 징구	
A5	면목본동 5구역 가로주택정비사업	172	조합(예정)	조합설립 추진 중	

출처: 중랑구

투자를 위한 접근 전략

신속통합기획 구역은 실거주 의무가 부여되어 매매가 어려울 수 있다. 재산권이 제한되는 것이라 싫어하는 사람들도 늘어날 수 있고 이런 사람들이 많아지면 비상대책위원회로 일이 커지기도 하므로 주민들의 의지를 보면서 사업지를 선정하는 것도 중요하다고 생각한다. 그나마 모아타운은 투자가 가능해서 출구 전략이 가능하다는 장점이 있다.

물론 개발이 완료되면 통합개발 되는 신속통합기획 사업이 더 좋은 주택을 공급할 것이고 모아타운은 개별 주택으로 공급을 하게 되니 상대적으로 단지의 수익성은 떨어질 것이다. 사업마다 장·단점이 있으니 꼭 좋고 나쁨으로 가르지 말고 나의 상황과 투자의 방향에 따라서 접근하기 바란다.

실제로 면목본동 297-28번
지 일대를 가보면 매우 비슷한
입지라는 것을 알 수 있을 것이
다. 단독·다가구 밀집지역이면
서 상가도 드문드문 있고 조용
히 재개발을 진행하고 있는 지
역이다. 지도를 보고 다니지 않

으면 모아타운인지 신속통합기획 구역인지 구별하기도 힘들 지경이다.
다만 297-28번지 일대는 면목역세권재개발 사업 진행 구역과 접근성이
가장 높고 대단지 아파트가 들어오며 상가의 비중이 높지 않아서 한 번
쯤 관심을 가져볼 만한 곳이다.

● 인근 매물 시세

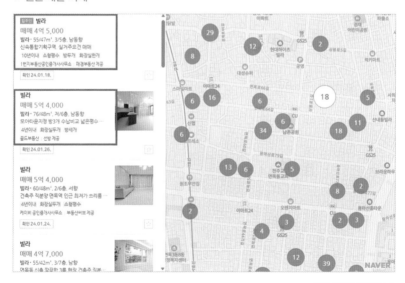

출처: 네이버페이 부동산

면목3·8동 44-6번지

이제 면목3·8동 44-6번지 모아타운 2차 사업지를 둘러보자. 면목역과는 좀 거리가 있지만 사업지 근처에 서일대학교와 망우산 진입로가 있어서 주거지로는 나쁘지 않은 지역이다.

면목3·8동 44-6번지 일대는 토지등소유자 조합원이 약 370명이고 총 1,400여 세대의 대단지가 공급될 예정이다. 일반분양 물량이 많은 편이라 사업성이 좋은 지역으로 평가받고 있다. 그만큼 단독주택의 비중이 높은 곳이기도 하지만 도로를 따라서 자리한 상가의 비중도 높다. 장·단점을 다 가지고 있으니 유연한 관점으로 이 지역을 이해하면 좋겠다.

해당 사업지는 총 5개의 가로주택정비사업 조합이 사업을 진행하고 있고, 조합설립을 위한 동의서 징구 단계를 거치고 있다.

입지와 주변 환경

해당 사업지는 인근 모아타운에서 가장 큰 규모라고 한다. 위치상 구

● 가로주택정비사업 대상지

출처: 중랑구

124

● 면목3·8동 44-6번지 모아타운 2차 위치

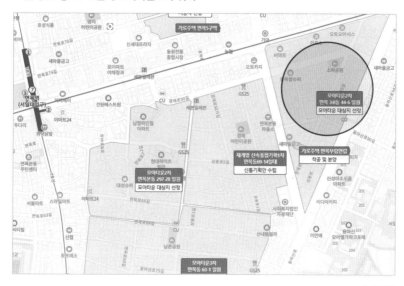

출처: 아실

● 가로주택정비사업 구획

출처: 중랑구

● 가로주택정비사업 구역별 위치와 면적

구분			위치	면적(m²)	구성비(%)	비고
합계				76,525.5	100	
시행구역	공동주택용지	소계		36,770.5	48.1	
		A1	사업추진구역1 (가로주택정비사업)	면목3·8동 23-2번지 일대	6,452.4	8.5	
		A2	사업추진구역2 (가로주택정비사업)	면목3·8동 42-8번지 일대	8,537.4	11.2	
		A3	사업추진구역3 (가로주택정비사업)	면목3·8동 43-2번지 일대	5,914.5	7.7	
		A4	사업추진구역4 (가로주택정비사업)	면목3·8동 20-2번지 일대	7,895.7	10.3	
		A5	사업추진구역5 (가로주택정비사업)	면목3·8동 50-16번지 일대	7,970.5 (9,056.4)	10.4	(공공청사 포함 연면부여 기준)
정비기반시설		도로		24,115.5	31.5	
		공원		1,015.5	1.3	
		주차장		713.4	0.9	
		공공청사		1,085.9	1.4	
시행구역 외	B1~B3	주택용지, 종교시설 등		12,824.7	16.8	

출처: 중랑구

도심의 나홀로 신축이 될 수도 있었지만, 인근 공공재개발과 신속통합 기획 구역 등이 순차적으로 개발될 것이기에 시너지 효과는 클 것이라고 본다.

투자를 위한 접근 전략

이곳은 인근 빌라촌과 상품성이 거의 비슷하다고 보면 될 듯하다. 다른 점이 있다면 입지와 일반분양 시 사업성인데 단독주택의 비중이 높아서 사업성이 잘 나오는 사업지 중에 하나다. 입주권을 저렴하게 매수

도면 표시	사업 구역	사업 계획			비고
		토지등 소유자(명)	시행자	추진 단계	
합계		730	-	-	
A1	면목3·8동 4구역 가로주택정비사업	74	조합	동의서 징구	
A2	면목3·8동 2구역 가로주택정비사업	73	조합(예정)	동의서 징구	
A3	면목3·8동 3구역 가로주택정비사업	74	조합(예정)	동의서 징구	
A4	면목3·8동 6구역 가로주택정비사업	64	조합(예정)	동의서 징구	
A5	면목3·8동 7구역 가로주택정비사업	85	조합(예정)	동의서 징구	공공청사 포함

출처: 중랑구

할 수 있다면 소액투자로 나쁘지 않은 곳이라고 생각한다.

면목본동 63-1번지

면목동에서 이어서 살펴볼 곳은 면목본동 63-1번지 일대 모아타운 3차 사업지다. 중랑구 모아타운 사업지 중에서 가장 최근에 지정되었다. 이 말은 즉, 인근 지역들도 계속해서 모아타운이나 신속통합기획 구역으로 지정될 가능성이 있다고 해석된다. 나는 이 점이 중요하다고 생각한다. 이미 구역지정 된 곳만 찾아다니기보다 이렇게 새로운 구역으로 지정될 가능성이 높은 인근 지역의 매물도 투자의 가능성에 포함시키는 것이 좋다. 개발의 순서만 다를 뿐, 입지나 상품성은 다 비슷비슷하기 때문이다.

특히 이곳 면목동은 강남과의 접근성은 높은데도 아직 개발이 충분히 되지 않았기 때문에 추후 개발이 본격화되고 신축 주거지로 변화한다면 분명히 마포나 아현처럼 사람들의 선호도가 높고 살기 좋은 지역으로 변할 가능성이 크다.

토지등소유자 조합원은 약 700명이고 총 2,133세대를 공급할 계획이

● 가로주택정비사업 대상지

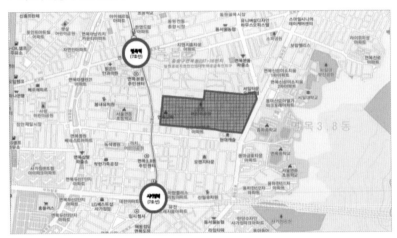

출처: 중랑구

● 면목본동 63-1번지 일대 모아타운 3차 위치

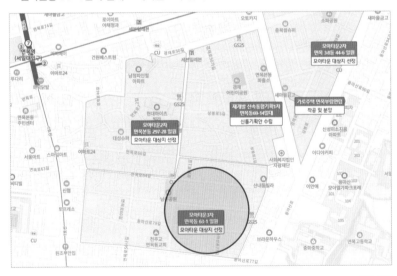

출처: 아실

다. 총 5개 가로주택정비사업 조합이 사업을 진행하고 있는데, 이 중 한 곳이 조합설립인가를 받았고 나머지는 동의서 징구 단계다.

입지와 주변 환경

면목본동 63-1번지 일대는 면목역과는 거리가 있다 보니 다른 구역들보다 오랫동안 개발에서 소외되어왔다. 또 반지하 주택 비율이 60퍼센트가 넘는 정도로 주거 환경이 열악한 편이다. 개발이 절실하지만 빌라·다가구 밀집지역이다 보니 신축 빌라와 구옥들이 혼재되어 재개발 요건도 맞추지 못해 오랫동안 낙후된 채로 방치되었다. 주차 공간도 부족하고 이면도로의 불법주정차로 인해서 보행조차 힘들기로 유명한 곳이다.

하지만 이런 단점들을 반대로 해석하면 개발이 오래 정체되어 있었기에 통합개발에 대한 의지가 높은 지역이기도 하다. 가장 늦게 모아타운으로 선정되었지만, 그래서 속도만큼은 비슷하게 쫓아갈 가능성이 높다고 본다.

투자를 위한 접근 전략

모아타운으로 선정되면서 기대감이 있어 빌라 가격이 높은 편이다. 대지지분을 기준으로 계산해서 너무 높은 가격에 신축 빌라를 매수하는 것은 피하자. 3룸 기준으로 대지지분 6~8평 정도의 빌라들이 4억 원 중반대에 나와 있는데, 조금은 비싸다고 생각된다. 이들보다는 낡았지만 대지지분 대비 가격이 저렴한 매물을 찾기를 추천한다.

인접한 3개 구역의 모아타운(면목본동 297-28번지 모아타운 2차, 면목본동 63-1번지 모아타운 3차, 면목3·8동 44-6번지 모아타운 2차)은 한 곳

● 모아타운 홍보관

에서 동의서 접수를 진행하고 있다. 가로주택정비사업도 같이 진행하고 있어 홍보관도 열면서 사업의 의지를 높이고 있다. 강남 접근성 대비 낙후되고 오랫동안 개발의 축에서 벗어나 있어서 지분 쪼개기보다 통합개발을 바라는 의지가 높으므로 이후로는 면목동을 전체적으로 달리 바라보면 좋겠다.

● 인근 매물 시세

면목5동 152-1번지

다음으로 면목5동 152-1번지 일대 모아타운 3차를 둘러보자. 중랑구의 대장인 사가정센트럴아이파크와 가장 인접한 구역으로 입지가 인정된 단지가 옆에 있는 것만으로도 메리트가 있어 보인다.

조합원은 약 600명이고 공동주택 약 1,821세대를 공급할 계획이다.
2022년 모아타운 추가공모 후보지로 선정되어 2024년에 모아타운 관리

● 가로주택정비사업 대상지

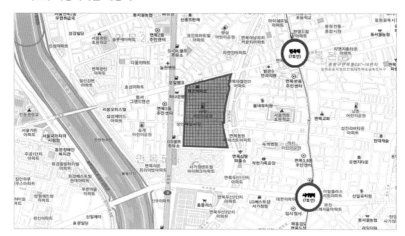

출처: 중랑구

● 면목5동 152-1번지 일대 모아타운 3차 위치

출처: 아실

계획 승인고시를 목표로 사업을 진행하고 있다. 총 여덟 곳의 가로주택 정비사업지가 있는데 조합설립인가는 세 곳, 동의서 징수는 다섯 곳에 서 진행 중이다.

입지와 주변 환경

이 지역도 그동안 대규모 개발보다는 신축 빌라 공급이 많았다. 특히 사가정센트럴아이파크와 인접한 상가주택의 신축 공급이 많아서 노후 도 맞추기가 그다지 쉽지는 않았을 듯싶다.

면목역과는 거리가 있어서 도보로 가기에는 약간 애매한 입지이지만, 경전철 면목선 호재가 있어서 기대감이 있는 곳이기도 하다. 그리고 다른 지역에 비해서 제3종 주거지가 포함돼 있어서 세대수가 더 늘어날 여지가 있으므로 사업성은 더 좋아질 수 있다.

현장을 가보면 비슷비슷한 조합들이 비슷한 입지에서 사

● 현장 전경

업을 진행하고 있어서 사업 속도도 동일하게 진행되는 장점이 있다. 면목역3-1구역, 면목역3-2구역 등 구역명이 비슷한 것을 볼 수 있다. 면목동 지역의 특징이라고 생각하고 큰 구역만 알고 있어도 될 듯하다.

투자를 위한 접근 전략

이 구역도 리스크는 있다. 다른 구역 대비 신축 빌라의 비중이 높은 것이다. 분명히 권리산정기준일 이후의 빌라는 현금청산일 텐데 현장에 가보면 신축 빌라 공급이 계속되고 있는 것을 볼 수 있다. 만약 투자를 고려한다면 준공처리가 미리 된 것인지 아니면 진짜 청산 대상 물건인지 꼭 확인해보기 바란다.

그리고 이 지역은 상가의 비중도 높다. 둘러보니 장사가 잘되는 편인 듯한데, 특히 면목시장 못지않는 상권을 가지고 있고 정비사업을 한 번 해서 이면도로가 깔끔한 것으로 보아 유동인구가 많다고 해석된다.

바로 앞에 사가정센트럴아이파크가 바로 옆에 있어서 입지적 가치는 검증된 셈이니 투자하기에 안전한 지역이다. 그래도 신축 빌라의 비중도 높으니 주의해서 접근해야 할 것이다. 반지하 주택 지분도 4억 원대로 상당히 높게 시세가 형성되어 있어서 소액투자로 접근하기에는 쉽지 않아 보인다. 개발이 직접 성공한 것을 바로 옆에서 보아왔고 모아타운에 대한 기대감도 큰 지역이라서 시세가 쉽게 떨어지지는 않는 것이다.

하지만 여전히 좋은 지역임에는 틀림없다. 대장주만 보지 말고 대장주를 따라갈 만한 입지 좋은 다른 단지들도 관심을 가져보자.

● 현장의 신축 빌라 모습

● 인근 매물 시세

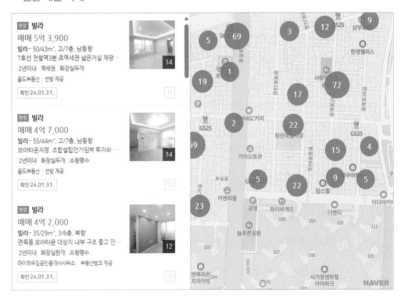

출처: 네이버페이 부동산

중랑구의 주목할 만한 극초기 구역들

이제부터는 모아타운이 아닌 초기 재개발 구역지정 전 구역이나 거래가 가능한 구역도 찾아보기로 하자. 중랑구에는 초기 재개발 동의서를 사업으로 연결시키려는 구역들이 많이 있다. 각 구역마다 장·단점이 있으니 저렴한 매물을 찾기에 발품만큼 좋은 기회도 없을 거라고 생각한다. 투자는 현장에 있기 때문이다.

면목역2구역

먼저 면목역2구역을 알아보자. 민간재개발로 추진되는 지역으로 가로주택정비사업 조합 네 곳이 사업을 진행하고 있다. 모아타운으로 신청할지 신속통합기획으로 할지 의견이 분분하다고 한다.

● 면목역2구역 세부 구획

출처: 면목역2구역 추진위원회

개인적인 생각이지만 나는 아무래도 신축 빌라의 공급이 많아서 모아 타운으로 진행할 것 같다. 개별조합이 추진하고 있는 구역들은 서로 연계가 부족해서 통합개발이 필요하기 때문이다.

입지와 주변 환경

전형적인 구옥 밀집지역으로 반지하 세대수가 많다. 또 군데군데 신축 빌라가 공급되어서 신축과 구축이 혼합되어 동네를 이루고 있다. 조용히 개발을 진행하고 있는 지역이라고 보면 되겠다.

● 현장 전경

투자를 위한 접근 전략

아직 구역이 지정되지는 않아서인지 반지하 매물 같은 경우 저렴하게 매수할 수 있다. 전체적으로 신축 빌라가 조금씩 들어서고는 있지만 인근 지역들이 다 개발의 구역지정 효과를 보고 있기에 시간의 문제일 뿐, 도심 재개발의 흐름에 같이 편승할 수 있는 입지라고 본다.

다만 아직 이렇다 할 사업주체가 없고 신축 빌라 쪼개기가 가능한 점이 리스크로 남아 있으므로 다른 구역들을 지켜보다가 투자 매물이 마땅치 않으면 넘어와서 고려해도 될 만한 지역이다.

개인적으로는 좋아하는 'B급' 사업 속도를 지닌 곳이긴 하지만, 면목동은 이보다 좋은 지역들이 많으니 2순위로 남겨놓고 지켜봐도 좋겠다.

면목역세권 도시정비형 재개발 구역

다음 면목역세권 도시정비형 재개발 사업지를 보자. 면목역과 인접하고 구역의 크기가 상당히 큰 장점이 있다. 바로 앞에 면동초등학교를 품고 있으며 주변 일대를 개발 대상으로 한다.

노후도가 52퍼센트 정도로 모아타운으로 진행하기에 약간 아쉬우나, 민간재개발로 추진하는 방식으로 방향을 수정해서 구역지정을 추진하고 있다. 초기 재개발이기는 하지만 면목역세권재개발 사업이라는 타이틀이 붙은 만큼 역세권과 인접한 장점이 많은 지역이다.

● 중랑구 면목동 118-1외 528필지 노후도

출처: 중랑구

입지와 주변 환경

현장을 돌아보면 신축 빌라가 많다. 다른 지역처럼 노후화가 진행되면서 도심 개발의 열망이 높지만, 지분 쪼개기도 심했던 지역이기도 하다. 20년차 빌라가 많은데 간혹 저렴한 반지하 빌라가 나올 때도 있어서 소액투자도 가능한 장점이 있다.

● 현장 전경

투자를 위한 접근 전략

이 지역도 개발의 기세가 커져서 빌라 가격이 그다지 싸지는 않다. 소액투자로는 매매가 3억 원 이상의 빌라는 매수를 추천하지 않고 싶다. 출구 전략이 애매해질 수 있기 때문이다.

입지적으로는 인근 재개발 사업지와 같이 성장 가능하고 경전철 면목선 호재도 있어서 사업이 정상 진행되면 좋은 단지로 개발될 수 있어서 살펴볼 만한 곳이다. 특히 역세권재개발 사업은 용적률이 700퍼센트까지 받을 수 있는 메리트가 있어서 사업성도 높을 수 있다. 역세권재개발 사업은 장기전세주택으로 주택을 공급하기 때문에 용적률을 높게 받을 수 있지만, 소형주택의 수가 많아서 브랜드 아파트 공급이 어렵다는 단점도 있다. 또한 사업 완료까지 넘어야 할 산이 많기 때문에 모아타운보다 시간이 오래 걸리는 단점도 있다는 것을 알고 있어야 한다. 그럼에도 향후 많이 좋아질 지역이니 구역지정 전에라도 임장을 가보기를 추천한다.

● 인근 매물 시세

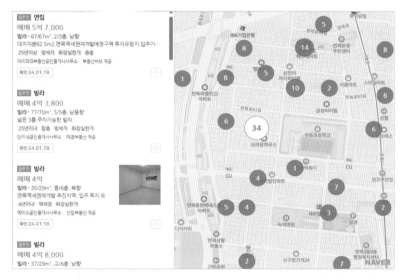

출처: 네이버페이 부동산

사가정역세권 도시정비형 재개발 구역

이번엔 사가정역세권 도시정비사업 재개발 구역을 알아보자. 장기전세주택 도시정비형 재개발 사업지로 면목역세권재개발 사업과 마찬가지로 용적률의 이점이 있는 지역이다.

조합원은 약 600명이고 총 2,600여 세대를 공급한다. 일반분양 약

1,000세대, 공공전세주택도 약 1,000세대 계획으로 진행하고 있다. 재개발 사업이기는 하지만 공공재개발의 성격이어서 안정적으로 진행되는 장점이 있다. 또 주민동의율도 높은 지역이라서 개발의 속도가 더 빨라질 수도 있다.

입지와 주변 환경

단지도 크고 사가정역과 인접한 장점이 있어서 실수요자들의 선호도가 클 것으로 보인다. 지형은 평지가 아니고 용마산이 인접해서 언덕의 경사도가 있긴 하다. 경전철 면목선이 개통되면 같이 좋아질 지역이면서 사가정 재래시장이 가까워서 주거 인프라도 좋은 편이다.

● 사가정역세권 재개발 추진구역

출처: 사가정역세권 도시정비형 재개발 추진위원회

투자를 위한 접근 전략

이 지역도 빌라의 가격이 저렴한 편은 아니다. 신축 빌라도 많기에 지분투자로 하기에는 속도감 있게 빨리 투자하는 것보다 부동산이 하락세를 보일 때 저점에 접근하는 방식으로 저렴한 매물을 구입하는 것이 좋겠다.

현장을 가보면 상가들이 대로변에 많이 형성되어 있는데 장사가 잘되는 편이다. 맛집도 많고 기사식당도 도로를 기준으로 많이 있다. 다만, 오래된 상가들이 많은 지역은 이주 시에 조합내부 갈등이 심해질 수도 있으니 이 점은 유의해야 한다. 전반적으로 일반분양 물량이 많고 용적률의 이점도 있으니 주목해 보기를 추천한다.

● 인근 매물 시세

출처: 네이버페이 부동산

면목우성 가로주택

마지막으로 소개할 단지는 가로주택이 개발되면 어떻게 공급되는지 보여주는 곳이다. 매수를 추천하기보다는 가로주택정비사업이 진행되면 어떤 아파트가 얼마의 가격으로 형성되는지를 보여주는 좋은 예라 하겠다.

면목우성 가로주택정비사업으로 준공된 지 2년차 된 나홀로 아파트 단지다. '면목성호루브루'라는 이름으로 공급되었고 1개 동, 최고 7층, 42세대로 구성되었다. 면목동 최초로 가로주택정비사업이 성공한 단지로 대규모가 아닌 소규모개발이 성공했다는 데 의미가 있다.

현장을 가보면 단지 주차장도 있고 신축이라서 상품성도 있어 보인다. 다만 나홀로 아파트이다 보니 무심코 지나가다 보면 큰 빌라가 아닌가 싶은 생각이 들 수도 있다. 아파트 내부에 편의시설인 음식물쓰레기 처리시설과 자전거거치대, 주차편의시설 등이 갖추어져 있다. 바로 앞에 송계공원이 있어서 주거지로 나쁘지 않아 보인다.

● 면목우성 가로주택 단지 위치

출처: 아실

이곳의 가장 큰 장점은 인근에 진행 중인 대규모 통합재개발이다. 면목동 172-1번지 일대가 신속통합개발로 정비되고 있어서, 향후 개발되면 대규모 아파트와 같은 인프라를 누리

● 면목성호루브루 입구 전경

게 되므로 지금의 상품성만으로 평가받던 가격에서 더 올라갈 것임에 틀림없다. 더하여 경전철 면목선 개통과 동부간선도로 지하화에 따른 수변공원 조성도 좋은 호재로 작용한다. 이래저래 좋아질 일만 남은 것이다.

매매가를 보면 20평형이 4억 9,000만 원에 호가가 형성되어 있다. 2년 차가 되면서 일반 매물이 나오면 더 확실한 거래가격을 확인할 수 있을 것이다.

일단 20평형 가격 4억 9,000만 원을 기준으로 잡는다면 더 큰 평형의

● 대상지 시세

출처: 네이버페이 부동산

아파트, 예를 들어 25평형(전용 59제곱미터)은 6억 원선으로 보는 것이 적정하고 33평형(전용 84제곱미터)은 8~9억 원선으로 예상가격을 유추해볼 수 있을 듯하다. 즉, 가로주택정비사업이라고 저렴한 아파트를 공급하는 사업은 아닌 것이다. 게다가 모아타운같이 주변 인프라도 같이 개발해주는 단지라면 이보다 가격은 더 높게 형성될 것이다. 이런 나홀로 아파트가 8억 원대라면 투자하기 나쁘지는 않을 것 같다는 생각이 든다.

중랑구 초기 재개발을 돌아보며

지금까지 중랑구 초기 재개발에 대해서 입지와 상품성 현황 등을 찾아봤다. 중랑구는 강남 접근성이 높은 7호선 황금노선을 가지고 있는 교통 편리 지역이다. 그러나 개발의 흐름이 진행되지 않아서 저층 주거지로 남아 있어서 시세가 분출하지 못하는 단점이 있다.

하지만 언제까지 이렇게 저층 주거지로 주거 환경이 열악하게 남아 있지는 않을 것이다. 마포나 아현, 서대문도 처음에는 이렇게 저층 주거지 밀집지역이었다. 그러다가 개발의 흐름이 옮겨 오면서 지금의 위상을 가지게 된 것이다. 상상해보라. 면목동의 대장주들이 개발되어 수만 세대의 주거 군락을 이루게 된다면 그 위상이 얼마나 높아지겠는가?

면목동에 더해 중화동, 망우동, 묵동에도 이렇게 가로주택정비사업이나 신속통합기획으로 진행을 원하는 구역들이 많다. 구역지정을 위해서 추진위원회들이 활동하고 있고, 개발을 원하는 주민 수요도 늘고 있다. 시간이 걸리겠지만 나라의 정책 지원에 힘입어 성장하는 지역으로 발전할 가능성이 높으니 서울의 재개발 지분투자를 생각하고 있다면 중랑구 초기 재개발도 고려해보기를 추천한다.

　마지막으로 중랑구 초기 재개발을 접근하는 전략으로는 크게 네 가지를 고려하면 좋을 듯하다.

　첫째, 사업지의 옥석을 가릴 줄 알아야 한다. 누누이 강조했지만 신축 빌라가 많은 구역은 동의서 작업이나 구역지정에 걸림돌이 될 가능성이 높다. 이왕이면 노후도가 어느 정도 유지되고 있는 구역들을 고려해야 한다.

　둘째, 대규모 개발이 이루어진 구역 주변을 관심 가져보자. 사가정센트럴아이파크나 중화1구역은 사업의 성공을 눈으로 보여주는 구역이다. 이 인근의 구역들 또한 자기 구역도 개발하면 높은 수익을 볼 수 있다는 기대감을 가지고 있을 것이다. 이 또한 사업이 잘될 수 있는 여건이라고 생각한다.

　셋째, 중랑구의 모든 구역들을 다 알 필요는 없다. 중랑구는 재개발 구역만 30곳이 넘어간다. 그 많은 구역들을 다 일일이 외워서 찾아다닐 필요는 없다. 자신에게 맞는 몇몇 지역들을 집중적으로 모니터링하면서 매물을 찾아보는 것이 더 현실적일 것이다.

　마지막으로, 관심 가는 구역을 찾았으면 이제 중개사님과 친해지기 바란다. 언제나 투자는 현장에 있는 법이다. 네이버부동산이나 부동산 앱도 좋은 모니터링 방법이지만, 현장 부동산 소장님처럼 빠르게 매물을 찾아주지는 못한다. 재개발 전문가에게 도움을 받아도 좋고, 현지 부동산 소장님에게 자신의 투자금과 원하는 매물 형태를 이야기해놓고 기다리는 전략도 좋다.

제3장

서울 서북부의 최강자, 마포구 초기 재개발

한강뷰, 교통망, 인프라 호재 3박자를 모두 갖춘 마포구

마포구는 명실상부하게 서울시 주력 주거지의 한 축을 담당하는 곳이다. 마포동 일대는 일찍이 시가지화 되었고 아현동 일대는 전통적인 주택단지로 형성됐다.

한편, 마포구의 서쪽인 상암동 일대는 신개발지로 탈바꿈하고 있으며 망원동·성산동 일대는 상습침수구역이었으나 마포대교·양화대교 등이 개통된 이후에는 대규모 주택단지로 탈바꿈했다. 또 서강대학교와 홍익대학교 등 대학가가 있어 젊은 도시의 분위기가 난다. 마포구는 서울 자치구 중에서 한강을 가장 많이 접하고 있어 한강뷰 프리미엄을 가장 많이 누리고 살 수 있는 지역이면서 도심 재개발의 명소이기도 하다.

교통도 편리하여 서울 지하철 2호선이 마포구의 합정역(영등포구 당산역과 연결), 홍대입구역(수도권 전철 경의중앙선, 인천국제공항철도와 환승), 신촌역(지하), 이대역, 아현역(서대문구 충정로역과 연결)을 지나간다. 수도권 전철 5호선은 마포역, 공덕역(서울 지하철 6호선, 인천국제공항철도, 수도권 전철 경의중앙선과 환승), 애오개역을 지나간다. 또 서울 지하철 6호선은 월드컵경기장역, 마포구청역, 망원역, 합정역(서울 지하철 2호선과 환승), 상수역, 광흥창역, 대흥역, 공덕역(수도권 전철 경의중앙선, 인천국제공항철도, 수도권 전철 5호선과 환승)을 지난다. 공덕역은 인천국제공항철도 및 용산선이 마포구를 거치며 마포구에서 가장 많은 노선이 교차하는 곳이다. 수도권 전철인 경의중앙선도 마포구의 가좌역, 홍대입구역, 서강대역, 공덕역을 지나간다. 인천국제공항철도는 마포구의 홍대입구역, 공덕역을 지나간다. 이처럼 서울과 수도권의 지하철 주요 노선이 많이 지나가는 마포구는 교통의 요지라고 해도 과언이 아니다. 서울 서북부 지역의 최강자라 할 수 있는 마포구는 이런 편리한 교통망 덕에 부동산 가격도 이전보다 많이 올랐다. 앞에서 중랑구를 관심 지역으로 꼽은 것과 같은 이유다.

기대되는 마포구의 미래 인프라

마포구는 아현·공덕 등의 주요 지역도 기존에 다세대·다가구 밀집지역이던 곳을 도심 개발을 통해 신축 아파트를 공급하고 교통망이 정비되면서 주거 환경이 개선된 대표적인 케이스다. 마포구를 보면서 주거 환경이 개발될 수 있는 다른 지역도 관심 가져보자. 그래야 소액으로 서울

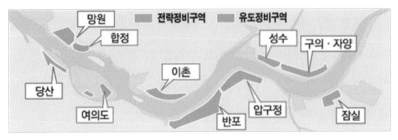

망원
합정
성수
구의 · 자양
이촌
당산
여의도
반포
압구정
잠실

■ 전략정비구역 ■ 유도정비구역

*유도정비구역: 한강변 중장기 개발 대상 구역 / 출처: 서울시

을 투자할 기회도 보일 것이다.

특히 합정동 당인리발전소(서울복합화력발전소) 주변인 '합정전략정비구역'은 업무밀집지구가 형성되어 있고 도심과 근접해 직장인들의 직주근접 선호도가 높은 지역이다. 합정동 일대는 도시재생 및 도시 경쟁력을 확보한 상태다. 합정동 재정비촉진지구 및 합정지구중심개발, 당인리문화발전소 공원화사업 등으로 편의시설과 생활 인프라가 구축되며 가치가 더 상승하고 있다. 또 합정동 가로주택정비사업이나 재개발·재건축도 활발한 편이다.

이미 서울복합화력발전소 리모델링 1단계 사업이 완료되어 공장 지하화와 지상부 공원 조성되었고, 시민들에게 개방하여 한강변 공원으로 이미 유명해졌다. 현재 2단계 사업이 진행 중인데 폐기한 발전소 4·5기를 산업유산 체험공간, 500석 규모의 공연장과 전시장 등을 갖춘 문화

● 서울복합화력발전소 지상부 조감도

출처: 마포구

● 리모델링된 서울복합화력발전소 전경

창작공간으로 꾸미고 한강과 인접한 부지에는 수영장, 종합체육관 등 주민편의시설을 조성할 계획이다. 또한 근처 양화진공원의 녹지공원화 사업, 주택정비구역지정 등으로 이 일대의 주거여건은 지속적으로 개선될 것이기에 이는 부동산 시장에도 긍정적인 영향을 줄 것으로 생각한다.

마포구의 미래 대장주가 될 합정·망원 초기 재개발

이번 장에서는 마포구 지역 중 합정·망원 일대의 초기 재개발 구역들을 살펴보고자 한다. 추후 마포의 대장주가 될 곳들이며 주거환경이 개선되어가는 구도심의 중심부다.

● 합정·망원 일대 정비사업들

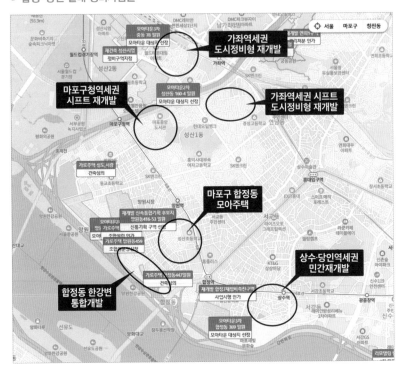

출처: 아실

물론 지가가 높아 투자 금액대가 크기 때문에 소액으로는 접근하기 어렵지만, 이런 곳들을 공부해놓고 기다리면서 추후 새로운 핵심지가 될 만한 지역들을 미리 알아간다면 분명 도움이 될 것이다.

합정·망원 일대는 여러 구역에서 정비사업이 진행되고 있다. 주요 사업시행이 되어 구역지정이 된 곳이 있고, 동의서 작업을 하며 구역지정을 신청한 지역도 있으며 모아타운 등으로 개발하려는 곳도 있다. 합정·망원은 이미 신축 주거지가 공급된 지역이라 개발의 축이 내려오고 있어서 가격이 비싼 지역 중 하나다. 그중에서 대장주로 지역 시세를 이끌어갈 만한 입지와 가치를 지닌 초기 재개발 구역들을 알아보도록 하자.

상수 · 당인역세권 민간재개발

먼저 상수·당인역세권 민간재개발 구역을 알아보자. 지하철 6호선 상수역 초역세권에 위치한 사업지로 한강 조망이 가능하고 용적률 메리트가 있는 구역이다. 이곳은 마포구에 있는 정비사업지 중에서도 입지 좋기로 손꼽히는 자리로 역세권 도시정비형 재개발 사업을 진행하고 있다.

조합원은 약 980명이고 약 3,500세대(민간임대 520여 세대, 공공임대주택 918세대 포함)를 공급하는 대규모 주거정비개발사업이다. 노후도는 30년 이상, 약 61퍼센트 이상이며 과소 필지도 59퍼센트로 재개발 사업의 법적 요건을 충족한다. 2021년 정비구역지정 신청을 했고 상수역세권 도시정비형 재개발 사업으로 사전검토의뢰서를 마포구청에 접수한 상태다. 3,500여 세대의 대단지이고 근처 당인리 개발 호재를 품고 있어서 최고의 주거단지로 성장하리라 생각된다.

● 상수 · 당인역세권 재개발 구역과 조감도

출처: 상수·당인역세권 재개발 추진위원회

● 상수·당인역세권 노후도 및 단지 배치 계획

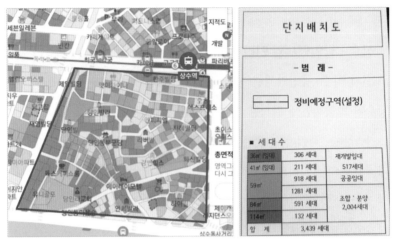

출처: 상수·당인역세권 재개발 추진위원회

다만, 이곳 역시 사업 진행이 순탄하기만 한 것은 아니다. 지역주택조합과의 갈등도 있고 정비구역의 정형화(구역지정), 공원 일조권 갈등 이슈가 있다. 특히 비상대책위원회와의 갈등으로 사업이 여러 번 좌초될 위기가 있었다. 하지만 입지 장점과 사업성이 워낙 우수해서 다양한 문제들을 해결하고 보완하며 사업을 진행하고 있다고 한다.

입지와 주변 환경

이 지역의 장점 중 하나는 MZ세대들이 선호하는 상권으로 유명세를 타면서 상권이 점차 확장하고 있다는 것이다. 젠트리피케이션 효과로 인해 홍대 상권이 확장되면서 합정 쪽으로 트렌디한 매장들이 이동한 것이다. 실제 임장을 가보면 힙한 아이템을 가진 상가들이 입점해 있고 젊은 세대의 입맛을 끌어당길 맛집들도 들어서고 있다.

● 현장 전경

● 상수·합정 상권 현장

이는 다시 말해 개발사업이 계속 진행되든 지연되든 지속적으로 지가
는 올라갈 수밖에 없는 장점을 가지고 있다는 뜻이다. 인근 상가 개발에

도움이 되는 정책들도 지속적으로 나오고 있어서 상수·합정 상권의 한 축으로 남아 있을 것 같다.

투자를 위한 접근 전략

개인적으로는 꼭 주거 입주권을 위한 투자도 좋지만 이런 지역에서 상가권리금 투자도 나쁘지 않을 것 같다는 생각이 든다. 별개의 투자 방법이니 여기서 자세하게 언급하지는 않겠지만, 투자는 여러 가지 방법들이 있다. 꼭 주거형 상품을 고집하기보다는 금리가 내려가기 전의 2~3년간은 현금흐름에 집중하는 전략을 가지는 것도 좋을 듯하다.

이곳 상수·합정 상권도 젠트리피케이션이 나타난다면 다시 어디로 상권이 이동하게 될지 예상해 보는 것도 좋은 투자방법이 될 것이다. 한창 호황을 누리던 이대 상권이 무너지고 홍대 상권이 호황을 누렸다. 이후 홍대가 확장되면서 상수·합정으로 움직였으니 다음은 어디일까? 어쩌면 이미 생겨나고 있을 수 있다.

2023년 7월 기준 사전검토의뢰서 신청이 마포구청에서 반려되어서 사업이 중지된 상태이기는 하지만, 사업구역 내의 조합원들의 개발에 대한 의지가 높고 입지가 너무 좋아서 조만간 구역지정에 대한 사업신청을 다시 진행할 것으로 보인다. 이렇게 금싸라기 땅을 무분별하게 빌라촌으로 개발되게 놔두지는 않을 것이니 말이다. 지속적으로 개발의 힘이 축척될 지역이다. 당장 소액으로 투자할 곳은 아니지만 이렇게 성장할 지역들을 미리 공부하고 분석해서 미래의 투자에 반영할 수 있도록 하자.

● 젠트리피케이션에 의한 상권의 확장 및 이동

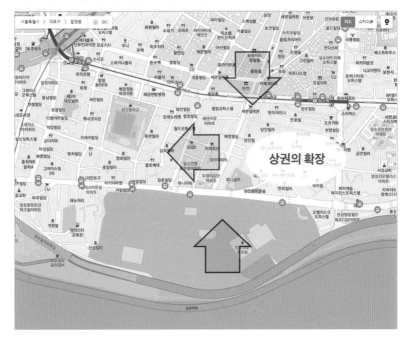

출처: 카카오맵

합정동 한강변 통합재개발

다음은 합정동 한강변 통합재개발 사업지를 둘러보자. 교통이 편리한 합정역과 인접한 역세권에 개발되는 구역으로 통합재개발을 추진 중이다. 신속통합기획으로 추진하기로 방향을 잡아서 주민설명회를 거친 상태다.

조합원은 약 1,000명이고 약 3,000세대를 공급하는 대규모 사업이다. 기존 합정동 447번지는 가로주택정비사업이 진행되고 있었는데 현재 사업시행인가 구간을 지나고 있다. 한강변 합정동 통합재개발 사업 지정을 위해서는 모아주택으로 가거나, 아니면 신속통합기획으로 하기

● 합정역 한강변 재개발 사업지 위치

출처: 카카오맵

위해서는 이 구역을 제외하고 사업을 진행해야 했는데 가로주택정비사업지는 구역에서 제외하고 신속통합기획 사업을 진행하는 방향으로 선회했다고 한다.

서울에서 몇 개 남지 않은 한강변 재개발이라 충분히 좋은 사업지라할 수 있다. 대부분 제2종 주거지로 공공재개발 또는 역세권재개발 등의용적률 인센티브 개발사업과는 별개여서 최소한의 개발 상한선은 35층으로 추진된다. 만약 인센티브를 받게 된다면 45층까지도 가능해서 기대감이 큰 것이 사실이다. 합정역에서 도보 10분 거리에 있어서 역세권활성화사업 조건에도 부합한다.

입지와 주변 환경

2010년 이후로 지분 쪼개기에 해당하는 신축 빌라는 공급되지 않아서 노후도 충족은 가능할 것으로 보여진다. 신속통합기획으로 선정되면 진행에 박차를 가하게 돼서 사업은 탄력을 받을 것으로 예상된다.

● 현장 전경

투자를 위한 접근 전략

이 구역은 빌라의 지분도 비싸게 거래되어서 소액투자가 쉽지는 않다. 그래도 좋은 지역이니 꼭 한번 임장 가보기를 추천한다. 인근에 YG

● 인근 매물 시세

출처: 네이버페이 부동산

엔터테인먼트 사옥이 있어서 개발이 어렵다는 의견도 있지만, 입지적인 장점이 더 강하므로 이렇게 금싸라기 땅은 꼭 개발이 진행될 수밖에 없다고 생각한다.

합정동 428번지 모아타운

다음 합정동 428번지 모아타운 사업지를 알아보자. 합정동 한강변 통합재개발 사업지 상단에 위치하고, 합정역과 도보로 10분 거리에 있다. 약 1,300세대에 노후도는 약 69퍼센트로 알려져 있는데 기존에 신속통합기획으로 추진하다가 노후도가 부합하지 않아서 모아타운 사업으로 변경하여 구역지정을 추진하고 있다.

● 합정동 428번지 모아타운 위치

출처: 네이버페이 부동산

'합정동 428번지 모아타운'으로 불리고 권리산정기준일은 2022년 10월이라고 한다. 총 5개 가로주택정비사업이 추진 중이며 동의서를 징구하는 단계다. 입지적인 강점이 있는 지역이라서 추진에는 시간의 차이만 있을 뿐 지속적으로 개발 이슈가 발생할 수밖에 없다.

입지와 주변 환경

실제 임장을 가보면 노후도가 요건에 부합할 수 있을지 의문이 든다. 동네 곳곳에 신축급 건물 빌라들이 너무 많이 보이기 때문이다. 이래서 모아타운이 완성될까 하는 생각이 들었다.

합정·망원의 또 다른 특징은 망원시장이 있다는 것이다. 유동인구도 많고 규모도 상당히 큰 재래시장이다. 합정과 마포구청 인근을 간다면 망원시장을 꼭 둘러보기를 추천한다. 평일에도 관광객 수요와 젊은층

● 현장 전경

유동인구가 정말 많아서 활성화된 시장 상권을 경험할 수 있다. 인근에 망원동 416-53번지 일원이 신속통합기획 구역 후보지로 선정되어 사업을 진행하고 있다. 망원시장과 더불어 크게 성장할 수 있을 것이다.

투자를 위한 접근 전략

시세를 보면 빌라 가격부터 만만치 않다. 3룸 기준으로 강북구 30평형 구축 아파트 가격과 맞먹을 정도다. 상수·합정 지역의 가치가 높고 빌라 분양가도 비싸서 나타나는 현상이다. 중랑구 편에서 언급했듯이 주변 신축과의 가격을 고려해서 접근하는 것이 좋다.

이 일대의 집값 기준점은 마포한강아이파크(2018년 준공, 385세대)라 할 수 있는데 32평형(전용 84제곱미터)을 보면 약 15억 원선에서 거래되고 있다. 비슷한 평형의 대단지 신축 가격의 최고점이 약 17~18억 원선인 것을 감안하면 그 이하의 가격을 기준으로 보고 사업을 판단하는 것이 안전하다고 보여진다. 물론 예상 조합원분양가와 지분가격의 프리미엄을 고려해보아야 한다.

합정동 상권은 마포 내에서도 아주 유명한 먹자골목이 있는 지역이다. 현재로선 합정동 428번지까지는 상권 확장세가 넘어오지는 않은 것 같다. 이후 상수·망원이 확장되면 이 지역까지도 MZ세대 수요를 노린 상권이 밀려들어올 테고 그러면 더 근사한 곳으로 발전할 수 있을 것이다. 합정동의 또 하나의 큰 축으로 성장할 지역이다.

● 인근 매물 시세

출처: 네이버페이 부동산

마포구청역세권 시프트 재개발

다음으로 마포구청역세권 시프트 도시정비형 재개발 사업을 둘러보자. 이곳은 지하철 6호선 마포구청역 3·4번 출구와 붙어 있는 초역세권

사업지로 조합원은 약 1,600명, 세대수는 약 4,000세대를 공급하는 대규모주택 재개발 사업이다. 임대주택 약 1,000세대와 일반분양 물량 약 1,300여 세대를 공급한다.

기존 제2종 일반주거지역에서 용도지역을 상향해 용적률을 높여주고 더해진 용적률의 50퍼센트를 장기전세주택으로 공급하는 방식을 채택하여 사업을 진행하고 있다. 지하철 승강장 경계에서 350미터 이내에 위치한 부지는 최대 500퍼센트까지 용적률 완화 혜택을 받을 수 있는데 장기전세주택 공급 정책의 수혜지이기도 하다. 현재 사전타당성 검토 단계로 사업 진행에 속도가 붙으면서 기대감도 커지고 있다.

또한 상암 DMC 주변 개발 호재가 직·간접적으로 영향을 줄 것으로 보이고, 디지털미디어시티(DMC)역의 GTX 개발 호재도 기대감이 큰 상황이다. 그리고 마포구청 인근의 모아타운, 신속통합기획 개발 등이 진행 중으로 개발이 완료되면 지역 전체 주거환경이 개선되고 지역 경제가 많이 활성화될 것이다. 현재 주민 동의율은 60퍼센트가 넘어가고 있는 것으로 알려져 있고, 추진 의지가 강하고 개발에 대한 기대감이 커서

● 마포구청역세권 구역도와 재개발 사업 조감도

출처: 마포구청역세권 도시정비형 재개발 추진위원회

전체적으로 사업이 잘 진행될 것으로 예상된다.

입지와 주변 환경

실제 임장을 가보면 평지는 아니라서 도보 임장하기에는 좀 힘들 수
도 있다. 재개발 지역의 특징인 언덕으로 주거가 형성되어 있어서 개발
의 필요성이 높다고 보인다.

● 현장 전경

다행히 신축 빌라의 비중은 그다지 많지 않았다. 이는 단독주택의 비중이 낮아서라기보다는 워낙에 골목길이 좁고 접근성이 떨어져서 신축 빌라 공사가 어려워서인 것 같다. 덕분에 사업성은 높아질 수밖에 없어서 큰 변수가 없다면 잘 진행될 것으로 보인다.

투자를 위한 접근 전략

이곳 시세를 보면 2룸 기준으로 4억 원 초반에 매물이 나와 있는데 투자금에 여유만 있으면 매수해도 나쁘지 않은 가격으로 보인다. 물론 소액투자로는 어렵지만 향후 너무나 좋아질 지역이기에 꾸준히 관심 가져볼 만하다고 생각한다.

● 인근 매물 시세

출처: 네이버페이 부동산

가좌역세권 시프트 재개발

다음으로는 가좌역세권 시프트 도시정비형 재개발 사업지를 알아보도록 하자. 가좌역과 도보 5분 거리에 위치한 민간재개발 사업지로 조합원은 약 1,340명이고 총 3,394세대를 공급할 계획이다. 공공임대 976세대와 재개발임대는 209세대를 포함한다. 지난 2022년 6월 사전검토를 마포구청에 신청해서 2023년 역세권 재개발 사업지로 사전검토가 통과되었다. 주민 동의율은 약 65퍼센트 정도로 알려져 있다.

역세권 시프트 사업으로 개발이 진행되면 용적률 혜택이 있는데, 이곳은 용적률 500~700퍼센트까지 상향을 추진하고 있어 사업성이 높은 구역이라고 보인다. 또한 인근에 경의선숲길의 상권 조성사업이 활성화되고 있어서 인근 도시정비형 재개발 사업과 연계되면 주거지로서 입지가 한층 더 개선될 것이다.

가좌역세권 시프트 재개발 사업은 역세권 시프트의 장점을 수용하고 민간재개발조합방식이면서 공공재개발의 기능까지 같이 포함하고 있다. 이에 각종 인허가가 더 간략히 진행될 수 있어서 사업 기간 단축도

● **가좌역세권(성산·연남동) 도시정비형 재개발 구역도와 조감도**

출처: 가좌역세권(성산·연남동) 도시정비형 재개발 추진위원회

예상해볼 수 있다. 워낙 사업성이 좋다 보니 조합원분담금도 줄어들 여지가 커서 투자 메리트도 있다고 생각한다.

입지와 주변 환경

이 지역은 마포구청 사업지 대비 평지라는 장점도 있다. 거리나 도로도 한 번 정비사업 절차를 거쳐서 깔끔하고 접근성이 높은 편이다.

● 조합추진위원회 홍보 현수막

● 정비사업지 내 신축 빌라 공사 현장

아쉬운 점이 있다면 이 지역도 신축 빌라의 공급이 많다는 것이다. 민간재개발 절차에서 지분 쪼개기는 큰 갈등 요소로 남을 수 있으므로 주의할 필요가 있다. 민간재개발이기에 가능한 것으로 짐작되나, 그래도 지분투자에서 신축 빌라를 투자하려면 권리산정기준일을 꼭 확인해보기 바란다. 신축 빌라라는 변수가 있지만 해당 구역은 전체적으로 도로와 인접하고 가좌역세권 개발사업의 영향을 받을 수 있어서 성장성이 큰 장점이 있다.

투자를 위한 접근 전략

시세를 보면 빌라 가격은 마포구청역세권 시프트 사업지와 비슷하게 형성되어 있다. 이 일대가 전체적으로 개발 바람을 타고 있고, 입지가 좋아서 가격대도 유사하다고 분석된다.

한편, 2023년 10월에 발표된 '역세권 장기전세주택 도시정비형 재개발 사업의 투기방지대책'에 따르면 역세권 시프트로 개발을 추진 중인 서울 재개발 사업지는 '정비계획 공람공고일' 이후에 준공된 신축 빌라를 매수하면 입주권이 나오지 않는다. 그러므로 신축 빌라 매수 시 꼭 준공일자와 입주권 인계 여부를 확인해보기 바란다.

역세권 재개발은 아직은 초기 사업지지만 마포구의 좋은 입지를 선점할 수 있는 기회이기도 하다. 일반적인 재개발 사업 대비 사업기간을 줄일 수도 있다. 또 신속통합기획이나 공공재개발의 경우는 실거주 의무 요건 때문에 투자가 힘들지만, 역세권 시프트는 이러한 점에서 출구 전략이 가능한 장점이 있다.

이곳들은 구역지정이 완료되면 시세가 한 번 더 오를 가능성이 높다.

사업이 진행되면서 기대감이 커지기 때문이다. 특히 가좌역세권 시프트 사업은 입지와 상품의 장점을 예상해보면 그 기대가 더 커질 것이라 본다. 좋은 지역은 혼자 좋아지지 않는다. 주변까지 다 같이 좋아지는 시너지 효과가 날 것이다.

● 인근 매물 시세

출처: 네이버페이 부동산

마포구 합정 · 망원 지역을 돌아보며

마포구는 서울 서북 지역의 최강자다. 도시재생사업을 활발히 추진해서 신축 아파트와 주거 인프라가 비약적으로 개선되었다. 더하여 상수·망원 일대에도 재개발·재건축이 지속적으로 진행되고 있다.

또한 상수·망원 카페거리는 상권이 확장하고 있는 곳이다. 힙한 MZ 세대를 고객으로 하는 메트로 상가들이 들어오고 있으며 당인리 상권과 홍대 상권이 만나는 교차점이기도 하다. 상수·망원은 지금도 좋고 앞으로도 좋아질 지역이다. 다음 4년이 더 기대되는 이유다.

하지만 신축 빌라는 조심하는 것이 좋다. 상품성은 좋을 수 있지만 개별 감정평가는 비슷하게 받을 수 있어서 투자 수익성을 따져보아야 할 것이다. 평당 3,500만 원이 넘어가면 한 번 더 고민해보면 좋겠다.

윤석열 정부의 지난 2년간의 부동산 정책 방향은 도심공공복합개발이다. 이러한 흐름에 편승해 사업의 속도를 높일 수 있는 강점이 있는 곳이라고 생각한다.

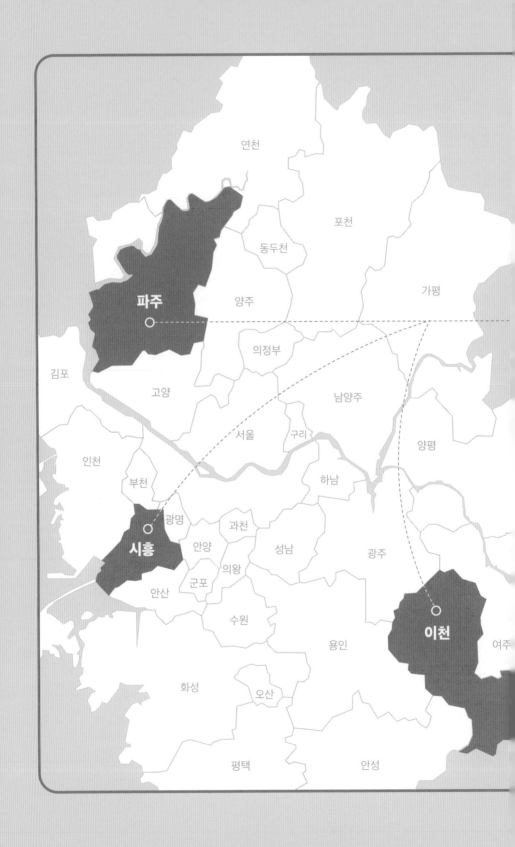

제2부

경기도 소액투자
지역 분석

제4장

광명의 작은 동생, 시흥시

개발 호재가 넘치는 구도심 성장의 아이콘, 시흥시

경기도 시흥시는 북쪽으로 부천시, 동쪽으로 광명시·안양시, 남쪽으로 안산시, 서쪽으로 인천광역시와 가깝고 서해를 접하고 있는 도시다. 교통이 편리하여 수도권의 주거와 일자리를 분담하는 도시이기도 하다. 또한 인접한 광명시와 수요와 공급을 주고받으며 성장하고 있기에 광명의 작은 동생이라고 생각하면 좋을 듯하다.

시흥시는 서울과 인천의 위성 도시로 역할함과 동시에 시화국가산업단지가 있어 수도권 공업벨트의 중요한 축을 이룬다. 더불어 국가습지 보호구역인 시흥갯골생태공원을 비롯해 5제곱킬로미터 규모의 호조벌

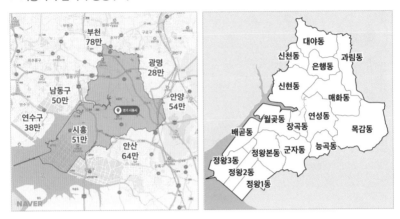

출처: 네이버지도

평야, 서해 바다 등 수도권에서 보기 힘든 풍부한 자연 환경까지 품고 있다.

이전까지는 서울 근교임에도 대규모 미개발지가 남아 있어 낙후된 도시 이미지가 강했지만 여러 대도시와 접한 지리적 이점 덕분에 신규 택지 및 서울대학교의 이원화 캠퍼스가 개발되고 서울대학교병원과 서울대학교치과병원 유치를 확정 짓는 등 인구 유입 요인이 계속 발굴된 덕에 인구 수 50만 명을 돌파, 경기도에서 열한 번째이며 전국에서 열일곱 번째 대도시로 성장했다.

또한 시의 동서남북을 통과하는 서해안고속도로, 영동고속도로, 수도권제1순환고속도로 등 6개 고속도로와 반경 50킬로미터 안에 위치한 인천항, 인천국제공항, 김포국제공항, 평택항 덕분에 국내 물류수송에 있어서 많은 이점을 가졌다.

다만 시흥시는 안산시나 광명시와는 다르게 도시 중심부를 집중 육성

하지 못했는데 이것이 시흥시의 아쉬운 부분이라고 생각된다. 다행히 현재 시흥시와 시흥시의회에서도 중심부의 개발 없이는 도시의 성장이 없다는 점을 인지하고 도심을 발전시키기 위해 부단히 노력하고 있는 중이다. 내가 서두로 시흥의 발전 배경을 계속 설명하는 이유도 바로 이 때문이다. 시흥시 자체적으로도 중심부를 개발하려고 노력하고 있고 발전의 축 또한 구도심의 개발과 연계된다는 것 말이다. 그래서 시흥을 투자의 관점으로 접근할 때는 꼭 구도심 개발을 염두해 두었으면 한다.

시흥의 새로운 바람, 택지개발지구

시흥시에는 크게 다섯 곳(목감, 은행, 장현, 정왕, 배곧)의 택지개발지구가 있다. 여기서 우리가 관심 있게 볼 곳은 지역은 대야·신천·은행·은계지구다.

● 시흥시 택지개발지구 위치

출처: 위키피디아

보통 시흥을 생각할 때 대표적인 택지개발지구로 장현지구를 떠올리는데, 개발 초기여서 분양권 매매가 가능한 시기라면 좋은 투자 대상이 될 것이다. 그런데 완성된 택지개발지구는 실거주로는 선호도가 높아서 자체적으로 성장하는 장점이 있으나, 소액투자의 관점에서 보면 갭이 크고 투자금이 많이 들어가는 단점이 있다. 그래서 앞으로 성장 가능한 지역이나 구도심이 개발되고 있는 은행·대야지구 인근이 소액투자로는 더 가치가 높다고 생각한다.

교통망 호재가 넘쳐나는 시흥시

시흥시 대야동 인근의 가장 큰 호재는 대곡소사선 개발이다. 즉 서울과의 접근성이 더 좋아지는 것이다. 기존 원시역에서 출발해 소사역까지 운행되던 서해선을 연장해 김포공항을 거쳐 고양시의 대곡역까지 잇는 노선으로, 덕분에 고양시부터 안산까지 지하철로 한 번에 이동이 가능해졌다. 또 시흥에서 김포공항까지 환승 없이 30분 내로 진입이 가능하고 부천종합운동장역에서 7호선으로 환승하면 주요 업무지구인 강남까지 접근이 용이하다.

더불어 신안산선 개통 호재도 있는데 이는 장현지구와 연계된다. 신도시인 목감과 시흥시청 인근의 장현지구에 큰 호재이고 나아가 시흥을 한층 성장시킬 재료가 될 것이다.

또한 시흥에는 월곶판교선 개통 호재도 있다. 월곶판교선이 개통되면 시흥에서 환승 없이 바로 판교와 연결된다는 점에서 큰 의미가 있다. 알다시피 직주근접이 가능한 지역은 늘 수요가 많다.

● 대곡소사선 노선도

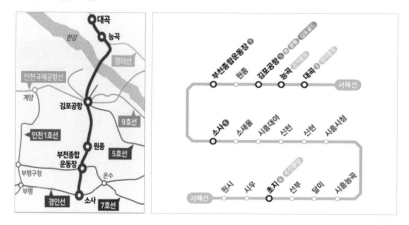

출처: 시흥시

● 신안산선 노선도

출처: 시흥시

출처: 시흥시

일자리와 바로 연결되는 지하철이 생긴다면 수요-공급 차원에서 지역에 큰 호재이고, 연접한 지역들까지 자연스럽게 같이 성장할 것이다.

시흥은 이렇게 다양한 교통 호재를 가지고 있다. 인접한 광명이 실수요자와 투자자에게 각광받고 있지만, 소액투자로 보면 상급지보다 이렇게 성장 가능성이 높은 지역도 충분히 투자 메리트가 있다고 생각한다.

시흥의 집값을 리드하는 대장주들

대야동 시흥센트럴푸르지오

시흥시 대야동의 대장주는 신천역 초역세권에 위치한 시흥센트럴푸르지오(2020년 준공, 2,003세대)다. 이 아파트는 주요 도로망 및 대중교통에 쉽게 접근할 수 있는 위치에 있어 인근 도시나 서울로의 이동이 편리하다. 특히 신천역을 이용하거나 시흥시청역에서 환승해서 자동차나 대중교통을 이용한 출퇴근도 쉽다는 장점이 있다.

다양한 편의시설이 가까이 있어 일상생활이 매우 편리한 장점도 있

● 시흥센트럴푸르지오 시세

출처: 호갱노노

● 아파트 전경

다. 또한 근처에 공원 등 녹지 공간이 있어 쾌적한 환경을 실수요자들이
누릴 수 있다. 더불어 교육이나 녹지 같은 주거환경도 좋지만, 가장 중
요한 것은 서울과의 접근성, 즉 교통이 편리한 점이 가장 큰 메리트라고

생각한다.

신축이라 상품성도 좋은 편이다. 2020년 입주했으니 아직 5년 차밖에 안 됐다. 조경이며 단지 내부 상품성도 가장 좋을 타이밍이다. 아파트 시세는 34평형(전용 85제곱미터)이 8억 원 중반대라고 보면 될 듯하다. 이는 인근 재개발·재건축 사업을 통해 아파트가 신축이 될 때 가격 상단을 결정하는 기준점이 될 것이다.

은행동 은계파크자이

은행동 은계지구의 대장주 역할을 하는 아파트는 은계파크자이(2020년 준공, 1,719세대)로 신천역과 가깝다. 또한 인접한 대야동의 상권을 함께 이용하고 택지개발지구의 안락함도 같이 누릴 수 있는 단지다. 은계파크자이는 뒤에 나오는 롯데캐슬시그니처의 비교 단지로도 적정하다. 입지적으로 은계파크자이와 롯데캐슬시그니처가 가장 인접하고 주변 인프라를 같이 공유하고 있기 때문이다.

실제 임장을 가보면 평지에 위치해 단지의 상품성도 좋고, 구도심에서 바로 택지개발지구로 들어서는 입구에 위치해 있어서 구도심의 상권을 공유할 수 있는 장점이 있다. 입지적으로 구도심의 상권 인프라와 신규 택지의 장점 두 가지를 모두 가지고 있는 단지다. 실거주로는 은계지구에서 가장 좋은 입지라고 생각한다.

시세는 35평형(전용 85제곱미터)이 7억 원선으로 나타나며 4년 차 단지인 만큼 전세를 한 번 거치고 나오는 물건들이 집을 갈아타는 수요층과 만나는 타이밍이므로 매매 거래도 활발하게 나타날 수 있다. 주거와 투자 면에서 충분히 좋은 곳이면서 계속 성장 가능한 아파트라고 본다.

● 은계파크자이 시세

출처: 호갱노노

● 아파트 전경

은계지구의 추가 호재

은계지구 인근에는 작은 호재가 하나 더 있다. 은계어울림센터(문화센터) 건립 소식이다. 아파트도 아닌데 호재가 맞는지 의아할 수 있지만,

● 은계어울림센터 공사 현장

주변이 다가구 밀집지역인 곳에서 이렇게 은계지구와 롯데캐슬 시그니처라는 대단지 아파트 바로 옆에 문화센터가 들어서게 되면 삶의 질이 훨씬 높아진다. 그동안 은행동에는 공급되지 않았던 문화센터이기에 인근 주민들의 만족도도 높을 것이라 생각된다.

어울림센터는 주민센터와 같이 건립 중인데 준공되고 나면 인근 문화시설과 함께 같이 성장할 것으로 보여진다. 내가 볼 때는 아마 은계지구

● 은계어울림센터 예정지

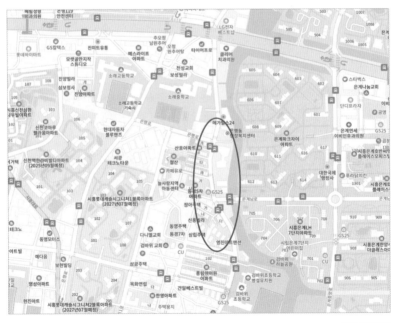

출처: 카카오맵

주민들보다는 롯데캐슬시그니처와 시흥신천역한라비발디 주민들에게 더 좋은 호재가 아닐까 싶다. 구도심에서 그동안 누리지 못했던 문화생활을 신축에 거주하면서 교통은 가까워지고 삶의 질은 높아질 수 있기 때문이다.

도시재생사업이 활발한 은행동

시흥시 은행동은 전통적인 구도심 지역이다. 그래서 생활 인프라가 갖추어져 있고 주거 입지가 나쁘지 않은 지역으로 평가된다.

● 은행동의 정비사업지들

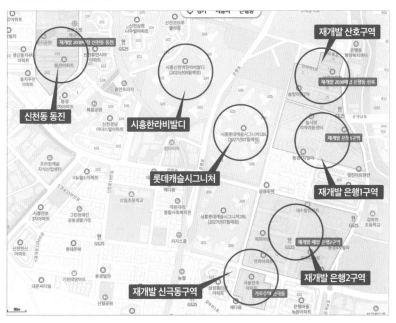

출처: 아실

은행동은 구도심으로 계획형 도시가 아닌 자연발생적으로 형성되었다는 특징이 있다. 이후 그 주변을 택지로 개발하여 아파트를 공급했다. 그리고 현재는 외곽의 택지가 완성되고 주요 주거지에 변화가 나타남에 따라서 구도심의 슬럼화를 막고 주거 상황을 개선하려는 재개발·재건축이 나타나는 시점이라고 보면 될 듯하다.

그런 이유로 은행동에서는 여러 구역에서 도심 재개발이 진행 중이다. 가장 최근에 입주한 시흥센트럴푸르지오를 비롯하여 여러 재개발 구역들이 조합을 이루고 도시재생사업을 진행하고 있는데, 이렇게 초기 재개발과 완성된 구역들이 혼재한 지역들이 투자로서는 접근하기 좋다. 왜냐하면 대장주의 가격을 기준으로 주변 정비사업 구역들도 사업비와 분양가격을 유추할 수 있기 때문이다.

인근 지역에서 재개발이 진행되면 비슷한 입지로 인식되어서 후순위로 개발되는 구역들의 가격이 좀 더 비싸게 분양되는 경향이 있다. 신축의 힘이기 때문인데 이는 구도심 투자의 장점이기도 하다. 이제 시흥 은행동에서 진행되는 주요 정비구역들을 하나씩 찾아보도록 하자.

시흥신천역한라비발디

먼저 시흥신천역한라비발디 아파트를 보자. 은행2지구를 재개발한 곳인데 한창 부동산 경기가 안 좋을 때 분양을 해서 미분양과 마이너스 피로 어려움을 겪기도 했다.

입지와 주변 환경

입지를 보면 신천역까지 도보로 접근이 가능하고 주변에 재개발·재건축이 활발하게 진행 중이다. 나홀로 아파트였다면 약간 아쉬웠을 테지만 바로 앞에 약 2,000세대의 시흥롯데캐슬시그니처 아파트가 같이 개발 중이고 은계지구와의 접근성이 좋아서 실거주자들에게 선호된다. 특히 중대형 평형으로 구성된 점도 시세를 리딩하는 단지로 성장 가능하다는 장점이 있다. 인근 사업장 중에서 가장 속도가 빠른 곳이기도 하다.

● 시흥신천역한라비발디 위치

출처: 아실

● 공사 현장 전경

2025년 9월 입주 예정으로 현재 활발하게 공사가 진행되고 있다. 총 1,297세대 6개 동으로 구성되어 있어서 용적률이 높은 편이다. 최대 47층까지 올라갈 예정인데 준공되고 나면 주변 랜드마크가 될 수 있는 상품성을 가진 단지다.

분양권 시세를 보면 현재 35평형(전용 84제곱미터)이 7억 원 초반대를 유지하고 있는데 서서히 우상향할 가능성이 높다. 초기 투자금이 많이 들어가서 소액투자로는 어렵겠지만, 은행동 실거주를 원한다면 한번 고민해 볼만한 단지라고 생각한다.

이 아파트는 분양 초기, 부동산 시장에서 마이너스피 5,000~7,000만 원으로 약세를 보였지만, 인근 개발 호재와 부동산 시장이 반등하면서 지금은 마이너스피 매물은 다 소진되고 플러스피로 거래가 되고 있다.

● **시흥신천역한라비발디 분양권 시세**

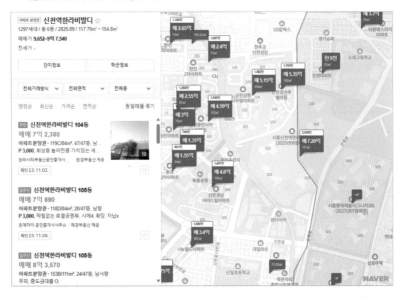

출처: 네이버페이 부동산

이렇게 구도심의 신축은 불패라고 봐도 무방하다. 왜냐하면 그 지역에서 꼭 살아야 하는 수요층이 있는데 그들 대부분 신축을 원하기 때문이다. 준공되면 시흥의 또 다른 강자로 자리 잡을 것으로 예상된다.

은행동 특별계획구역

다음으로 시흥신천역한라비발디 아파트 바로 아래에 위치한 특별계획구역을 살펴보도록 하자. 시흥신천역한라비발디와 롯데캐슬시그니처가 준공되면 이후 자연스럽게 개발이 될 곳이다. 현재는 공업사들이 입주해 있어서 주거지로 보기는 어렵지만 지적도상 제3종 일반주거지역으로 나와 있다.

● **은행동 특별계획구역 위치**

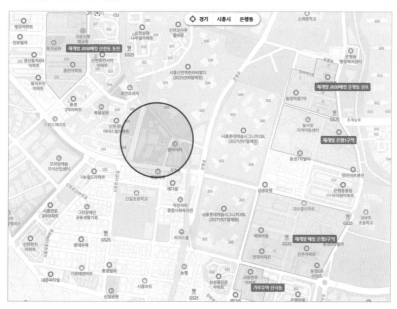

출처: 아실

입지와 주변 환경

주변을 임장해 보니 사업장이 넓고 사업도 잘되는 편인 듯하다. 그래서 지주작업(땅을 매입하는 작업)이 힘들어서 땅 주인이 팔지 않고 버티는 상황이라고 한다. 아마도 현금 창출에서 아쉬움이 없는 수요층으로 보여진다. 하지만 인근 주거지역이 개선되면 대규모 아파트 단지로 둘러

● 은행동 특별계획구역 지적도

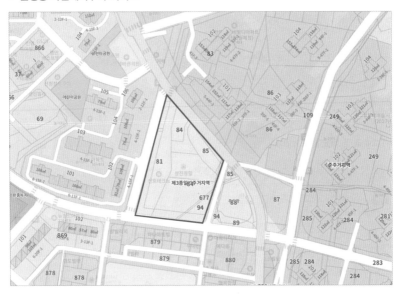

출처: 시흥시

● 현장 전경

싸이는 형국이라서 입지적으로 공업사들이 입주해 있기는 어려울 것이다. 시간은 걸리겠지만 자연스럽게 주거지로 개발되어 인근 대단지 신축들과 연결되는 상품이 만들어질 것으로 예상된다.

투자를 위한 접근 전략

향후 이곳은 아파트보다는 용적률의 상향을 통해서 오피스텔이 들어설 가능성이 높다고 한다. 고층 오피스텔과 아파트가 들어서면 인근 주거입지는 더 개선되어 입지적 가치는 더욱 높아지는 긍정적인 연쇄효과가 나타날 것으로 예상된다.

주변이 개발되면 지가 상승으로 인한 가격 상승도 이어질 것이다. 중장기적으로 가치가 높아질 지역이니 꼭 구역 안의 매물이 아니더라도 인근 지역의 저렴한 매물이 나오면 관심 가져볼 만하다고 생각한다.

시흥롯데캐슬시그니처 1·2단지

시흥롯데캐슬시그니처는 시흥시 은행동의 또 다른 강자로 자리매김할 상품성과 가치를 가지고 있는 단지다. 당초 분양시장에서 고분양가로 평가되어 미분양이 되었으나, 이후 선착순 분양을 시작하자마자 약 한 달 만에 모두 완판되는 저력을 보여줬다.

약 2,000세대 대단지로 개발되며 2027년 7월에 입주 예정이다. 2개 단지로 나누어 분양하는데 신천역과 가까운 1단지가 약간 더 선호도가 높다. 역시 역과의 접근성이 좋으면 선호도에서도 차이가 나기 마련이다. 근처 시흥신천역한라비발디가 2025년에 입주하고 2027년 시흥롯데캐슬시그니처가 입주하면 총 4,000여 세대의 신축 물량이 공급되므로

● 시흥롯데캐슬시그니처 위치

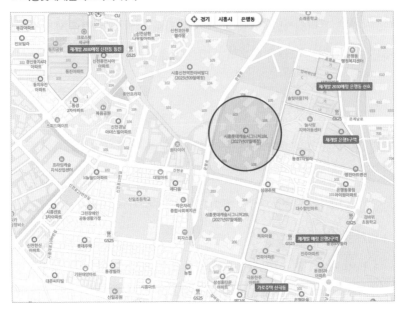

이 지역의 주거 입지는 비약적으로 발전할 것이다.

입지와 주변 환경

실제 현장을 임장해 보니 단지의 크기와 위치가 모두 좋았다. 일단 시흥신천역한라비발디와 바로 인접하며, 시흥신천역한라비발디와 은계지구 은계파크자이 중간 지점에 위치해 있다. 덕분에 은계지구의 주거 입지와 신천동 상권까지 함께 누릴 수 있어서 2027년 입주장 때는 주변 인프라도 거의 정리되어 있을 것이기에 은행동의 '넘버 2'로 손색이 없을 것이다.

다만 평지가 아닌 약간 언덕이 있어서 단지의 단차가 있을 것으로 예

● 공사 현장 전경

● 인근 단지의 시세

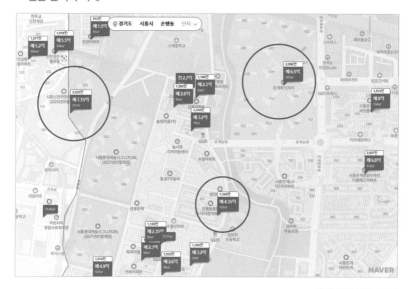

출처: 네이버페이 부동산

상되고, 기존에 다세대·다가구 밀집지역이라서 좌측 도로의 폭이 좁은 것이 단점이다.

시흥롯데캐슬시그니처는 36평형(전용 84제곱미터) 분양가가 7억 원 초반이었는데 인근 주변 신축들의 가격으로 비교해 볼 때도 그렇게 비싸 보이지 않는다. 비교 대상 단지인 은계파크자이는 35평형(전용 84제곱미터)이 실거래가 6억 원 후반이고 호가는 7억 원을 넘어서고 있으며, 시흥신천역한라비발디도 분양권 실거래가가 7억 원 초반으로 형성되어 있다. 시흥롯데캐슬시그니처는 두 단지보다 한참 뒤에 입주해서 신축의 효과를 볼 것이기에 현재 가치로도 적정한 가격대로 보인다. 개인적으로는 입주 후에 시흥센트럴푸르지오와 비슷한 시세로 형성되지 않을까 예상해본다.

은행동 산호구역

앞에서 분양권 단지 위주로 살펴보았다면 이제부터는 주택 재개발 지역을 살펴보도록 하자.

● 산호구역 위치

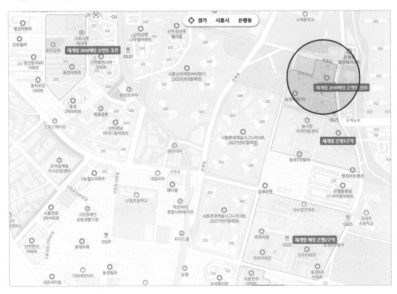

출처: 아실

가장 먼저 살펴볼 곳은 재개발이 진행 중인 은행동 산호 아파트 구역이다.

입지와 주변 환경

산호 아파트 재개발 구역은 입지적으로 롯데캐슬시그니처 1단지와 은계파크자이 사이에 있다. 임장을 해보니 5층 이하 소규모 저층 아파트와 단독 빌라가 혼재해 있고, 근처 재개발 지역인 은행1·2구역과도 인접하여 정비사업 진행의 흐름이 비슷하다고 느꼈다.

현재 정비사업은 구역지정 단계이고, 은행1구역이 사업에 속도가 붙으면 같이 따라갈 상황이라고 보인다.

● 현장 전경

투자를 위한 접근 전략

일반적으로 정비사업지는 빌라나 다세대보다 아파트가 더 감정평가를 잘 받을 가능성이 크다. 감정평가를 할 때 우후죽순 들어서서 입지와 층을 걸러내기 힘든 빌라보다는 정형화된 아파트의 가치가 더 높기 때문이다. 그래서 같은 투자금이라면 빌라보다는 아파트를 매수하는 것이 향후 매도하여 현금화하거나 감정평가를 받을 때 유리하다. 특히 이곳처럼 빌라와 아파트의 비율이 5:5 정도 조합원들이 나뉘어 있는 곳은 아파트가 더 이익이다.

시세를 보면 아파트 기준 2억 원 초반의 가격대인데, 감정평가는 공시지가 대비 최소 140~최대 170퍼센트까지 나오게 되므로 초기 재개발임을 감안해도 투자 메리트는 있어 보인다.

아래 매물을 분석해보면 매매가 2억 3,000만 원, 공시지가는 1억 6,000만 원 정도 될 것이므로 감정평가액은 공시지가에 최소 140퍼센트를 대입하여 약 2억 2,400만 원이 나온다고 예상해볼 수 있다. 그럼 매매가와 큰 차이가 없는, 거의 무피(프리미엄 0원)로 향후 시흥의 신축을

● 인근 단지의 시세

출처: 네이버페이 부동산

매수하는 기회를 잡을 수 있다. 게다가 해마다 공시지가는 높아질 것이고 자연적으로 지가는 올라가서 중장기적으로 플러스피도 예상해 볼 수 있으니 적지 않은 메리트다.

수리해서 최대가로 전세를 맞춘다면 1억 6,000만 원까지 가능할 테니 소액으로도 접근이 가능한 구역이라고 생각한다. 꼭 초기 재개발이라고 리스크가 높은 것만은 아니니 이렇게 큰 구역을 따라가는 은행동 산호 구역도 좋은 소액투자처라고 생각한다. 중장기적으로 3,000만~5,000만 원 정도 소액으로 아파트를 매수해놓고 기다리면 다른 구역들이 완료되는 시점에는 시세가 알아서 따라 올라갈 만하다고 본다.

은행1구역

다음으로 은행1구역을 둘러볼 차례다. 은행동 재개발 구역 중에서 가장 속도가 빠른 곳으로 사업시행인가 단계를 지나고 있다. 'e편한세상'

● 은행1구역 위치

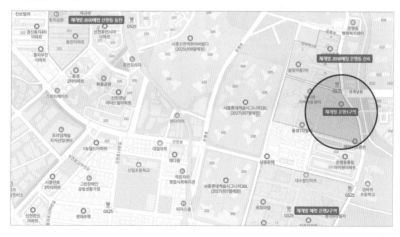

출처: 아실

브랜드의 DL이앤씨로 시공사를 선정했고 현재 사업 진행에 속도를 높이고 있다.

입지와 주변 환경

실제 임장을 가보면 은행1구역이 산호 아파트 구역과 거의 같은 입지와 상품성을 가지고 있다는 것을 알 수 있다. 지도앱을 보면서 다니지 않으면 구역을 지나쳐도 모를 정도다.

한편 은행1구역은 시흥롯데캐슬시그니처가 분양에 성공하면서 다시한 번 각광받는 구역으로 떠오르고 있다. 7억 원대 분양가로 완판에 성공하면서 다음 차기 분양은 은행1구역이 될 것이기 때문이다. 입지도 비슷하고 구역 크기도 크기에 가격만 맞는다면 차기 대장주로 손색이 없을 것이다.

● 현장 전경

투자를 위한 접근 전략

은행1구역의 빌라는 매매가 기준 1억 5,000만~2억 5,000만 원선으로 시세가 형성되어 있다. 아직 감정평가가 완료되지 않았기 때문에 매매가 대비 공시지가를 비교하여 매수가를 예상하는 것이 좋다. 산호구역처럼 무피~5,000만 원 정도 프리미엄을 주고 매수하게 될 만한 매물들이 많으니 투자하려면 발품을 많이 팔아서 프리미엄이 저렴한 매물을 찾는 노력이 필요하겠다.

아파트보다는 빌라·다세대 주택이 많아서 투자로 접근할 때 감정평가와 상품성을 잘 따져서 찾으면 좋은 물건을 소액으로도 가질 수 있으니 미리 가격 분석을 하고 임장하는 것이 좋다.

은행1구역은 롯데캐슬시그니처 다음의 차기 분양예정단지이므로 지금은 사람들이 별로 관심이 없지만, 롯데캐슬시그니처 입주시기인 2027년쯤 이주를 목표로 하고 있으므로 향후 얻게 될 시세차익은 충분하다고 예상된다.

● 인근 매물 시세

출처: 네이버페이 부동산

은행2구역

이어서 은행2구역을 살펴보자. 은행동 재개발 사업지 중에서 가장 구역이 크고 조합원이 많은 구역이다. 현재 구역지정 단계로 아직 공시지가 1억 원 이하 매물은 다주택자 취득세 중과 제외가 가능한 장점이 있다. 은행1구역의 사업 속도에 따라 비슷한 속도로 진행되는데 주민 동의서 작업은 끝났고 구역지정 확정을 위해서 열심히 달려가고 있는 사업장이다.

● 은행2구역 위치

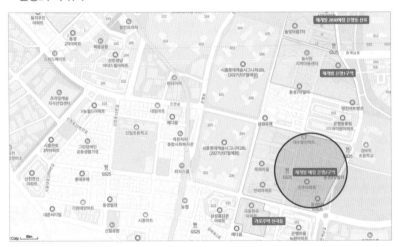

출처: 아실

입지와 주변 환경

2구역 임장을 가보니 재미있는 구조의 빌라들이 눈에 보였다. 흔히 일본에서 볼 수 있는 맨션 형태의 빌라인데, 'ㄷ'자 모양의 형태로 빌라가 공급되었다고 한다. 그래서 같은 평형의 대지지분이라고 해도 맨션 형태와 단독 층별로 매매가격에서 차이가 발생한다.

반대로 이야기하자면 좋은 매물이 저렴하게 나올 수도 있다는 뜻이다. 발품을 자주 팔고 해당 구역 중개사님과의 현장 분위기와 정보를 꾸준히 수집한다면 저렴한 매물을 구할 수도 있으니 현장에 자주 가보기를 추천한다.

● 현장 전경

투자를 위한 접근 전략

시세를 보면 2023년 11월 기준 가장 저렴한 매물은 매매가 1억 5,000만 원에 전세 1억 2,000만 원을 안고 매도하는 물건이다. 갭 3,000만 원이면 매수가 가능하고 공시지가 1억 원 이하라서 다주택자도 취득세 중과 대상이 아니다. 이후로도 이런 물건들이 계속 나올 것이라 예상되기에 꾸준히 사업 현장에 관심을 갖고 지켜봐야 할 것이다.

개인적으로는 은행동에 있는 재개발 사업장 중에서는 은행2구역이 가장 투자 가치가 높다고 생각한다. 왜냐하면 초기 재개발이면서도 가장 규모가 크고 취득세 중과를 피해갈 수 있는 단지이며 은행1구역의 사업 속도에 따라서 적절하게 매도 전략을 짤 수 있다는 장점이 있기 때문이다.

● 인근 매물 시세

출처: 네이버페이 부동산

신극동구역

다음은 가로주택정비사업으로 진행 중인 신극동구역을 보자. 이주와 철거가 완료되고 분양을 앞두고 있다. 소규모 재건축으로 진행해서 속도가 빠르고 사업성이 좋은 장점이 있는 반면, 최대 4개 동만 올라가고 단지 규모가 작아서 가격 상승에는 한계가 있다는 단점이 있다.

입지와 주변 환경

신극동구역은 은행2구역 바로 아래에 있다. 임장을 가보니 이주가 완료되고 철거 중인 것을 볼 수 있었다. 시공사는 한라건설로 '한라비발디' 브랜드로 개발된다고 한다. 브랜드며 입지가 나쁘지 않아서 투자 가치도 높다고 생각된다.

● 신극동구역 위치

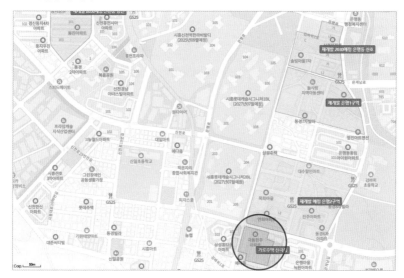

출처: 아실

투자를 위한 접근 전략

매물의 호가를 보면 은행동의 정비사업 단지 중 가장 저렴한 시세를 형성하고 있다. 가로주택정비사업의 특성상 속도가 빠른 대신 가격의 상승 여력이 큰 단지보다 못하기 때문이다.

하지만 투자금 대비 수익률로 본다면 충분한 투자 가치가 있다고 생각한다. 왜냐하면 인근의 은행동 풍림아이원 아파트(은행1구역과 2구역 사이에 위치) 33평형(전용 84제곱미터)의 실거래가가 4억 3,000만 원선인데, 브랜드 신축 아파트가 4개 동으로 개발된다면 최소한 풍림아이원보다는 1~2억 원은 비싸야 정상이기 때문이다. 풍림아이원이 2개 동으로 공급된, 지은 지 20년 넘은 구축인데도 현재 4억 원 초반대인 것을 보면 미래의 신극동구역에 들어설 새 아파트는 5억 원 이상의 가치를 가질 것이 분명하다. 그러니 작은 단지라고 무시하지 말고 내 투자금 대비 수익률을 고려했을 때 투자 메리트가 있다면 충분히 고려해 볼만한 곳이라고 생각한다.

● 인근 매물 시세

출처: 네이버페이 부동산

신천동 동진구역

마지막으로 볼 곳은 신천동의 동진구역이다. 재개발로 추진되는 곳으로 입지적으로 다른 은행동 구역 대비 신천역과 가장 가까운 장점이 있다. 하지만 추진 동력은 가장 약한 단점이 있는 사업장이다. 현지 주민들이나 투자자들 사이에서도 구역지정이 어려울 수 있다는 회의적인 반응이 가장 많기도 하다.

입지와 주변 환경

실제로 임장을 해보니 다른 은행동 구역들과 비교하여 그다지 큰 차이가 없었다. 그런데 추진하는 주체와 거주 조합원들 간의 수익성에 대한 회의론이 많아서 재개발보다는 존치를 원하는 사람들이 많다고 한다.

위치적으로는 신천역과 가까워서 출퇴근 수요도 많고 상권과 인접하

● 동진구역 위치

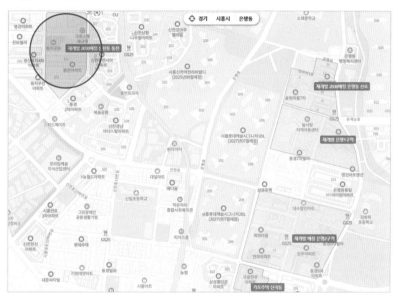

출처: 아실

● 현장 전경

여 인프라가 좋은 장점이 있다.

투자를 위한 접근 전략

아파트보다는 빌라를 접근하는 것이 좋은데 생각보다 갭이 크고 소액 투자 물건을 찾기가 쉽지는 않아 보였다. 다른 은행동 재개발 구역 대비 큰 메리트가 없어서 다른 구역의 개발이 끝나고 수익이 실현될 때쯤 다시 진행되지 않을까 예상된다.

이렇듯 동진구역은 타 구역 대비 사업 진행 속도가 느리고 아직 사업성이 명확히 확보되지 않았으니 다른 곳에 먼저 투자해서 수익을 본 이후에 다시 관심 가져도 늦지 않을 것이라 생각한다.

● 인근 매물 시세

출처: 네이버페이 부동산

시흥 구도심을 돌아보고 얻은 결론

은행동과 신천동 인근은 은계지구와 별도로 도심 개발이 이루어지고 있다. 물론 택지개발지구가 아니라 자연 발생적 도시의 성격을 가지고 있지만, 은계지구가 개발되고 서해선이 개통되면서 신천동 또한 개발의 추진력을 자연적으로 받는 입지적 장점을 가진 지역이 되었다.

은계지구 대장 단지들이 서해선과 인접하지 못해서 아쉬운 단점이 있는 반면, 신천동 개발지구의 사업지는 서해선과 인접한 이점과 은계지구의 인프라도 같이 누릴 수 있는 장점이 있다. 또한 기존 도심과 차별화

● 시흥 주요 아파트의 시세

출처: 아실

되면서 신축에 살고 싶은 기존의 신천동 수요를 흡수할 것이며 서해선의 확장으로 교통 여건이 개선되기에 주거입지뿐 아니라 직주근접의 접근성, 즉 일자리로 연계되는 교통 환경도 개선시켜줄 것이다.

한편, 광명의 분양시장이 활황으로 고분양가를 인정하며 완판 행렬이 계속된다면 그 흐름은 분명히 시흥으로 넘어올 가능성이 높다. 그때를 기다리며 소액으로 투자할 가치가 있는 지역의 물건과 사업지를 잘 기억하고 있다가 투자하기에 적절한 타이밍이라고 생각되면 바로 매수에 나설 수 있도록 미리 안목을 길러놓기를 바란다. 그것이 소액투자의 정석이며 가치투자의 시작이라고 생각하기 때문이다. 그리고 그 시간의 어느 지점에서 시흥의 구도심은 분명히 매력적인 투자처로 성장할 것이라 확신한다.

제5장

부동산 침체기에도
나홀로 상승세, 이천시

교통망과 일자리 인프라가 풍부한 엄연한 수도권, 이천시

이천시는 경기도 남동부에 위치한 도시로 동쪽으로는 여주시, 서쪽으로
는 용인시, 북쪽으로는 광주시, 남쪽으로는 충청북도 음성군과 인접한
사통팔달 교통의 요지다. 중부고속도로와 영동고속도로가 만나고, 중부
내륙고속도로도 인접하여 편리하게 진입이 가능한 교통의 요지로 많은
제조업 공장과 물류창고가 있다.

또한 경기도에서 다른 도와 맞닿아 있는 시·군 중 시내 기준으로 서
울과의 접근성이 좋은 도시로 평가받는다. 잠실까지 거리는 45킬로미
터, 강남역까지 진입하는 데도 최단거리 기준으로 50킬로미터일 정도로

비교적 가까운 편이다. 시외버스로 동서울터미널이나 서울고속버스터미널에 가는 데 40분~1시간 정도면 충분하다. 그래서인지 대중교통으로 서울에 출퇴근하는 직장인이나 통학하는 학생들도 제법 있다. 거기에 양질의 일자리인 SK하이닉스 공장도 있다. 그런데 이렇게 서울과의 접근성이 좋으며 도시 자체 인프라가 나쁘지 않은데도 아직까지 많은 사람들에게 그저 '지방'으로 인식되는 것이 사실이다.

아마도 경기도권 소액투자 지역이 궁금해서 책을 보다가 시흥시는 알겠는데 이천시라니 하고 조금 갸우뚱하는 분들이 있으리라 생각한다. 당연하다, 체감상 너무 멀기 때문이다. 의정부나 일산처럼 서울과 접근성이 좋은 지역들도 많은데 굳이 이천같이 외곽지역을 알아야 할까 하는 의문이 생길 수도 있겠다.

그런데 거듭 강조하지만 투자자는 이런 편견을 가지면 안 된다. 어떤 지역, 어떤 환경에서도 그곳의 특징, 감당 가능한 선의 투자금과 리스크

● 이천시의 행정구역

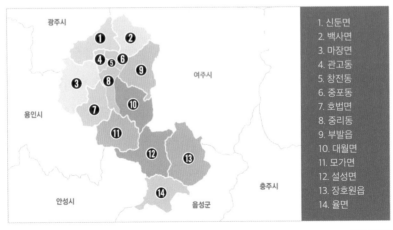

출처: 이천시

에 맞는 투자처를 생각하고 찾아내는 것이 진정한 투자자의 길일 것이다. 그러니 남들이 다 좋다는 지역 가봤자 감당하기 힘든 리스크와 투자금으로 실망만 남는 것은 어쩌면 당연한 일인지도 모른다.

이 책을 보시는 많은 분들도 지방이라고 해서, 외곽이라고 해서, 못난이라고 해서, 입지가 안 좋다고 해서 무조건 배척해버리는 편견을 가지지 않았으면 좋겠다. 아니, 편견을 버리는 것까진 아니더라도 이런 지역에서도 가치투자가 가능하고 충분히 수익을 볼 수 있다는 사실만 기억해도 고마울 것 같다.

시너지를 내며 함께 성장하는 세 도시, 광주·이천·여주

어느 도시나 그곳에 영향을 주는 도시가 있고, 그 영향을 받은 도시가 다시 다른 지역에 영향을 주기도 한다. 그런 면에서 경기도 이천시의 부동산 시장은 광주시의 물량과 수요에 영향을 받는 편이다. 광주시에 물량이 들어오면 이천시에서 이주하는 사람이 늘어나고, 입주가 끝나면 안정화 되는 특징이 있다. 그래서 이천시의 입주 물량을 확인할 때 꼭 광주시와 같이 연동해서 체크하는 습관을 가지는 것이 좋다. 이천시에 물량이 없으니 전세가가 안전하다는 생각은 하지 말자. 반대로 이천시에 물량이 있으면 여주시에서 수요가 들어오기도 한다. 아무래도 여주시보다는 이천시가 입지나 인프라 면에서 환경이 좋기 때문이다. 이처럼 이주해서 정착하는 수요도 외곽에서 들어오는 것이 일반적이다.

광주시와 이천시, 여주시는 하나의 벨트로 연결되어 수요와 공급을 공유하는 지역이라는 것을 알고만 있어도 이 지역에서 부동산 투자를 할 때 매도 타이밍을 잡는 데 큰 도움이 될 것이다. 부동산 투자는 지역의 입지보다 더 중요한 것이 바로 타이밍이기 때문이다.

이제 이천시의 호재들을 같이 찾아보고자 한다. 이 지역이 발전할 수 있는 이유와 그 시기를 예상해보고 실현 가능한 호재와 당장 주목해야 할 호재를 찾아보는 것도 부동산 투자를 공부하는 데 좋은 방법이 될 것이다.

이천시의 개발 호재 1. 교통망

먼저 교통 호재를 들 수 있다. 지방에서는 크게 두 가지 호재를 그 지역을 성장시키는 가장 큰 원동력으로 본다. 첫째는 서울과의 접근성을 높여주는 교통망 호재이고, 둘째는 수요가 들어오는 일자리 호재다. 다른 개발 호재들도 좋은 성장 도구지만 지방이나 도시 외곽에서는 이 두 가지가 핵심이다. 물론 교육이 발전하고 녹지나 자연환경 같은 친환경 개발 호재도 좋지만, 근본적으로 지역을 성장시키는 동력은 핵심 지역과의 연계성이라는 점을 잊지 말았으면 좋겠다.

GTX 원주 연장안

가장 먼저 GTX 연결 호재다. 아직 가시화 되거나 확정된 사안은 아니다. 이렇게 추진해 보겠다고 하는 일반적인 지자체의 노력 정도로 보면 될 듯하다. 즉, 아직은 멀리 떨어진 호재라는 뜻이다. 그래도 GTX의 영향력을 무시하면 안 된다. GTX 노선이 들어온다는 계획에 관한 뉴스만으로도 서울과의 접근성이 크게 향상될 수 있다는 기대감이 퍼지기 때문에 부동산 투자에도 큰 영향을 미치기 때문이다.

GTX 원주 연장안은 GTX-A 노선을 수서에서 분기해서 광주시·이천시·여주시를 거쳐 원주시까지 연장 개통을 추진하는 사업이다. 처음 듣기에는 좀 허무맹랑한 소리일 수도 있겠지만 GTX-D 노선 추진 방향

● 수도권 광역급행철도(GTX) 노선도

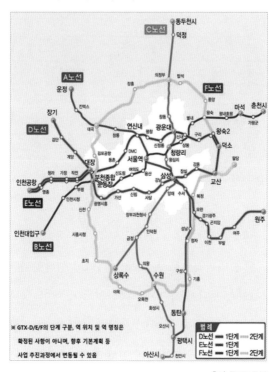

출처: 국토교통부

● 수도권 GTX 경기 광주·이천·여주 연장안

개요	
	내용
대안1	GTX-A 수서역에서 분기, 수서~광주선을 이용해 경강선 접속
대안2	고덕 경유, 하남에서 광주 간 최단거리 접속
대안3	사당에서 수서역 경유, 수서~광주선 이용해 경강선 접속
	*대안1+강원 원주 연결안 추진 중

노선·수요					
	노선	연장(km)	역(개)	하루 수요(명)	역당 수요(명)
대안1	수서~여주	63.0	4~5	65,184	13,037
대안2	김포~여주	122.0	16	475,633	25,033
대안3	김포~여주	118.6	14	401,863	28,705

편익 분석			
	총 사업비(원)	연간 운영비(원)	경제적타당성
대안1	7,675억	261억	1.19
대안2	7조 8,291억	1,692억	0.92
대안3	4조 8,362억	1,048억	1.4
*대안2의 경우, 원주까지 운행하면 1.02			

출처: 광주시, 서울과학기술대 철도전문대학원 김사곤 교수

을 보면 꼭 그렇게 비관적으로 볼 것도 아니라고 생각한다. 주관하는 정부가 가진 의지의 문제이지 기술이나 예산의 문제는 아니라는 뜻이다.

GTX 연장선이 이천시에 들어오게 되면 경제 분야는 물론이거니와 부동산 시장에도 여러 가지 긍정적인 영향을 줄 수 있다. 가장 먼저 교통 편의성이 향상될 것이다. 교통 여건이 좋아지면 이천시에서 서울과 수도권 핵심지역으로 이동이 쉬워지며, 특히 철도역 주변 지역은 토지 가치가 상승할 가능성이 높다고 생각한다. 이후 나오겠지만 부발역세권과 이천역세권 개발사업에 관심 가져야 할 이유이기도 하다.

또한 주거 및 상업용 부동산의 가치 상승을 가져올 것이다. GTX 철도가 통과하는 지역은 역 주변이나 교통이 편리한 위치에 있는 부동산에 대한 수요가 증가하기 때문이다. 새로운 교통 인프라는 도시 계획에

영향을 주어 도시 개발 및 재개발을 촉진시키는 등 부동산 개발 프로젝트들에 동기를 줄 수 있다. 이렇듯 다방면의 호재가 될 것이다. 그리고 지역 경제 활성화로도 이어져 지역 서비스 업체, 상업 시설, 식당, 숙박업체 등에 사람을 유입시켜서 지역 경제에 긍정적인 영향을 미치게 될 것이다.

더하여 GTX 철도 노선은 주변 지역에 토지 개발 기회를 제공할 것이다. 이는 기업이나 주거용 부지로의 변화를 의미하며 부동산 시장에 다양한 긍정적인 영향을 주고 지역의 가치를 한층 성장시키는 매개가 될 것이다.

그럼 GTX 연장안은 어디까지 와 있을까? 수도권 GTX 원주 연장선은 광주시·이천시·여주시 3개 지자체가 같이 추진하는 국책 사업이라 어느 한 도시의 호재가 아니라 전체적인 영향을 주고받을 수 있다. 현재 3개 지역 중에서 가장 적극적인 지자체는 광주시다. 아무래도 성남과 가장 인접하면서도 서울과의 출퇴근 도로가 좁고 복잡해서 철도망 확충이 필수적인데 경강선만으로는 한계가 있기 때문이다. 그리고 인구수도 가장 많아서 3개 지자체 중에서 가장 추진력이 좋은 지역이기도 하다.

하지만 알려진 바에 따르면 GTX 연장에는 크게 두 가지 큰 문제점이 있다고 한다. 첫 번째로 접속점 문제다. 수서에서 GTX와 SRT 노선을 한 개의 철로에 같이 사용하므로 철로 포화도가 높아서 접속이 어렵다고 한다. 따라서 접속부 분기 연결공사가 필수적인데 이것이 기술적으로 쉽지는 않다는 것이다. 분기점을 연결하기 위해서는 추가적인 토지 수용이 필수적이고 철로를 확장해야 하는데 수서 방면의 철도망은 이미 확장 최대치를 넘어서고 있다고 한다.

한편, 최근 서울 전세가 정도로 마련 가능한 수도권 아파트 분양이 연이어 완판되고 있다. 서울을 벗어나더라도 일자리가 있는 서울로 출퇴근이 가능한 지역을 위주로 수요층이 이동하려는 것이다. 그렇다면 지금까지 외곽으로 치부되던 광주시와 이천시, 여주시 등은 GTX 등으로 서울과의 접근성이 높아지면 어떤 평가를 받게 될까? 투자자라면 주목하지 않을 수 없다.

중부내륙선 철도망 개발

다음으로는 중부내륙선 개발 호재가 있다. 경기도 이천은 이전부터 교통의 요지였다. 인접한 경기권과 충북권을 이어주는 위치인데다, 철도망이 지방까지 확장되면서 중간 거점 노드node로서의 기능을 이천시에서 맡는다고 보면 된다.

물론 지방으로 철도망이 확장된다고 하여 이천시에 직접적인 부가가치가 높아지는 것은 아니다. 하지만 그 중간 분기점이 됨으로써 정차역, 회차역 인근 택지들이 개발되면서 상권과 주거입지가 개선되는 효과가 있다. 철도 인접 지역에 주거형 택지가 개발되면 서울과의 접근성이 좋아지고 실거주를 원하는 수요층이 더 선호하게 되는 긍정적인 선순환 구조를 가지게 된다. 그래서 중간 환승역세권 개발사업을 관심 가져보면 좋을 듯하다.

이렇게 수서에서 출발하여 경강선, 충북선, 남부내륙선까지 연결되는 중부내륙선 철도망 확장이 추진 중이며 이는 이천시가 더 성장하는 데 좋은 밑거름이 될 수 있다.

부발역세권 개발사업도 이와 연관되어 편성하는 사업 중에 하나다.

● 중부내륙선 철도망 확장 노선도

수서~광주 복선전철 18.4km
기본 계획 중, 27.12월 이후 개통

중부내륙선(이천~충주) 56.9km
금회 개통, 21.12월 말

중부내륙선(충주~문경) 39.2km
공사 중, 23.12월 이후 개통

중부내륙선(문경~김천) 69.2km
예비타당성 조사 중

남부내륙선(김천~거제) 172.4km
기본 계획 중

출처: 국토교통부

충주~문경선은 부발역에서 분기해서 총 4개의 철도망과 연결된다. 환승 없이 바로 수서, 경강선, 강원도로 이동할 수 있으며 남부내륙선 고속화사업이 완료되는 2028년쯤에는 이 철도망이 더욱 활성화되어 유동인구도 늘어날 것이다. 그에 대한 물류 이동 및 인구의 증가는 순차적으로 일어날 것이고 이는 이천 지역에 큰 호재로 긍정적인 영향을 미칠 것이라고 본다.

다음 교통망 호재로는 2028년 개통 예정인 월곶판교선 고속철도 연장 사업이 있다. 기존 판교까지 건설 예정이던 월곶~판교선을 강릉까지 연장하는 사업인데 현재 강원도 원주까지 연결된 경강선을 연결하는 국책 철도망 사업이다.

이천시 입장에서는 판교까지 한 번에 이동이 가능한 월곶판교선이 연결되고 강릉까지 연장된다면 교통 수요의 증가와 개발 효과로 입지적 가치는 더 높아질 수밖에 없다. 월곶판교선은 기존 경강선으로 출퇴근 수요를 분산해야 했던 광주시와 이천시, 여주시까지 다시 한 번 지역의 가치를 올려줄 큰 호재가 아닐 수 없다.

이천시의 개발 호재 2. 일자리

다음 호재는 SK하이닉스의 공장 증설이다. 부발읍 아미리, 대월면 사동리 일대에 위치한 SK하이닉스 공장은 이천시 최대의 일자리 공급처다. SK하이닉스는 우리나라에 크게 두 지역에 공장을 운영하고 있는데 경기도 이천시와 충청북도 청주시다.

이천시는 SK하이닉스 공장으로 인해서 일자리 창출 효과와 그 밖에 경제 시너지 효과를 모두 볼 수 있을 것이라 생각된다. SK하이닉스가 이천시에 미치는 대표적인 경제적 효과는 부동산 가격 상승이다. SK 같은 대기업이 새로운 공장이나 시설을 세우면 그 지역은 부동산 가치가 상승할 수밖에 없다. 이는 부동산 투자자들이 그 지역에 투자하거나 부동산을 구매하려는 동기를 강화시키는 선순환 구조로 이어질 수 있다.

또한 이런 대규모 사업지가 활성화되면 임대 수요 증가는 필수적이다.

공장이나 연구 시설이 증설될 때 해당 지역에 일시적 또는 장기적으로 일자리가 늘어나기 때문이다. 이로 인해 주변 주택이나 상업용 부동산에 대한 임대 수요가 증가하고, 그에 따라 임대료도 다시 상승하게 된다.

아울러 SK하이닉스 같은 대규모 공장이 들어서면 2차, 3차 관련 산업에서 일하는 근로자들도 이천시 공장 지역으로 유입되면서 주변 지역의 주택 수요를 증가시킨다. 이는 다시 부동산 개발 촉진이라는 연쇄적인 호재로 이어진다. 대규모 기업의 입지 선택은 주변 지역의 도시 계획 및 인프라 개발에도 영향을 미치는데 도로, 교통 시설, 상업 시설 등이 발전하면서 부동산 개발의 촉매가 되는 것이다. 그러면 지역 경제의 안정성은 더 높아질 것이고, 탄탄한 지역 경제 기반이 있는 곳은 투자자들에게도 안전한 투자처로 여겨질 수 있다.

하지만 부동산 시장은 여전히 복잡하며 다양한 요인에 영향을 받으므로 SK하이닉스 공장이 부동산 시장에 미치는 영향은 다른 요소들과의 상호작용에 따라 달라질 수 있다는 점을 이해하고 있어야 할 것이다.

이천시의 개발 호재 3. 역세권 개발사업

세 번째 개발 호재로는 역세권 개발사업이 있다. 이천시에는 크고 작은 택지개발사업이 진행 중이다. 이 중에서 역세권 개발사업과 연계되는 택지개발사업은 꼭 알고 있어야 한다. 앞으로 이천시의 중추적인 주거환경을 제공할 것이며 미래의 대장주 역할을 할 것이기 때문이다. 아울러 택지의 안정성과 교통망의 편리함이 결합되어 실거주 수요층을 흡수할 수 있는 좋은 조건이 될 것이다.

부발역세권 개발사업

부발역은 앞에서 잠깐 설명했듯이 충주부터 거제까지 이어주는 중부 내륙 광역철도의 환승 철도망을 가지고 있는 중요한 분기점이다. 그리고 입지적으로 영동고속도로와 인접해서 철도와 도로가 같이 개발될 수 있기에 부발역세권은 최적의 택지개발지구라고 볼 수 있다.

우리나라 지방도시에는 도로와 철도가 만나는 지점을 가진 지역이 그다지 많지 않다. 개발 초기부터 도로 설계와 철도 설계를 연계하여 반영해야 하는데, 토지 작업부터 보상까지 쉽지 않기 때문이다. 수도권에서는 평택, 안성, 용인 등에 이런 철도와 도로망이 연결되는 지점이 있는데 모두 좋은 입지를 가지고 있는 지역들이다. 이천시 부발역세권도 그에 준하는 좋은 입지라고 생각한다.

현재 부발역 북쪽으로 택지개발지구를 위한 지구단위계획이 완료되어 공람이 완료되었고, 공급을 위한 후순위 작업이 속속 진행 중이다. 또 지구 내 단독주택용지 공급 개발도 진행 중이다. 2021년부터 본격적으로 궤도에 오른 이천역세권 개발 사업이 완료되면 부발역세권 사업도 속속 진행될 것으로 예상된다. 참고로 역세권 개발사업 바람을 타고 부발역 인근에 있는 구축 아파트들이 많이 오르는 기이한 현상이 벌어지기도 했다. 택지개발지구와 바로 인접해 있고 인프라의 확충이 확실시되니 주거입지가 개선되는 점이 긍정적으로 평가되었고 투자자들에게 입소문이 나서 매수세가 강하게 나타나기도 했다.

지금도 부발역 인근의 구축 아파트들의 선호도는 높은 편이다. 기존 주거입지가 그렇지 좋지 못했는데 미래 가치가 높아지니 전세보다는 매매수요가 먼저 들어와서 가격을 올려주는 역할을 한 것이다. 중장기적

● 부발역 인근 구축 단지 시세

출처: 호갱노노

● 인근 매물 시세

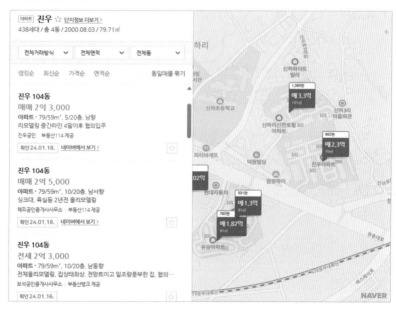

출처: 네이버페이 부동산

으로 좋은 입지가 될 곳이라 매매가격이 전세가격과 거의 붙어 있는 흐름이 당분간 지속될 것으로 예상되니 그 갭이 줄어드는 시점을 지켜보다가 소액으로 투자하기에 좋을 것으로 생각한다.

나는 과거를 배워서 현재에 대입해 미래를 준비하는 것이 부동산 투자자들의 의무이자 권리라고 생각한다. 이곳 부발역세권 인근의 구축 아파트들은 현재는 그다지 주거환경이 좋지는 못하다. 그리고 부발역세권 개발사업이 언제 시작될지도 조금 미지수이기도 하다. 하지만 분명한 개발 호재가 있고 인근 지구가 개발되면 인프라의 확충은 확실시되며 그 시너지 효과는 부발역 주변 전체로 퍼질 것이 당연하기에 투자자들은 이런 주거환경이 개선되는 지역을 꼭 기억하고 있어야 하겠다.

주변 매물을 보니 현재 매매가격은 2억 원 초반에 형성되어 있고 내부 수리 여부에 따라서 전세가를 최대로 받는다면 무피 투자도 가능해 보인다. 이천시는 2025년부터 물량이 많아지는 시기이니 입주 물량이 많은 전세계약 시기를 피하고 물량이 줄어드는 시기를 찾아서 세팅한다면 리스크도 줄일 수 있는 기회의 장이라고 생각한다.

앞의 매물은 전고점 기준 3억 원 초반까지 올랐던 단지인데 다시 한 번 상승의 기운이 올 때까지 소액으로 저렴하게 세팅해 놓고 기다린다면 1억 원 이상의 시세차익을 기대해볼 수도 있겠다. 소액투자는 이렇게 시간과 함께하는 법이다.

이천역세권 중리택지지구 개발사업

다음으로 이천역세권 중리택지지구 개발사업을 보자. 이천역을 기준으로 역세권을 개발하면서 중리택지지구를 자체적으로 개발해서 공급하는 사업이다.

이천역세권 개발사업의 최대 장점은 이천시 구도심과 인접하다는 것이다. 부발역세권사업은 아무것도 없는 빈 택지에 아파트를 공급하는 반면, 중리택지지구는 이천시 구도심의 수요를 받아올 수 있어서 개발 후 신속하게 지역이 안정될 수 있다. 택지보상 문제와 이권 문제로 분양이 연기되다가 2023년부터 분양을 시작했다.

입지적으로 이천역과 가깝고 앞에서 언급했듯이 구도심과 바로 연결돼 있어서 입주장의 최대 리스크인 전세 리스크를 상쇄할 수 있다. 이제 분양을 시작하는 단계로 택지가 크고 평지인데다 주변환경도 쾌적하고 이천시청 등의 관공서도 인접해 있다. 직주근접 수요층이 많을 것이며 이천시에서 신축을 바라는 수요자들까지 흡수할 수 있기에 최적의 주거 입지로 재탄생할 것이라고 생각한다. 중리지구 택지개발사업을 관심 가

● 이천역세권 중리택지지구 위치

● 중리지구 택지개발사업 개요

이천시 중리지구 택지개발사업

이천시 중리·마장지구 택지개발 사업은 자연보전권역내에서 최초로 시행되는 택지개발사업으로서 '06. 4. 20일 수도권 규제완화로 오염총량제를 시행하는 전제로 가능하게 되었습니다. 중리 택지개발사업 추진으로 인구 35만 계획도시 건설이 눈앞에 다가온 것이며, 이천 행정타운 조성과 주변지역에 61㎡ 규모의 택지개발사업과 성남-여주간 복선전철 및 성남-장호원간 자동차 전용도로가 개통되면 향후 이천시는 수도권 동남부의 중심도시로서 인구 35만 의 활기찬 행복도시로 발전하는 계기가 될 것으로 기대됩니다.

사업개요

- **위치** 중리동, 중일동 일원
- **면적** 610,966㎡
- **수용계획** 4,472 세대(10,905 명)
- **시행자** 이천시(10%), 한국토지주택공사(90%)
- **시공사** 강산건설(주)

이미지 크게보기 ✔

출처: 이천시

져야 할 이유가 여기에 있다.

단 하나 아쉬운 점은 택지개발지구라 출구 전략이 어려울 수 있다는 것이다. 분양가 상한제 지역이라 전매가 어려운 조건으로 공급되고 있다. 하지만 분양가격을 보았을 때는 평형 대비 나쁘지 않은 수준으로 공급되었다고 본다.

비교를 위해 근처 구축 아파트 시세를 보자. 이천역 바로 앞에 현대홈타운 34평형 아파트가 매매가 4억 원 초반에 거래되고 있다. 20년 차 구축 아파트가 4억 원 초반이니 신축 브랜드 아파트가 5억 원 초반에 공급된다면 안전마진은 충분하다고 보인다. 아마도 택지가 완성되면 더 좋은 가격으로 상승하지 않을까 싶다.

● 인근 매물 시세

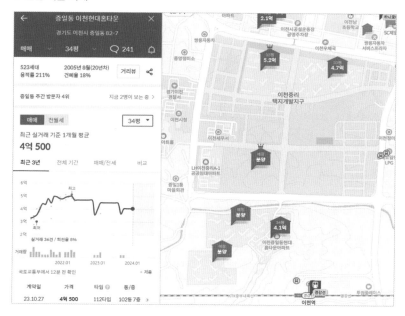

출처: 호갱노노

● 택지지구 현장 전경

　　2024년 2월 기준으로 총 4개 단지가 분양을 했는데 앞으로 4개 단지
가 더 공급된다고 한다. 청약통장을 가지고 있는 이천·광주·여주 인근
의 실수요자라면 꼭 청약을 고려해보셨으면 좋겠다.

　　실제 임장을 돌아보니 구도심과의 접근성이 정말 좋았다. 큰 4차선

도로와 연결되어 있고 바로 앞에 시청과 관공서와 쇼핑몰이 입점해 있어 인프라도 좋은 편이다. 택지 자체가 상당히 크게 편성되어 있어서 완성되면 이천시의 큰형님 같은 단지로 자리 잡을 것이라 생각한다.

가장 최근에 분양한 이천중리우미린어반퍼스트의 경우 전용 84타입 기준 5억 2,000만 원대로 분양되었다. 미분양으로 한참 고생을 하였지만 분양 조건과 시기만 잘 맞았더라면 충분히 완판 행진을 했을 만한 상품과 가격이라고 생각한다. 다만 이천시의 분양 물량이 추가적으로 남아 있어서 실수요자들에게 선택권이 넓어진 상황이라 분양 경쟁률이 그다지 높지 않은 측면이 있다.

꼭 분양으로 집을 마련해야 하는 것은 아니지만 우리가 이렇게 열심

● 이천중리우미린어반퍼스트 분양가

출처: 호갱노노

히 지역 분석을 하고 재개발을 공부하는 것의 궁극적인 목적은 신축 아파트를 싸게 사기 위함이다. 그런 면에서 신축이며 신규 택지의 장점을 가지고 있는 중리지구는 실거주를 희망하는 청약 수요층에 참 좋은 기회라고 생각한다.

구도심의 변신이 기대되는 이천시 소액투자처들

이제부터는 이천시의 구도심 지역을 분석해보도록 하자. 이천시는 대기 물량이 많은 지역이다. 택지가 개발되면서 외곽을 개발해서 아파트를

● 이천시 주요 아파트 단지 위치

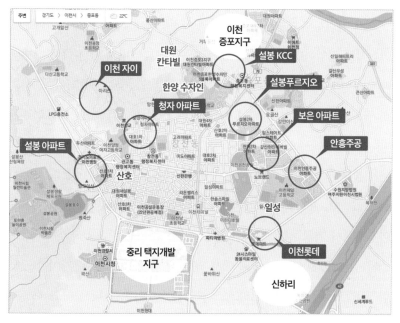

출처: 카카오맵

공급하는 시기이기 때문이다. 그래서 택지이면서 교통망 호재를 같이 볼 수 있는 가치 있는 분양 단지들이 공급되고 있다. 가격 상승은 덤으로 생각하면 될 정도로 좋은 입지라고 생각한다.

이천시 구도심에는 이렇게 좋은 입지에서 신축으로 변모할 재개발·재건축 단지들이 많이 있다. 그리고 그 옆에서 조용히 주거입지가 향상되는 효과를 누릴 수 있는 소액투자 단지들도 많이 있다.

소액투자처를 찾기 위해서는 먼저 지역에서 가장 선호도 높은 단지를 봐야 한다. 여기에 투자를 하라는 게 아니라 그 지역의 기준점과 가격의 상방을 알고 있어야 하기 때문이다. 그래서 대장주부터 찾아보는 게 지역 분석의 첫 번째 할 일이다.

이천시의 대장주 이천롯데캐슬 1·2차

현재 이천시의 대장주는 안흥동의 이천롯데캐슬골드스카이 아파트로 이천시에 진입하면 가장 먼저 눈에 띄는 곳이다. 바로 옆 '이천롯데캐슬 페라즈스카이'와 함께 주상복합형 아파트 단지 2개로 구성되어 있어 흔히 골드스카이를 롯데캐슬 1차, 페라즈스카이를 롯데캐슬 2차로 부른다. 롯데건설에서 이천시 랜드마크로 야심차게 공급한 단지라고 한다.

이천롯데캐슬골드스카이는 2018년 12월에 준공해 7년 차 되는 단지로 736세대, 용적률 791퍼센트, 최고 50층짜리 주상복합형 상품이다. 이천시에서 가장 선호도 높은 곳으로 골드스카이는 2018년에, 페라즈스카이는 2023년 4월에 입주해서 가장 신상으로 꼽히는 단지이기도 하다. 신축으로 평가받는 페라즈스카이의 선호도가 좀 더 높다고 하는데 가격 면으로 호가는 6억 원대에 비슷하게 형성되어 있다. 두 단지 모두

● 이천롯데캐슬골드스카이와 페라즈스카이 단지 조감도와 외부 전경

출처: 롯데캐슬

선호도 높은 단지라는 뜻이다. 50층이라는 조망권에 대한 프리미엄이 붙어 있는 아파트이기에 이천에서 가장 선호도 높은 단지로 계속 남을 것으로 보인다.

최고점 호가가 8억 원대로 아직은 회복력이 남아 있다고 보여진다. 50층이나 되기 때문에 층수에 따라서 가격이 차이가 많이 나며 25~35층이 가장 선호도가 높다고 한다. 35층이 넘어가면 체감상 너무 높아서 조망에 대한 선호도가 약간 떨어지는 현상이 있는데 개인의 취향과도 관련이 있겠다. 종합적으로 보면 이러한 대장주들의 가격들이 이천시 분양가의 상방 효과를 가져올 것이라고 보인다.

롯데캐슬 두 단지가 있는 단지 주변은 안흥택지개발지구다. 이천중리지구와 마찬가지로 구도심에 신규 택지개발지구를 계획하여 신축 아파트를 공급하는 방식으로 주상복합단지와 오피스텔 공급이 예정되어 있다. 좋은 단지들이 많으니 분양가가 저렴하게 나온다면 관심 가져볼 만하다고 생각한다.

● 이천롯데캐슬골드스카이 시세

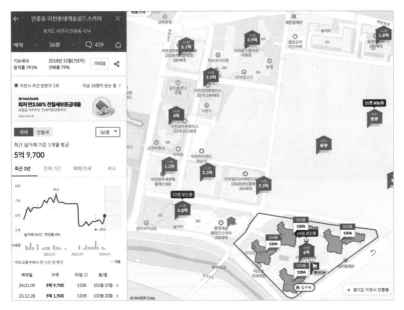

근처에 이천서희스타힐스스카이(936세대)가 올해 2월 말에 36평형(전용 84제곱미터)가 6억 원 초중반에 분양을 했고, 이천금호어울림(994세대)도 분양예정인데 가격은 대략 5억 원 초반대로 예상된다고 한다. 좋은 입지에 좋은 단지들이 공급되면 이 지역의 주거환경은 더욱 개선될 것으로 기대된다.

개인적으로 굳이 두 지역을 비교해본다면 안흥지구보다는 중리지구의 단지들이 조금은 더 좋아 보인다. 안흥지구는 아파트 단지와 오피스텔 등이 공급되어 택지를 형성하는 반면에, 중리지구는 교통망 호재가 인접해 있어서 선호도와 개발 가능성 면에서 향후 시세가 더 오를 가능성이 높다고 생각한다. 분양가가 동일하다는 가정 하에 말이다.

● 인근 일성 아파트에서 바라본 롯데캐슬페라즈스카이 단지

　실수요자 입장에서도 비슷한 가격이라면 교통이 편리하고 인프라가 더 개선되는 택지를 선택할 것이라고 생각한다. 같은 조건의 비슷한 분양 매물이라면 안흥동보다는 중리동의 분양시장을 관심 있게 지켜보기를 추천한다.

안흥동 이천안흥주공

　그럼 이쯤에서 주목해야 할 구축 단지가 하나 있는데 바로 안흥동의 이천안흥주공 아파트다. 이곳은 1997년에 준공된 구축 아파트로 15층, 17개 동, 1,200세대의 대단지로 구성되었다. 서민주거 안정을 위해서 공급된 LH아파트인데 기존에는 나홀로 아파트로 입지가 그다지 좋지 못했었다. 재건축이나 재개발을 통해 신축을 바라볼 단지는 아니

고, 갭투자로 시작해서 시세차익을 보려고 접근해볼 만한 단지라고 생각한다.

입지와 주변 환경

이 단지의 최대 장점은 인근이 안흥지구로 지정되어 전체적으로 개발되며 대규모 신축 단지로 바뀐다는 것이다. 주변에 신축이 많이 들어오면 상대적으로 소외되어 있던 안흥주공 아파트도 시너지 효과를 볼 수 있는 최적의 입지를 가질 수 있다.

실제로 임장을 가보면 안흥주공은 나홀로 아파트 같은 입지다. 얼핏 봐서는 그다지 투자할 만한 가치를 느끼지 못하는 입지를 가지고 있다고 생각하게 되는데, 조금만 크게 바라보면 인근 신축단지들이 개발되면서 가져오는 인프라 개선 효과를 톡톡히 볼 수 있는 입지라는 것을 알 수 있다.

투자를 위한 접근 전략

이 단지는 현재 매매가와 전세가 갭이 거의 붙어 있어서 소액으로 접근하기에 좋다. 매매가는 최저 1억 9,000만 원선이고, 전세가는 최대 2억까지(수리 여부에 따라서) 받을 수도 있는 시세를 형성하고 있다. 물건에 따라서 무피 투자가 가능한 물건이 나올 수 있는 요건이라고 보면 되겠다.

매매가를 보면 23평형 기준 전고점이 3억 원 정도까지 올랐는데 현재 2억 원대에 머물러 있어서 아직 전고점 대비 상승 여력도 충분하다고 보인다. 인근의 다른 단지들은 전고점 대비 80퍼센트까지 회복을 했는데 아직 이 단지는 회복이 조금 늦은 감이 있긴 하다. 그러나 투자는 타이밍이고 시세는 순차적으로 오르게 되어 있다. 충분한 상승 가치가 있으니 관심 가져볼 만하다고 생각한다. 또 하나 긍정적인 요인이 있는데, 아파트 인근에 또 다른 택지개발지구가 예정돼 있다. 아직 구체적으로 사업 계획이 나오지는 않았지만, 전반적으로 주거입지가 개선될 곳이고 가격적으로 매력이 있으니 투자할 가치가 있을 것이다.

물론 이 단지도 단점이 있다. 재건축을 바라보긴 어렵고, 30년 가까이 되는 구축 복도식 아파트이다 보니 상승 여력에는 한계가 있을 수밖

● 이천안흥주공 아파트 시세

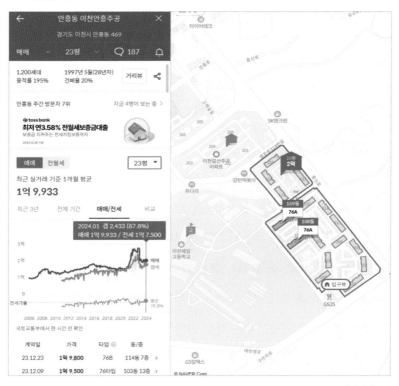

출처: 호갱노노

에 없다. 어느 정도 전고점이 다다르게 되면 매도하는 전략으로 가는 것이 바람직해 보인다. 그래서 반드시 소액으로 접근하길 권한다. 전세가가 밀리거나 갭이 커져서 5,000만 원 이상을 투입한다면 예상 수익률도 떨어지고, 버티기 전략도 그다지 효과적이지 못한 상황이 발생할 가능성이 크다. 장기적으로 볼 때 좋은 단지임에는 틀림이 없지만, 무조건 투자금을 적게 넣고 넣은 만큼 이익 본다는 생각으로 접근했으면 한다.

이천시는 2025년이 되면 입주 물량이 거의 전무하다. 2026년에야 택지개발지구의 물량이 점차적으로 늘어나므로 이럴 때는 구축 아파트를 가지고 있는 투자자들은 좀 주의할 필요가 있겠다. 전세가가 하락할 수 있기 때문에 이 기간을 잘 버틸 수 있도록 전세 세팅에 주의해야 한다.

여기서 하나 말하자면 이렇게 주거환경이 개선되는 지역 바로 인근에 구축 아파트가 있는데 가치 대비 가격이 그대로 유지되고 있다면 한 번씩 관심 가져보는 것이 좋은 투자처를 찾는 출발점이 된다.

갈산동 보은

다음으로 관심 가져볼 단지는 갈산동의 보은 아파트다. 소규모 재건축으로 진행하는 아파트로 관리처분을 받아서 곧 분양을 준비하고 있다.

이 아파트는 1984년 준공된 2개 동, 최고 5층, 95세대로 구성된 단지로 소규모 재건축을 진행하고 있다. 관리처분인가를 받았고 분양을 준비하는 단계다. 총 221세대로 전용 44타입, 51타입, 59타입, 74타입으로 구성되어 있고 일반분양은 전용 44타입만 나온다. 2022년 8월 사업시행인가를 받는데 지하 3층, 지상 20층 3개 동으로 최고 높이 57미터로 공급된다. 시행사는 극동건설로 이천극동스타클래스라는 브랜드가 예정되어 있다.

조금 아쉬운 점이 있다면 전용 84타입이 없고 그나마 큰 평수는 조합원 물량으로 모두 배정됐다는 것이다. 일반분양자 입장에서는 조금 아쉬운 단지일 것이다. 구도심의 신축이라서 선호도가 있고 기존 인프라를 활용할 수 있는 좋은 입지의 신축이 될 것인데, 소규모 재건축 단지의 특성상 221세대 중 161세대가 조합원 물량이라고 한다.

● 보은 아파트 위치

출처: 카카오맵

입지와 주변 환경

실제 임장을 가보면 철거 전 보은 아파트를 볼 수 있다. 외관 상태만 봐도 사람이 거주할 수 없을 정도로 노후화 되어 있는 것을 알 수 있다. 도

● 현장 전경

시재생사업을 안 하려야 안 할 수 없겠다고 느끼는 지점이다.

하지만 이곳의 입지만큼은 최상이라고 할 수 있다. 이천온천공원이 바로 옆에 있고 인근에 약 4,000세대 달하는 아파트 단지가 밀집되어 있어서 갈산동 인근의 주거 인프라를 같이 누릴 수 있는 장점이 있다. 주거환경이 양호하고 대형근린공원이 바로 앞에 있어 숲세권의 장점을 누릴 수 있는 단지인 것이다.

비록 소규모 재건축이라서 단지가 작기는 하지만 기존 구도심에 신축을 원하는 수요층의 니즈를 충분히 충족시킬 만한 입지와 상품성을 가지고 있다고 생각한다.

투자를 위한 접근 전략

소규모 재건축 단지이기에 전세가는 의미가 없고, 매매가격을 보면 약 9,000만 원에 형성되어 있다. 이주비를 인수받는 조건이라면 조합원 매물에 소액으로 충분히 접근이 가능할 듯하다. 사업비의 규모가 작아서 주택도시보증공사의 보증이 시간이 걸리고 있기는 하나, 이주비가 실행되면 약 5,000만 원 정도 나올 테고 9,000만 원으로 매수할 수 있다면 실투금액은 4,000만 원 정도라 소액으로 이천의 차기 신축을 매수할 수 있는 이점이 생긴다.

보증에 대한 리스크가 존재하기는 하지만, 리스크 없는 부동산 투자

234

는 없는 법이기 때문에 감당 가능한 범위의 가격이라고 생각된다면 한 번쯤 관심 가져볼 만하다고 본다. 주변 입지 대비 가격은 분명 저렴한 편이다. 또 하나의 긍정적인 요인은 입주가 예상되는 2027년에는 이천에 입주 물량이 없다는 것이다. 그래서 안정적인 입주장도 예상해볼 수 있겠다.

● 보은 아파트 시세

출처: 호갱노노

창전동 청자

이번에는 창전동의 청자 아파트를 살펴보자. 이곳은 1986년 준공, 3개 동, 최고 5층, 100세대로 구성된 39년 차 작은 아파트 단지다. 소규모 재건축을 추진 중인 단지로 현재 조합설립인가를 득하고 사업시행인가 구간을 지나고 있다. 현재 156세대를 목표로 사업을 진행하고 있으며 시행은 대보건설이 수주하였다고 한다.

● 청자 아파트 위치

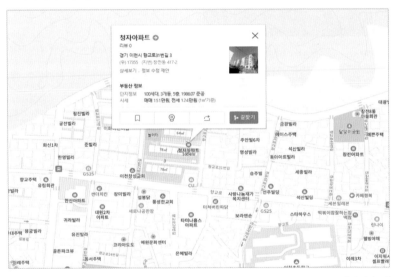

출처: 카카오맵

입지와 주변 환경

실제 임장을 가보면 이천시에서도 약간 외곽이라고 볼 입지에 있다. 인근에 아파트 단지보다는 단독 빌라가 많고 도로가 접근하기 쉽지 않아 보였다. 한마디로 주거입지가 그다지 좋지는 않은 편이다. 재건축이 완료되면 구도심의 신축이 될 것이긴 하지만 인근 아파트 단지와 연계가 되지 못하는 입지라서 가격 상승에는 한계가 있을 것으로 보인다.

그리고 이곳 창전동이 망현산 앞에 위치한 마을이다 보니 아파트 단차가 높다. 평지가 아니다 보니 도로도 비좁고 직선형으로 나와 있지 않다. 주차도 힘들어 보이고 인근 작은 재래시장이 있으나 접근성이 좀 떨어지는 편이었다.

단지 뒤편에 망현산이 가까운 것은 장점이지만 개발이 되지 않는 야산이라서 근린공원 역할을 하기엔 약간 부족하다. 다만 근처 부악지구에 이천자이더파크(706세대, 2024년 9월 입주 예정)가 들어서면서 인근 야산을 공원으로 조성하는 공사를 진행하고 있어 머지않아 청자 아파트도 공원의 녹지를 같이 공유할 수 있을 것으로 보고 있다. 아파트 단지와 좀 떨어져 있지만 충분히 도보로 접근이 가능해서 호재 중의 하나라고 보인다.

● 현장 전경

투자를 위한 접근 전략

청자 아파트의 경우 아직 재건축이 본격적으로 진행된 것이 아니라서 전세가율이 높은 편이다. 소액으로 접근이 가능하다는 말이다. 현재 매매가격 대비 전세가율이 80퍼센트까지 형성되어 있어서 수리 여부에 따라서는 무피 투자도 가능할 것이다.

비록 이천 구도심의 외곽에 있기는 하지만 소액투자가 가능하고 전세가율이 높으며 이천자이더파크의 공원에 인접한 장점이 있어서 신축으로 개발되면 투자 가치가 있는 아파트로 성장할 것이다.

주의사항으로는 사업이 지지부진한 경향이 있어서 장기투자로 봐야할 필요가 있다. 시세가 안 좋으면 이런 외곽 지역의 소규모 재건축 단지

● 청자 아파트 시세

출처: 호갱노노

는 사업 진행이 잘 안 되는 특징이 있다는 것을 유의하자. 소액으로 매수해서 오래 가져간다는 전략으로 접근하는 것이 좋겠다. 큰돈이 들어가게 되면 작은 바람만 불어도 헐값에 매도하게 되는 안타까운 일이 생길 수 있으니 말이다.

관고동 설봉

이천시 소액투자처 중 마지막으로 둘러볼 곳은 관고동 재개발 구역이다. 관고동 266번지 일원을 개발하는데 기존 284세대를 지하 3층, 지상 25층, 총 636세대로 개발하려고 한다. 시공사는 DL이앤씨로 'e편한세상' 브랜드를 달게 됐다. 현재 관리처분인가를 완료하고 분양을 준비하고 있다.

● 설봉 아파트 위치

출처: 카카오맵

입지와 주변 환경

우리가 먼저 살펴볼 곳은 이 구역 중 가장 많은 지분을 가지고 있는 설봉 아파트다. 1986년 준공된 5층, 4개 동, 145세대로 구성된 단지다. 인근 빌라 부지와 같이 재개발 사업을 추진하고 있다. 세대당 대지지분으로 치면 20평이 넘어가서 사업성도 양호한 편이다.

이 구역이 500세대 넘는 대단지로 진행되는 것을 감안하면 인근 빌라보다는 설봉 아파트 같은 맨션을 매수하는 것이 감정평가를 받을 때 더 유리하다. 이곳은 특히나 재건축 대비 여러 가지 이점이 많다. 이천시에서 가장 큰 재개발 사업지로 조합원분양가는 4억 2,000만 원으로 공급되어서 향후 투자 가치도 있을 듯하다. 일반분양가는 5억 원대로 예상된다고 한다. 구도심에 신축이고 교통이 편리한 장점을 가지고 있어서 선호도 높은 단지로 성장하리라 본다.

● 관고동 재개발 사업 정비계획 결정안

출처: 이천시

실제 임장을 가면 왜 설봉 아파트가 재개발돼야 하는지 바로 알 수 있다. 외관은 완전히 무너져 내릴 것 같고 사람이 살 수 없을 정도로 노후화 됐다. 일부러 외관 보수공사를 하지 않은 작전이 유효했다고 본다.

또한 큰 대로변 바로 앞에 입주해 있어서 교통이 편리하고 이천시에서 추진하는 도시재생사업지 중에서 가장 단지 규모가 커서 선호도가 높을 것으로 예상된다. 일반분양 시에도 관심 가져볼 만한 단지다.

투자를 위한 접근 전략

설봉 아파트는 거래량이 많지는 않지만 현 시세가 17평형 기준 매매가 2억 원대에 형성되어 있다. 감정평가 대비 약 5,000만 원 정도 프리미엄이 붙어 있다고 보면 되겠다. 아직은 수익성이 높은 단지라고 판단된다. 이천 같은 경우에는 워낙 땅이 많고 택지가 조성되기 쉬운 지역이라서 재개발 같은 도시재생사업은 안 될 것이라 미리 짐작하는 경우가 많은데 실제로는 이렇게 사업이 진행되어 좋은 수익으로 돌아오는 경우도 있다는 것을 알고 있어야 할 것이다.

입지와 세대 수가 투자처로서 좋으며 이후 준공되면 인근 주거환경과도 잘 어울리는 단지로 성장할 것이라고 믿어 의심치 않는다.

● 설봉 아파트 시세

관고동 산호 1차

마지막으로 추천하는 단지는 설봉 아파트와 바로 인접한 산호 아파트다. 구축 복도식 아파트로 선호도는 그다지 높지 않은 임대형 단지다. 설봉 아파트와 비슷하게 1991년 준공된 3개 동, 12층, 236세대로 구성되어 있다. 실거주로는 그다지 선호되지 않지만 전세가는 높은 편이다. 다시 말해 전월세는 아주 잘 회전된다는 뜻이다.

입지와 주변 환경

산호 아파트의 최대 장점은 설봉 아파트, 즉 관고동 재개발 구역과 바로 붙어 있다는 것이다. 세대당 대지지분이 10평도 안 돼서 재건축은 불

● 산호 1차 아파트 위치

출처: 카카오맵

가능하지만 관고동 재개발 사업이 잘 진행되면 인프라 확장의 효과를 간접적으로나마 받을 수 있다. 직접적인 호재는 아니지만 설봉 아파트 덕분에 기존 주거입지가 개선되는 효과를 보는 것이다.

● 현장 전경

투자를 위한 접근 전략

복도식 소형 아파트라서 그다지 가격이 높지 않고 전세가도 매매가와

● 산호 1차 아파트 시세

출처: 호갱노노

거의 붙어 있는 것도 장점이다. 결론적으로 산호 아파트는 소액투자로 적정하며 따라가는 투자로 접근하기 좋은 상품으로 생각하면 된다. 재건축은 대지지분이 높지 않아서 힘들지만 입지가 변화함에 따라서 가치가 상승할 수 있는 단지로 보면 좋을 듯하다.

가격을 보면 24평형 기준 1억 5,000만 원 정도에 시세가 형성되어 있는데 층수별로 저렴한 물건이 자주 나오는 편이니 지켜보다가 저렴한 급매물을 잡아서 전세로 세팅하면 소액으로도 충분히 투자가 가능할 듯하다. 전세가는 1억 3,000만 원선인데, 2025년에는 이천에 입주 물량이 거의 없어서 전세가는 떨어지지 않고 버틸 가능성이 높다. 전세가격이 받쳐주고 물량이 줄어드는 시기를 잘 겨냥해서 진입한다면 좋은 투자처가 될 수 있다고 생각한다.

자주 언급하지만 나는 이렇게 큰 단지 옆에서 따라가는 단지를 좋아한다. 소액으로 접근이 가능하고 시간이 지나면서 가치가 점점 높아지기 때문이다.

이천시 구도심을 돌아보며

이천은 수도권에서는 외곽으로 평가받는 지역이다. 그러나 여러 가지 큰 호재들이 대기하고 있고, 택지개발지구가 개발 중이며 도심에는 재개발·재건축 사업지가 소액으로 접근이 가능하다. 너무 외곽이라고 무시하거나 편견을 가지지 말고 하나하나 찾아보면 적은 돈으로 나쁘지 않은 투자를 이어갈 수 있다고 생각한다.

소액투자는 누가 길을 만들어주는 것이 아니다. 직접 발품 팔아 찾아다니며 분석하고 노력해서 발견해내는 것이다. 예전엔 없었지만 시간이 지날수록 소액투자 물건이 나타나기도 하니 평소에 임장을 자주 다니고 부동산 중개사님과 유대 관계를 잘 만들어 놓는다면 행운은 분명히 당신에게 찾아올 것이다. 내가 그랬던 것처럼 말이다.

제6장

GTX의 파급력이 기대되는 파주시

'서울 1시간 생활권'으로 만드는 파주시의 강력한 개발 호재들

파주시 하면 어떤 이미지가 떠오르는가? 나는 가장 먼저 '북한이 보이는 곳', 그다음으로 '교통이 불편하다'는 생각이 떠오른다. 다음 지도에서와 같이 파주시는 경기도 북서부에 위치하고 북한과 가까운 지역이다. 그 이미지가 가장 크다고 생각한다. 서울에서 멀다는 것과는 조금 다른 느낌이다.

파주시는 한강을 경계로 남서쪽으로는 김포시, 동쪽으로 양주시, 남쪽으로 고양시와 접하고 있다. 면적은 서울특별시보다 크고 경기도에서 여섯 번째, 전국에서는 60번째로 크다. 2010년대부터 운정신도시가 개

● 파주시의 행정구역

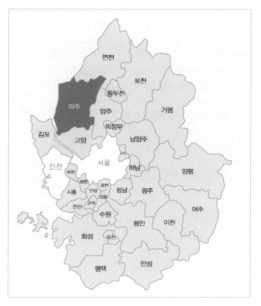

출처: 파주시

발되면서 인구가 점점 늘어났다.

또한 파주출판도시, 판문점, 임진각 국민관광지, 경의선, 1번 국도, 헤이리 예술마을, 프로방스 마을, 오두산 통일전망대 등 관광 포인트로도 볼거리가 많은 지역이다. 과거엔 농촌 아니면 최전방 군사도시라는 이미지가 컸지만, 2000년대 이후 헤이리 예술마을과 LG디스플레이 공장이 들어서면서 긍정적인 이미지도 생겼다.

수도권임에도 최전방 지역이라는 특징 탓에 도시 면적의 대부분이 군사보호구역으로 묶여 개발이 정체된 곳이었으나, 2000년대 이후 산업단지와 신도시가 세워지면서 급성장했다. 다만, 현재도 군사보호구역으로 묶인 곳이 많아 주민들의 재산권 행사에 제한이 많아서 이에 대한 불만이 많다.

　주요 생활권이 다소 분리되어 있긴 하지만 경의·중앙선 선로를 따라 위치해 있기에 시흥시나 남양주시처럼 아주 파편화된 정도는 아니다. 현재는 운정신도시 개발로 운정과 교하 등 옛 교하면 일대가 크게 성장하여 파주의 새로운 중심지로 부상하여 주거입지를 이루고 있다. 2023년 기준 운정 일대 인구가 26만 명에 달해 파주 인구의 절반을 넘을 정도다. 그에 따라 2020년대 들어 파주의 3대 중심지는 대규모 신도시가 자리 잡은 운정, 시청이 위치한 행정 중심지이자 주택 단지가 밀집된 금촌 그리고 인근 군부대 수요와 경의선과 평택파주고속도로(서울~문산)가 있는 문산이라고 할 수 있다.

　이번에 우리가 관심 가지고 분석해야 할 지역은 금촌이다. 구도심이 성장하면서 낙후되어 있다가 교통 여건이 개선되고 도시재생사업이 활발히 이루어지고 있는 지역이기 때문이다.

　운정, 금촌, 문산 세 지역 모두 경의·중앙선 라인에 위치해 있는 점과 운정신도시가 아직도 개발 중이라는 것을 감안하면 경의선 축으로의 도시 중심이 이동하는 현상은 더욱 강해질 것으로 보인다. 그래서인지 3호선 연장에 대한 기대감이 큰 것이 사실이다. 어쩌면 GTX-A 노선보다 실생활에서는 3호선 연장노선이 더 파급력이 클 수도 있을 것이다.

　이처럼 신도시 개발로 인구가 유입되고 있는 가운데 기존 중심 생활권인 금촌과 문산, 그리고 파주읍, 법원읍 등 기타 읍면 지역의 공동화 현상을 방지하기 위해 도시재생지원센터, 도시재생대학, 재개발, 도시재생 뉴딜사업 등 지역균형발전이라는 국가시책을 지자체에서 적극 추진 중이다.

파주시의 개발 호재 1. GTX-A라는 교통 혁신

도시 외곽이나 지방에서 최고의 호재는 뭐니 뭐니 해도 교통망 개선 호재다. 특히 핵심지역과 연결되는 철도망은 그 영향력이 상당하다. 책에서 여러 번 언급되겠지만 GTX의 파급력은 정말 상상을 초월할 정도다. 외곽으로 치부되던 지역에서 서울 삼성역까지 30분이면 도착할 수 있으니 출퇴근도 가능한 것은 물론, 주거환경 개선도 더불어 같이 진행될 것이다.

● 운정~동탄 GTX-A 노선도

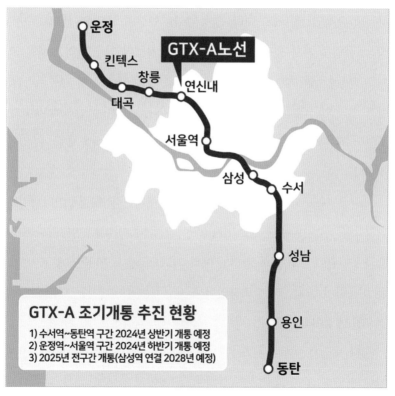

출처: 국토교통부

● **GTX-A의 개통 시기와 구간별 소요 시간**

구간	개통 시기(예정)
수서~동탄	2024년 상반기
파주~서울역	2024년 하반기
전 구간	2028년

구간	소요 시간
동탄역~수서역	약 19분
운정역~서울역	약 20분
삼성역~동탄역	약 19분
운정역~동탄역	약 43분

출처: 보도자료와 관련 기사 참조

GTX-A 노선은 파주 운정신도시 운정역에서 경기도 화성 동탄신도시 동탄역을 연결하는 급행철도 노선이다. 이 노선은 총 11개 역에 정차하는데 운정역, 킨텍스, 대곡, 창릉(추가), 연신내, 서울역, 삼성, 수서, 성남, 용인을 거쳐 동탄까지 이어진다. 이 역들의 인근 지역에 좋은 호재로 작용할 것이다. 2024년 상반기에 수서~동탄 노선이 개통되면 동탄과 수원 인근의 가치도 크게 높아질 것이다. 더하여 하반기에 파주 운정역이 개통되면 운정신도시의 지가도 다시 한 번 탄력을 받을 수 있을 것이다.

요금은 편도 약 4,000원으로 책정될 것이라는데 10킬로미터까지는 기본요금 1,250원에 추가로 1,600원이 적용되고, 5킬로미터마다 추가요금 250원이 부과될 예정이다. 예상 최고요금은 6,700원으로 K-패스를 이용하여 출퇴근하는 직장인이나 저소득층에 대해서는 요금 할인이 적용될 예정이라고 한다.

일단 요금은 크게 문제가 되지 않을 것 같다는 의견들이 많다. 기존에 광역버스를 타고 출퇴근을 했다면 운정에서 서울역까지 교통비로 3,800원을 지불했는데 이보다 약간 높은 4,000원에 강남까지 통근할 수 있다면 타지 않을 이유가 없을 것이다.

알려진 바로는 GTX-A 노선의 첫차는 오전 5시 30분, 막차는 자정 41분에 운행될 예정이며 배차 간격은 평균 15~17분 정도라고 한다. 그러나 SRT와 선로를 공유하는 문제로 인해 배차 간격이 늘어날 수도 있다고 하니 실제 개통시기에 모니터링 해봐야 정확할 것이다.

GTX-A 노선에는 열차가 총 20대 편성되어 운행되며 이 열차들은 최고속도가 시속 180킬로미터에 달해 기존 지하철보다 훨씬 빠르다. 또한 실내 좌석 폭도 일반 전동차보다 30센티미터 넓게 제작되어 편안한 이용이 가능하고 대량 운송에 적합한 노선이 될 것이다.

하지만 반대급부로 광역버스의 수요는 줄어들 수 있어서 노선의 조정은 중장기적으로 시행될 가능성이 높다. KTX가 개통된 지방일수록 시외버스터미널이 폐쇄되거나 통폐합되는 것과 같은 맥락이다. 광역철도망이 확장되면 그에 따르는 후속 교통망들은 수요가 줄어들 수밖에 없는 것이다.

이처럼 GTX-A가 개통되면 파주나 일산의 교통망은 획기적으로 개선될 것이 분명하다. 강남의 비싼 집값에 부담스러워하는 수요층이 출퇴근 시간의 단축을 강점으로 서울보다 집값이 저렴하게 유지되는 파주나 일산으로 이주를 고려할 수 있고, 이는 수요의 증가를 불러와 주거 가치의 개선으로 이어질 것으로 생각된다. 여러 모로 GTX는 혁신임에 틀림없다. 특히 서울 외곽 지역에는 그 효과가 직접적으로 드러날 것이다.

파주시의 개발 호재 2. 지하철 3호선 파주 연장

서울 지하철 3호선의 파주, 특히 운정신도시로의 연장은 지역 주민들

● 수도권 서북부 광역교통개선 구상안

출처: 고양시

에게 중요한 이슈다. 어쩌면 GTX보다 더 간절하게 바라는 노선이 3호선이라고 볼 수도 있다. 따라서 운정신도시 주민들은 이 연장 사업을 지역 교통 문제 해결을 위한 최우선 과제로 계속 강조해왔다. 이러한 요구는 여러 해 동안 지속되었는데 그만큼 교통 인프라 개선에 대한 지역사회의 지속적인 관심을 반영하고 있는 것이다.

파주·운정 주민들은 주로 경의중앙선을 이용해 출퇴근을 하는데 GTX 라인이 개발되면서 입지 선호도가 운정신도시 방향으로 쏠리게 될 것으로 보인다. 하지만 실제 생활을 하는 정주 수요층 입장에서는 일산과 고양으로 쇼핑이나 학군을 찾아서 이동하는 수요가 훨씬 많다. 이는 다시 말해 경의중앙선만으로 충족되지 않은 생활권 확장에 대한 니즈가 많다는 뜻이다. 물론 3호선이 연장되면 서울역과 광화문으로 출퇴근하는 수요층의 확대도 불러올 수 있을 것이다. 꼭 한두 가지 니즈만 해소되는 건 아닌 것이다.

3호선 연장 계획은 지역 교통 연결성 강화를 위한 노력의 일환으로 진행되었다. 이 프로젝트는 파주시 및 주변 지역 주민들의 출퇴근 및 일반 이동성을 크게 향상시킬 것으로 기대되며 서울 및 기타 주요 지역과의 연결성을 더욱 효율적으로 만들 것이기 때문이다. 그러나 이 연장 프로젝트의 정확한 시기와 완공 단계에 대한 구체적인 세부 사항은 아직 미정이다. 지금으로선 아주 멀리 있는 호재라는 뜻이다.

이러한 대규모 인프라 프로젝트는 일반적으로 여러 단계의 계획, 승인 및 건설을 거치며 실제 추진되는 시기는 그에 따라 조정된다는 것을 유의하자. 투자 관점으로 볼 때도 문산·운정·금촌 지역의 큰 호재임에는 틀림이 없지만, 당장 실현 가능한 호재는 아니므로 막연히 이 호재만 바라고 투자하기에는 무리가 있음을 알고 있어야 하겠다.

파주시의 개발 호재 3. 금촌조리선 연장

세 번째 호재로 지하철 3호선 금촌조리선 연장안이 있다. 금촌조리선은 파주 금촌역에서 지축차량기지가 있는 삼송역까지 연결하는 광역철도 노선으로 파주시와 고양시를 연결하는 중요한 교통 프로젝트다. 이 사업의 핵심은 지하철 3호선을 삼송역에서부터 금촌역(경의중앙선)까지 연장하는 것이다. 약 16킬로미터 길이 노선에 6개의 정거장이 포함될 예정으로 총 사업비는 약 1조 9,200억 원으로 추산되며 사업 기간은 2017년부터 2027년까지로 계획되어 있다. 선형은 공릉천과 통일로를

● 금촌조리선 노선

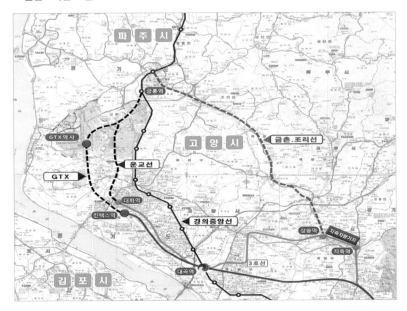

출처: 국토교통부

거의 그대로 따라가서 '통일로선'이라고도 부른다. 파주 중 일산 생활권에 가까운 운정신도시와 비교했을 때 상대적으로 낙후된 파주 동부 구도심의 균형발전과 서울 도심 진입을 보다 더 원활하게 만들기 위해서다. 통일을 대비하자는 목적 또한 있다고 한다.

금촌조리선은 파주시와 고양시의 주민들에게 중요한 교통 인프라로 특히, 금촌 지역의 부동산 가치 상승 및 주거환경 개선에 크게 기여할 것으로 기대하고 있다. 당연히 지역 교통망이 개선되면 지역 내 교육 및 문화 인프라의 발전에도 기여할 것이기에 금촌조리선의 개발은 파주시 전체의 균형 있는 발전을 이끌어낼 중요한 동력이 될 것으로 예상된다.

파주시의 개발 호재 4. 메디컬클러스터 개발

파주의 마지막 호재는 파주 메디컬클러스터(PMC) 개발 사업이다. 이 프로젝트는 파주시 서패동 일원에 약 45만 제곱킬로미터 규모로 조성되며 총 사업비는 약 1조 5,000억 원으로 추산한다. 2024년까지 클러스터의 부지 조성(택지 작업)을 완료하는 것으로 사업을 추진하고 있다.

이곳 메디컬클러스터에는 대학병원급 종합병원, 혁신의료연구단지, 바이오융·복합단지 등이 들어설 예정이다. 특히 아주대학교병원 및 국립암센터와의 협력을 통해 의료 인프라를 확충하고 이를 통해 파주시를 자족도시로 발전시키는 것이 목적이다.

이 사업은 미군 주둔으로 인해 낙후된 지역의 발전을 촉진하기 위한 '미군공여구역법'에 따라 시행되는 것으로 파주시민들의 오랜 염원인 의료 인프라 확충을 위해 개발 이익의 공공환원을 전제로 계획되었다고 한다. 더하여 파주시뿐만 아니라 경기 북부 전체에 큰 영향을 미칠 것으로 예상되는 만큼 큰 호재임에 틀림이 없다. 인근 지역의 의료 인프라의 확충과 함께 의료 및 바이오 분야의 중요한 연구 및 개발 허브로 자리 잡을 가능성을 높이는, 파주를 한 단계 업그레이드 시켜줄 대형 사업이다.

하지만 2023년 현재로선 부동산 시장의 불경기와 PF대출 문제 등의 여파로 사업이 지지부진하게 진행되고 있다. 시공에 참여를 검토하던 포스코이앤씨는 사업을 포기하기로 결정했고 이로 인해서 예정된 토지 보상도 잠정 중단된 상태다. 한창 이슈가 되었던 '대장동 개발사업 논란'으로 인해 도시개발법이 개정되면서 공공개발사업 방식이 강화되고 중앙투자심사위원회의 심의도 승인 절차가 어렵게 바뀌었다고 한다. 행정 절차야 시간이 지나면 해결될 수 있는 사항이지만, 근본적으로 부동

● 파주 메디컬클러스터 사업지 위치

출처: 파주시

● 파주 메디컬클러스터 조성사업 토지이용계획도

출처: 파주시

산 시장이 침체되면서 수익성이 관건이 되었고 사업 주체들이 사업을 진행하기 어려운 상황으로 판단하여 주저하는 것이 사업 정체의 가장 큰 요인이다. 아마도 금리가 본격적으로 인하가 될 것이라고 예상되는 2026년쯤에야 다시 본격적인 사업이 진행되지 않을까 조심스럽게 예상해본다.

그럼에도 메디컬클러스터 사업은 파주시에 큰 호재임에 틀림이 없다. 큰 사업이다 보니 사업 속도가 빠르게 진행되지는 않고 있지만, 투자의 연속성 면에서 국토부와 경기도가 승인한 계획인 만큼 분명히 진행될 호재이기에 관심을 가지고 지켜봐야 할 사항으로 생각한다.

파주의 핵심 입지, 운정신도시

이제 파주의 운정신도시를 돌아보자. 파주시의 메인은 크게 운정신도시와 구도심인 금촌으로 볼 수 있다. 구도심으로 문산의 재개발 지역이 있기는 하지만 이번 장에서는 금촌까지만 설명하기로 하겠다.

파주의 호재가 집중된 운정신도시

운정신도시는 파주시의 주요 신도시로 16.47제곱킬로미터의 넓은 면적에 25만 명 이상의 인구가 사는 수도권 서북부의 대표적인 신도시다. 서울과의 물리적 거리와 전철 교통망 부족으로 초기에는 미분양 사례도 있었으나, GTX-A 노선 공사 시작으로 분위기가 크게 변화하면서 많은 주목을 받고 있는 지역이기도 하다.

● 운정신도시와 금촌동 위치

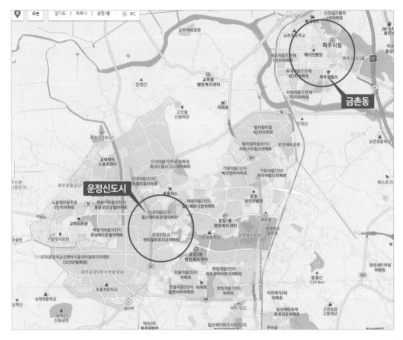

출처: 카카오맵

올해 GTX-A 노선이 개통되면 운정에서 서울역까지 20분 만에 도달할 수 있어서 기대감이 큰데 현재 분양하는 곳들 중 GTX역 인근의 단지가 많게는 수백대 일의 경쟁률을 보인 것도 그러한 기대감이 반영된 것이다.

2024년과 2025년에는 운정신도시에 다수의 주거단지 입주가 예정되어 있어서 입주장 리스크가 좀 있는 편이다. 2024년에는 약 8,314세대, 2025년에는 약 6,942세대가 입주할 예정이다. 이 중 운정3지구에는 다수의 아파트와 오피스텔이 들어설 예정으로 주변 개발도 함께 진행될 것으로 보인다. 운정신도시에서는 '힐스테이트더운정'과 같은 대규모 주상복합단지도 분양 중이며 GTX 개통 호재와 같은 대규모 개발 호재들

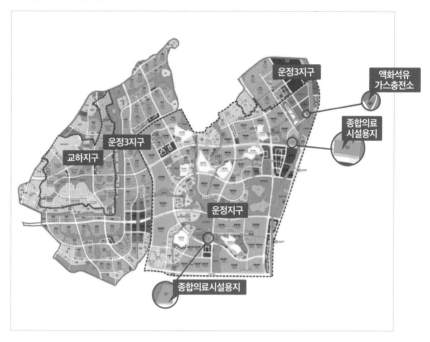

운정3지구

액화석유
가스충전소

운정3지구

교하지구

종합의료
시설용지

운정지구

종합의료시설용지

출처: 파주시

을 바라보면서 개발이 이어지고 있다. 파주 메디컬클러스터도 운정신도시 내에 위치하는데 개발이 완료되면 파주는 경기 북부권의 새로운 산업과 주거 거점으로서의 위상을 갖게 될 것이다.

운정신도시 주변에는 수도권 제2순환고속도로 공사가 진행 중이며 서울─문산고속도로, 자유로, 제2자유로 등의 접근성이 용이해 교통망이 효과적으로 확장될 전망이다. 이러한 교통망 확충과 대규모 개발 호재로 인해 운정신도시는 청약 시장에서 긍정적인 영향을 받아 꾸준히 청약 수요를 자극할 것이다.

운정신도시의 주목할 만한 아파트 단지

관심이 가는 곳은 역시 GTX역 인근의 분양 단지들이다. 이전에는 파주 힐스테이트운정(2018년 준공, 2,998세대), 운정신도시센트럴푸르지오(2018년 준공, 1,956세대), 운정신도시아이파크(2020년 준공, 3,042세대) 같은 대단지가 GTX 개발 호재로 희소성이 있었는데, GTX 운정역 주변에 공급되는 단지들이 많아서 지금은 선호도가 약간 밀리는 경향이 있다.

한편, 운정신도시 내에서도 GTX-A 운정역의 주변 아파트 단지들은 더욱 선호도가 높아질 것으로 예상된다. 따라서 인근 분양단지들도 주목을 해보는 것이 좋을 것 같다.

운정신도시 부동산 시장은 교통 호재의 영향으로 크게 활성화되고 있

● 운정신도시의 주요 아파트 단지들

출처: 카카오맵

다고 해도 과언이 아니다. GTX-A 운정역 인근의 제일풍경채(A46블록)는 GTX-A 운정역 초역세권 아파트 단지 중 하나로 지난 2023년 11월 본청약 당시 33평형이 평균 371.64:1이라는 매우 높은 경쟁률을 기록하기도 하였다.

이러한 상황은 운정신도시의 부동산 가치 상승 및 향후 개발 가능성에 대한 기대감을 반영하는 것으로 특히 젊은 직장인과 실거주를 희망하는 이들에게 매력적인 선택지로 부상하고 있다는 반증이다. 이렇듯 GTX-A 운정역의 개통은 운정신도시의 주거 및 생활환경에 큰 변화를 가져올 것으로 예상된다.

● 운정3제일풍경채 분양가

출처: 호갱노노

실거주자에겐 최고의 기회! 금촌의 빅3 재개발 단지

이제부터는 파주시에서 관심 가져야 할 도시재생사업에 대해서 알아보도록 하자. 운정신도시는 갭투자가 아닌 청약으로 접근해야 하는 시장이기 때문에 소액투자는 어려운 상황이다. 그래서 금촌동을 위주로 파주의 구도심에 대해서 분석해보려고 한다.

파주의 구도심은 재개발이 활발하게 진행되는 곳이다. 금촌동 일대 재개발 구역 중 금촌2동 제2지구는 2024년 상반기에 착공을 앞두고 있다. 이와 더불어 금촌새말지구와 같은 다른 재개발 구역들도 사업을 진행하고 있다. 물론 주요한 사업장은 거의 마무리되어서 실투자금이 큰

● **파주시 구도심의 주요 단지들**

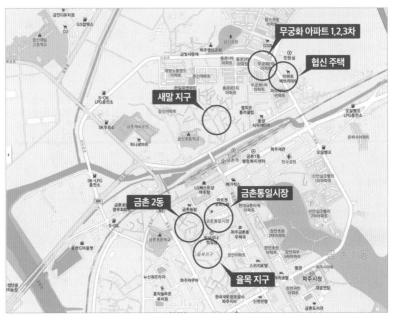

출처: 카카오맵

편이라 실거주가 아닌 투자로는 어려움이 있는 것이 사실이다. 하지만 그 외에 소규모 재개발·재건축을 준비하는 곳도 있으니 투자처로서 금촌은 주목해야 할 곳임에 변함없다.

파주의 정비사업들은 특히 구도심 지역 경제에 긍정적인 영향을 줘서 낙후되고 슬럼화 되는 주거환경을 크게 개선할 것으로 기대된다. 이렇게 도시재생사업은 구도심의 경쟁력을 강화하고 새로운 주거 및 상업 공간을 제공함으로써 지역 사회에 다양한 혜택을 가져다줄 수 있다. 주거환경이 개선되면 구도심의 입지 가치도 오르기에 인근 부동산 가격 상승에도 긍정적인 영향을 줄 것이다.

앞서 말했듯 파주시 금촌 지역은 다양한 재개발 사업이 진행 중인데 주요한 재개발 사업지로 새말지구, 율목지구, 금촌2동 제2지구가 있다. 이 세 곳은 금촌동의 가장 큰 재개발 사업지면서 이후 수요층의 선호도 높은 단지가 될 것으로 예상하고 있다. 이러한 재개발 사업들은 금촌의 주거환경을 개선하고 향후 입주민들에게 다양한 편의성을 제공할 것으로 예상된다. 재개발이 완료되면 주거 편의성이 확대되어 파주시의 새로운 주거·문화의 중심지로 자리 잡을 가능성이 높다.

금촌율목지구

첫 번째로 금촌율목지구를 먼저 살펴보자. 이곳은 금촌전통시장 인근에 위치한 재개발지구로 조합원 190명, 지하 2층, 지상 30층, 총 1,213세대를 공급한다. 8년 임대 후 분양하는 뉴스테이 방식으로 사업을 진행하고 있다. 시공사는 중흥건설로 조합원 분양가는 전용 84타입 기준 약 3억 원으로 저렴한 편이다. 2020년에 관리처분인가를 받고 2022년에 착공을 시작해서 2025년 입주를 목표로 한다.

이곳은 평단가가 약 850만 원으로 저렴해서 프리미엄은 1~2억 원선에서 거래되고 있는데, 감정평가액이 대부분 8,000만 원대여서 소액으로 접근하기 좋은 단지다. 입지적으로 구도심과 가깝고 재래시장이 인접해 있어서 신축이 들어오면 선호도가 좋을 단지로 보인다.

아쉬운 점이라면 조합과 비상대책위원회(이하 비대위) 간에 소송이 붙었는데 조합이 패소해서 행정 절차가 지연되고 있다는 것이다. 193명 조합원 중 비대위 아홉 명이 조합총회 시 규정 미달을 이유로 관리처분계획 무효 소송을 제기했는데, 결국 조합이 대법원으로부터 패소 처분을 받게 되었다.

조합에 따르면 2017년 12월, 사업시행 변경 총회 시 조합원 3분의 2 이상 찬성을 받아야 하나 11명이 부족했다고 한다. 그런데 조합이 이를 인지 못한 상태로 파주시에 신고하여 파주시로부터 인가를 받았고, 이후 조합은 2019년 다시 관리처분계획 총회를 개최, 이때에도 총원 3분의 2에서 단 1표가 부족했으나 이를 인지 못하고 파주시에 신고하여 2020년 3월 파주시의 인가를 받았다는 점이다. 이와 관련해 비대위 아홉 명은 조합 총회 시 규정 미달 건을 이유로 조합과 파주시를 상대로 무효 소송을 제기, 2023년 6월 대법원에서 조합은 패소했고 시청은 승소했다. 조합이 소송에서 패소하자 HUG 측은 다시 관리처분 총회 때까지 승인을 못하겠다는 입장이어서 사업비와 조합원 이주비 60퍼센트 대출의 이자를 내지 못하고 있다.

재개발 사업의 리스크 중에 하나가 강성 비대위의 활동이라 향후 조합에서 현명하게 처신하리라고 생각한다. 입지가 좋고 사업성이 좋으니 조만간 사업을 재개할 거라고 보이고, 실망 매물이 나올 가능성이 있으니 이럴 때 저렴한 매물을 매수하는 것도 투자의 한 방법일 것이다.

입지와 주변 환경

임장을 가보면 금촌시장 골목과 인접해 있어서 도로가 비좁고 주차가 힘든 상권 위주의 입지라는 것을 알 수 있다. 하지만 재개발 사업이 진행되어 도로가 정비되고 단지가 입주해서 수요가 증가해 주변 상권이 더 활성화된다면 더욱 가치 있는 지역으로 성장할 것이다.

재래시장은 정부시책으로 개발보다는 보존이나 현대화 사업을 진행하는 경우가 많다. 금촌전통시장도 현대화 사업이 진행된다면 인프라의 확충이라는 선결 조건이 실행될 것이므로 율목지구에 긍정적 영향을 주고받을 수 있다고 생각한다. 더불어 이 지역이 신축 아파트에 대한 수요

● 현장 전경

와 구도심의 현대화, 재래시장의 상생 과정이 나타나는 지역이 될 것이라고 생각한다. 주거입지뿐 아니라 상권의 발전과 확장도 기대되는 지역이다.

금촌2동 제2지구

다음으로 금촌2동 제2지구 재개발 사업지를 찾아가보자. '금촌2지구'로도 불리며 관리처분인가를 득하고 2022년 착공에 들어간 사업이다. 조합원은 약 190명이고 지하 2층, 지상 29층, 총 1,055세대를 공급한다. 경남기업이 수주하여 공사를 진행하고 있다. 금촌은 파주시에서 좀 거리감이 있다 보니 뉴스테이 방식으로 수익성을 올려 사업을 추진하고 있다. 금촌역과 약 500미터 정도로 가깝고 개발되면 단지 바로 건너편에 금촌초등학교가 있어서 율목지구보다 선호되는 편이라고 한다. 게다가 금촌역 상업지구도 이용이 편리해서 그다지 나쁘지 않은 입지를 가지고 있다.

단점으로는 소형 평형이 대다수로 전용 59타입이 가장 큰 평형이다. 전용 74타입도 있으나 조합원 물량이라서 일반분양으로는 나오지 않는다고 한다.

조합원분양가는 전용 59타입 기준 약 2억 4,000만 원으로 평단가로는 약 920만 원이다. 프리미엄은 1억~2억 원선으로 율목지구와 비슷하게 형성되어 있다. 감정평가 8,000만 원짜리 매물을 매수하게 되면 약 3억 5,000만 원에 59타입 신축 아파트를 매수하게 되는 셈이라 실거주를 원하는 젊은 수요층이라면 한번 노려볼 만하다고 본다.

● 금촌2동 제2지구 위치

출처: 아실

입지와 주변 환경

임장을 가보면 현장이 율목지구와 바로 연결되어 있고 금촌 역세권과
인접해서 입지가 나쁘지 않다는 것을 알 수 있다. 게다가 '초품아'가 될
단지라 그 메리트도 무시할 수 없다. 단지 주변을 걸어보니 평지는 아니
고 언덕이 있어서 도보로는 조금 불편하다는 생각도 들었다. 도로가 좀
비좁고 가파른 편인데 이 또한 제2지구의 특징이라고 봐야 할 듯하다.
단점도 있지만 장점이 더 많은 사업지니 실거주하고 싶은 신혼부부들은
관심 있게 살펴보길 바란다.

금촌새말지구

마지막으로 금촌새말지구를 살펴보자. 금촌동 재개발 사업지에서 가장 사업범위가 크고 인프라가 발전할 곳으로 예상되는 구역이다. 조합원은 약 600명인데 총 2,583세대를 공급하는데 일반분양 물량만 1,800세대로 사업성이 아주 우수한 곳이다. 지하 3층, 지상 28층으로 구성된 단지를 공급하며 롯데건설과 중흥건설이 수주하여 사업을 진행하고 있다.

조합원분양가는 전용 84타입 기준으로 약 3억 4,000만 원선이고 현재 프리미엄은 1억~2억 원선으로 형성되어 있어서 약 5억 원이 안 되는 가격으로 롯데캐슬이나 중흥S클래스 브랜드 아파트를 마련할 수 있는 최적의 조건이라고 생각된다.

입지와 주변 환경

금촌새말지구는 금촌역을 도보로 이용할 만큼 교통 여건이 뛰어난 장점을 가지고 있어서 선호도가 높을 수밖에 없는 곳이다. 또 파주의 아름다운 자연환경을 가까이 접할 수 있어서 매력적인 사업지라고 생각한다.

무엇보다 중요한 것은 일군 브랜드와 인근에서 가장 큰 2,600여 세대

● 금촌새말지구 위치

출처: 아실

● 현장 전경

의 대단지 인프라를 누리게 된다는 점이다. 일반적으로 1,000세대 이상
이면 대단지라고 하는데 2,600여 세대면 단일 사업지로 금촌에서 대장
주의 자리를 이어받아 시세를 리딩하는 단지로 자리 잡을 것이다. 그것
은 곧 프리미엄으로 이어질 것이고 가치의 상승은 중장기적으로 가격의

상승으로 귀결될 것이다. 대장주는 어느 지역에서든지 가격을 결정하는 권리가 있는 듯하다.

현재 이주 및 철거 단계로 이주가 마무리되면 분양을 준비하게 될 것이다. 입지와 교통 여건이 좋은 단지이니 분양 시에도 가격만 저렴하다면 운정신도시보다 더 좋은 가치의 단지를 매수할 수 있는 기회다. 단순히 숫자로만 보면 율목지구나 금촌지구보다 약간 비싼 가격이지만 그만한 값어치를 할 것이기에 꾸준하게 관심을 가져야 할 단지라고 생각한다.

금촌의 숨은 보석, 투자자를 위한 소규모 정비사업 예상 단지

이제부터는 소액으로 접근 가능한 단지를 찾아보려고 한다. 앞에서 설명했듯이 금촌새말지구가 개발되면 인근의 주거 인프라는 비약적으로 개선될 것이다. 이렇게 대형 사업지가 개발되면 해당 사업지뿐만 아니라 주변의 인프라도 같이 개선되는 효과를 보는데 주변의 아파트 단지나 재개발·재건축 단지들도 같이 효과를 볼 수 있다. 그래서 이렇게 대형 사업지 주변에 따라갈 만한 사업지를 알아두고 투자에 반영하는 것도 부동산 소액투자의 한 방향이라는 점을 꼭 기억해두면 좋겠다.

아동동(금촌3동) 협신주택

첫 번째로 협신주택 재건축 단지를 가보자. 보통 '협신연립주택 재건축'으로 알려져 있으며 조합원은 약 60명으로 112세대를 공급할 계획이다. 시공사와 건축 당시에 분쟁이 발생해서 공사가 상당히 오랫동안 중지되었다가 다시 재개하는 곳이다. 꽤 오래 방치되어 있어서 사업진행에 대한 불확실성이 컸는데 분쟁이 조정되고 다시 기대감이 커지고 있다.

● 협신주택 위치

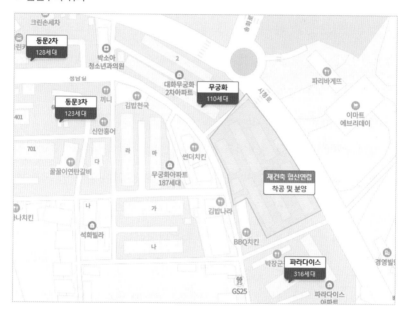

출처: 아실

● 협신연립주택 위치(위성)

출처: 협신연립주택 재건축사업추진위원회

입지와 주변 환경

실제 임장을 가보면 공사가 중지된 상태로 상당히 시간이 흘러서 외관상으로는 그다지 좋지 못한 인상을 받게 된다. 외곽 재건축 사업의 리스크를 느끼기에 충분하다. 수년 동안 방치되어 관리가 안 되고 있어서 주변의 민원도 있고, 주거입지에도 좋지 못한 영향을 미치고 있었다. 조합원의 입장에서 보면 이주까지 끝내고 공사가 중지된 상황이라 매수·매도도 힘든 상황이고 분쟁 소송 등이 언제 끝날지도 모르는 상황이기 때문에 상당 부분 금전적으로 손해를 보면서 버티는 중일 것이다.

다행히 공사가 진행 예정이고 분양도 진행한다고 하니 소형주택이기는 하지만 지켜볼 만한 사업지라고 생각한다. 조합원이 얼마 안 되고 매물도 그다지 나오지 않는 사업지라서 거래가 활발하지는 않다. 소액투자로 접근하기보다는 인근 재건축 흐름을 파악하는 사업지로 보면 좋을 듯하다.

이어서 협신주택 주변을 살펴보려고 한다. 개인적으로 이곳의 5층 이하 저층 아파트(맨션)가 소액투자처로 가치가 있다고 생각된다. 금촌 지역에 재개발이 진행되면서 주변의 인프라가 개선되면 분명히 지가도 따

● 현장 전경

라 오를 것이고 재개발·재건축의 동력을 끌어올려줄 좋은 호재가 될 것이기 때문이다. 대지지분이 양호하고 입지가 좋은 초기 재개발·재건축 단지들을 관심 있게 지켜보길 권한다.

● 금촌 구도심의 저층 아파트 단지들

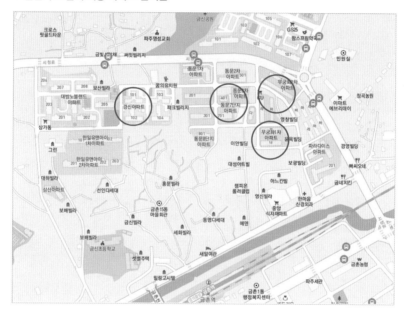

출처: 카카오맵

아동동 무궁화 1차

먼저 무궁화 1차 아파트를 가보자. 이 아파트는 빌라맨션 형식으로 공급된 5층 저층 아파트다. 1990년 준공, 187세대, 5개 동으로 구성된 35년 차 아파트로 인근의 석희빌라와 비슷한 대지지분과 주거입지를 가지고 있다. 가장 큰 장점은 아무래도 금촌새말지구와 바로 인접해 있다는 것이다. 인근 재건축 예상 단지 중에서 가장 대지지분이 양호하고 차기 재건축이 가능한 입지다. 아직 별다른 재건축 추진 움직임은 없는 상황이지만, 초기 재건축의 특성상 소액으로 세팅해 매입해놓고 중장기적으로 바라본다면 분명 좋은 소액투자처가 될 것이라고 생각한다.

● 무궁화 1차 아파트 위치

출처: 카카오맵

입지와 주변 환경

임장을 가보면 일반 빌라맨션들과 혼합되어 공급된 단지라는 것을 알 수 있다. 석희빌라, 부건연립 등 2~5층짜리 빌라맨션들과 같이 아파트가 입주해 있는데 비슷한 입지와 대지지분을 가지고 있는 단지들이라서 통합개발도 예상해볼 수 있겠다.

물론 시간이 많이 걸릴 것이다. 우리 같은 소액투자자들은 투자 가능성을 보고 미래의 시간을 사는 사람들이다. 미래 가치가 있다면 장기적인 관점에서 소액으로 투자해놓고 가치의 변화가 가격으로 나타날 때까지만 기다리면 된다고 생각한다.

현장을 보면 새말지구나 석희빌라나 다 같은 동네로 비슷한 입지를 가지고 있는 지역이다. 단지 개발의 품으로 들어갔느냐, 구역에서 제외되었느냐의 차이일 뿐이다. 새말지구가 완성되고 나면 인근의 재건축에 대한 관심이 커지는 때가 올 것이다. 그때가 매수·매도의 최적의 타이밍이 아닐까 생각된다.

● 현장 전경

투자를 위한 접근 전략

시세를 보면 매매가 1억 원 정도에 형성되어 있다. 전세가도 매매가 대비 90퍼센트까지 받을 수 있어서 소액투자가 가능한 단지다. 물론 수리 여부에 따라서 전세가를 차등적으로 받을 수밖에 없겠지만, 물건을 선별적으로 기다리다 보면 수리가 되어 있는 물건도 나올 테고 저렴한 가격에 매수가 가능하다면 소액이나 무피 투자도 가능하다고 생각한다.

당연히 지금 당장 매수하고 2년 후에 오를 수 있는 단지는 아니다. 시간이 지나면서 가치가 상승하고 그러면 가격도 서서히 오를 것이라고 예상한다. 이런 단지들의 특징은 선두 주자의 단지들이 치고 나가면 점차 따라가는 것이다. 금촌의 새말지구가 완성되고 인프라가 확장되어 시너지 효과가 나타나는 시점이 무궁화 1차 같은 단지들이 오르는 때라고 생각한다.

경험상 지방 재건축 단지 투자 때에도 이렇게 따라가는 단지들을 투자해서 얻은 수익률이 더 좋을 때가 많았다. 장기적으로 나쁘지 않은 단지이니 관심 가져 보면 좋을 듯하다.

물론 인근의 2층 빌라들도 좋다고 생각한다. 꼭 무궁화 1차만 소규모

● 무궁화 1차 아파트 시세

재건축으로 가기보다는 인근 빌라와 단독주택 구역을 확장해서 도시재생을 하는 것이 더 사업성이 좋을 것이기 때문이다. 투자에는 늘 리스크가 따른다. 그 리스크를 줄이는 방법을 찾는 것이 실력이고 소액투자자의 의무이기도 하다.

아동동 무궁화 2차

다음은 무궁화 2차 아파트를 보자. 무궁화 1차 아파트 대비 새말지구와 약간 떨어져 있다. 1990년 준공, 2개 동, 최고 5층 아파트로 110세대의 다소 작은 단지다.

● 무궁화 2차 아파트 위치

출처: 카카오맵

입지와 주변 환경

임장을 가보면 의외로 단지가 크고 길다는 느낌을 받게 된다. 뒤쪽에 위치해 있다고 입지가 나쁜 것도 아니고 인프라를 나누어 사용하는 것도 아니다. 새말지구의 개발 호재를 직·간접적으로 같이 공유하면서 성장

● 현장 전경

하는 곳이 될 것이다. 무궁화 1차와 더불어 같이 관심 가져볼 만한 단지라고 생각한다.

현재로선 1차와 2차가 같이 재건축할 움직임은 없는 듯하다. 새말지구가 완성되고 나서 천천히 흐름을 받을 단지들이라서 아직은 별다른 재건축 바람이 불지는 않지만, 소액으로 세팅해놓고 시간에 투자한다면 분명히 좋은 투자처가 될 수 있다고 생각한다.

투자를 위한 접근 전략

시세가 무궁화 1차 단지와 비슷하다. 매매가격은 1억 원 초반이고 매매가격 대비 약 80~90퍼센트 정도의 전세가율이라 소액투자가 가능한 장점이 있다. 원래 재건축 단지들은 소액으로 접근하기가 어려운데 매매가격이 저렴하고 전세가 잘 빠지는 단지들이다 보니 갭이 붙어 있는 좋은 상황이라고 본다.

물론 새말지구 이주 수요가 인근으로 이사해서 전세가율이 높은 특징도 있지만, 한번 오른 전세가가 다른 특별한 이벤트가 없는 한 그대로 유

지되는 경우가 많으므로 당분간은 전세가율이 높은 단지로 유지될 듯하다. 새말지구가 입주하기 전까지 이러한 저가 전세 아파트들의 흐름도 긍정적으로 볼 수 있을 것이다.

이후 입주장이 시작되면 5층 아파트나 신축 아파트나 비슷하게 전세가는 하락하게 되어 있다. 특히 새말지구는 2,600여 세대가 들어오니 전세만기 연장은 새말지구 입주장과 겹치지 않도록 세팅하는 것이 좋을 것이다.

● 무궁화 2차 아파트 시세

출처: 호갱노노

금촌동 경신

마지막으로 살펴볼 곳으로 경신 아파트가 있다. 1999년 준공, 최고 19층, 4개 동, 408세대로 구성된 복도식 소형 아파트다. 일반적인 재건축 예상 단지는 아니나, 전월세가 잘 소진되고 전세가율이 높은 특징이 있다.

● 경신 아파트 위치

출처: 카카오맵

투자를 위한 접근 전략

이곳은 꼭 재건축을 바라보지 않더라도 소액으로 투자해서 투자금 대비 수익률 100퍼센트 정도를 목표로 하는 단기투자자라면 한 번쯤 고려해볼 단지라고 생각한다. 너무 저렴한데 입지는 개선되고, 특히 전세가가 받쳐주는 소형 아파트라서 출구 전략이 쉽다는 장점이 있기 때문이다.

시세를 보면 매매가 대비 전세가율 90퍼센트가 넘는다. 5층 맨션이나 아파트를 선호하지 않고 일반 아파트를 좋아하는 세입자들은 저렴하고 상품성이 남아 있는 경신 아파트를 선택하고 있다. 인근 아파트 주거상품 중에서 가장 저렴한 가격이 무엇보다 장점이다. 또 26년 차 아파트라 노후도가 높기는 하지만, 건물이 관리가 잘되어 있고 인근 소형 주택을 원하는 수요층이 선택할 만한 입지라 할 수 있다. 근처 새말지구

● 경신 아파트 시세

출처: 호갱노노

가 완성되면 신축 아파트의 인프라를 같이 공유할 수 있는 단지가 될 것이다.

물론 경신 아파트뿐만 아니라 새말지구가 완성되면 인근의 단지들은 모두 같이 주거환경이 개선되는 효과를 보게 될 것이다. 그러한 호재가 확실히 보일 때 인근에 재건축 단지나 저평가되어 있는 단지들을 저렴하게 매수해서 중장기적으로 가져간다면 가치 있는 투자가 될 수 있을 거라고 생각한다.

파주시 금촌 일대를 돌아보며

파주 금촌동 인근은 재개발·재건축 사업이 활발히 진행되고 있는 파주의 구도심이다. 금촌역 주위로 도시재생사업이 완성 단계에 이르러서 철거 및 분양을 앞두고 있고, 대부분 사업성이 좋은 곳들이다. 신축 아파트를 저렴하게 매수하려는 실거주 수요자라면 적극적으로 고려해볼 만한 입지를 가진 지역이라고 생각한다.

또한 투자로도 새말지구가 완성되면 금촌역 상단의 주거입지는 비약적으로 발전할 것이다. 단일 사업지로 대규모 입주가 이루어질 것이고 그 수요의 증가는 인근의 지가에도 긍정적으로 영향을 주어서 같이 발전하는 지역으로 성장할 것이다. 그 흐름의 중간에 있는 초기 재건축 단지와 갭투자 단지를 찾아서 소액으로 매수해 중장기적으로 바라본다면 금촌동은 분명히 좋은 소액투자처 중에 하나라고 생각한다.

파주라고 해서 소액투자나 가치투자가 불가능한 것이 아니다. 꼭 이 지역에서 머물고 거주해야 하는 수요는 꼭 있기 때문이다. 그 수요층이 찾을 수 있는 상품성 있는 주거환경이 조성된다면 그 길목을 지키는 투자는 분명 수익을 보장받을 수 있다고 믿어 의심치 않는다. 성공적인 사업을 진행하고 있는 금촌동 도시재생사업을 응원한다.

제3부

인천광역시
소액투자 지역 분석

제7장

인천의 부활을 꿈꾸는 미추홀구

GTX-B와 도시재생사업으로 변신 중인 미추홀구

미추홀구는 인천광역시의 중부에 위치한 자치구로 동쪽으로는 남동구, 남쪽으로는 연수구, 서쪽으로는 중구와 황해, 북서쪽으로는 동구, 북쪽으로는 서구와 접하고 있어 부평구, 계양구를 제외한 인천광역시의 모든 자치구와 연결되는 위치에 있다.

본래 명칭은 '남구'였으나 2015년부터 인천 동구와 함께 명칭 교체를 추진해왔다. 2017년 설문조사를 실시한 결과 '미추홀구'彌鄒忽區로 확정되었고 국회에서 인천광역시 남구 명칭 변경에 관한 법률이 제정되어 2018년 7월 1일에 공식적으로 미추홀구로 이름이 변경되었다.

출처 : 미추홀구

원래 이 지역이 삼국시대 백제의 시조인 비류가 자리 잡았다가 온조 백제에 흡수된 미추홀彌鄒忽인데서 유래한 지명으로 미추홀구의 역사성을 상징하는 의미가 있다고 생각된다.

현재 미추홀구에서는 주안뉴타운, 용현·학익지구, 용마루주거환경개선사업지구, 인천도화도시개발사업, 인천도시철도 2호선 건설, 인천도시철도 3호선 건설 등이 계획 중이거나 진행 중이다. 과거 동인천-주안-동암 라인이 인천의 도심이었지만, 현재는 낙후되어 1980년대 모습의 건물을 유지한 곳이 많다. 이처럼 미추홀구는 낙후되어 개발이 필요한 지역들과 새롭게 개발되는 지역들이 혼재되어 있다.

전반적으로 미추홀구는 자연발생적 구도심의 특징을 가지고 있다. 그리고 이제 시간이 흘러 노후화가 심하게 진행되고 도심 슬럼화 문제가 대두되면서 도심 개발의 압력과 필요성을 인식하기 시작했고, 그로 인해 도심을 개발하기 위한 각 구역들의 노력이 진행되고 있다.

아무래도 신도시와는 달리 빌라촌이나 구축 단지들이 질서 없이 들어섰던 곳이다 보니 신축 브랜드에 대한 수요는 높을 수 있다. 그 지역을 떠나지 못하고 거주해야 하는 정주 수요는 꼭 있기 때문이다. 그 수요층도 신축 아파트를 원하는데 인프라를 갖춘 대단지 아파트가 공급되면 인근 수요를 끌어당기는 하나의 촉매가 될 수 있다고 생각한다.

이전에도 통합개발을 위한 청사진을 제시하여 미추홀구를 택지 형태로 개발하려는 노력들이 있었지만, 시작 때의 의지와는 다르게 경기침체와 부동산 경기의 하락으로 사업이 순조롭게 진행되지 못해서 각개전투식으로 사업지가 개발되어 도심에 신축을 공급하고 있는 현실이다.

하지만 각 구역마다 장·단점이 있을 테고 인접 사업지가 개발되고 주거입지가 좋아지는 것을 보면 진행되지 않던 사업지들도 입지와 가치를 다시 생각해보고 사업을 재개할 가능성이 크다. 남이 잘되면 시기가 나는 것은 인지상정이지만 나도 잘되고 싶은 것 또한 인간의 본성이기 때문이다.

이러한 이유들로 미추홀구는 열심히 변신을 꾀하는 중이다. 속도는 조금 느릴 수 있으나 조금씩 시세를 견인해가면서 개발되는 대규모 재개발 아파트들이 대장 단지가 되면 이 일대가 하나둘씩 탈바꿈하면서 주거입지는 더 좋아질 수밖에 없다고 생각한다.

한편, 미추홀구 역시 여러 개발 호재가 있는데 크게 두 가지 관점에서 살펴볼 필요가 있다. 인천은 어쨌든 서울의 위성도시라는 특징이 있다. 그래서 서울과의 접근성이 얼마나 가까워지느냐, 다시 말해 교통망이 얼마나 확충되느냐가 가장 중요한 호재다.

두 번째는 도시재생사업이다. 미추홀구는 빌라·단독·다가구 밀집지역이 대부분이다. 주거 인프라가 성장하기에는 한계가 있지만, 그러한 지역에 재개발 사업이 활발하게 진행되어서 대단지 아파트 단지가 속속 들어서고 있다. 주거입지가 비약적으로 개선될 수 있는 것이다.

미추홀구의 개발 호재 1. GTX-B 노선으로 발전할 서울 접근성

첫째, 교통 호재를 보자. 알려진 대로 인천 쪽 최고 호재는 바로 GTX-B 노선이다. 교통망의 혁신을 가져다줄 초고속 교통망이 들어서는 것이다. 서울과의 접근성을 획기적으로 높여줄 것이며 서울의 지가 상승 흐름이 인천의 구도심까지 흘러올 수 있는, 정말 진흙 속의 진주 같은 대형 호재다. 특히나 인천같이 서울에서 접근성은 떨어지지만 통근 수요가 넘쳐나는 지역에서는 GTX의 파급력은 상상을 초월할 것이다.

미추홀구의 교통망을 분석하려면 먼저 인천광역시 전체적으로 살펴보는 것이 좋다. 인천은 서울지하철 1호선, 인천 1호선, 인천 2호선이 현재 운행 중이며, 청라 신도시에는 서울지하철 7호선이 연장될 예정이다. 인천 2호선은 검단신도시를 지나 경기도 고양시까지 이어지는 연장 사업이 진행 중이다. 그리고 미추홀구는 서울지하철 1호선, 인천 2호선, 수인분당선이 지나며 제2경인고속도로가 뚫려 있어서 교통망이 좋은 편이다. 그러나 그것만으로는 미추홀구가 성장하기에 부족한데 이를 한

번에 해결해줄 수 있는 대형 호재가 바로 GTX-B 사업이라고 생각한다.

일반 지하철보다 서너 배 빠른 속도여서 서울 도심까지 도달 시간은 현재의 3분의 1까지 줄어들게 될 것이다. 인천 송도에서 출발해 서울역에 도착하는 시간은 현재 약 90분에서 27분으로 단축되고 송도~마석 구간은 130분에서 50분으로 줄어들 것으로 전망한다. GTX-B 노선은 2024년 착공이 예정되어 있는데 그에 따라 GTX 역사 인근의 단지들 또한 큰 수혜를 볼 수 있을 것이다.

아울러 미추홀구와 가까운 GTX-B 노선의 정차역인 인천시청역 또한 환승센터 개발의 혜택을 톡톡히 볼 수 있겠다. 전면 개발에 상층부는 공원이 들어서고 지하층으로는 인프라와 상권이 공급된다. 인근의 주거 입지 또한 비약적으로 개선될 것이 예상되므로 입지적 가치도 크게 증가할 것으로 전망하고 있다. 이러한 대형 개발 호재가 인접에서 진행 중이고 도심 개발도 같이 진행되면 그 개발의 흐름은 주변으로 스며들 것이고, 그러면서 인근의 주거입지는 지속적으로 성장할 것이라고 생각한다. 그것이 개발의 힘이며 우리 투자자들이 인식해야 할 '흐름 투자'의 정석인 것이다.

꼭 GTX 역사에 가까운 곳만 투자할 필요는 없다. 그 위치가 좋은 것은 사람들도 다 안다. 그래서 수요도 몰리는 것이고 가격도 비싸다. 투자금이 많이 들어간다는 뜻이다. 소액투자의 관점에서 보면 이러한 호재에 직접 투자하는 것보다는 흐름 투자의 관점에서 흐름이 올 만한 지역과 단지를 선점하고 기다리는 전략이 더 좋을 수 있다는 것을 인지했으면 좋겠다.

미추홀구의 개발 호재 2. 활발한 도시재생사업

교통망 호재에 이은 다음 개발 호재는 도시재생사업이다. 앞서 언급하였듯이 미추홀구는 자체적으로 발생한 빌라·다가구주택 밀집지역이다. 슬럼화도 지속적으로 진행되어 도심이 노후화 되고 있다. 그래서 도심 개발의 요구가 크고, 삶의 질을 높이고 싶은 정주 수요가 많은 지역이기도 하다. 개발의 관점에서는 택지개발지구 같은 통합형개발을 계획하여 진행하는 장점이 있다.

대표적으로 주안재정비촉진지구가 있다. 각개로 나뉘어 있는 구역들을 통합개발하여 인프라의 연계성을 확보할 수 있는, 도심 속의 신도시를 개발하려는 의지가 있다고 생각한다.

다만 개발의 주체들이 다르고 이익의 관점에서 속도와 사업성이 다르다 보니 경기가 좋을 때는 그럭저럭 진행되지만 부동산 하락기나 경기침체가 오면 사업구역들이 개발이 안 되거나 구역이 해제되는 상황이 발생하기도 한다. 사업성이 확보되지 않는 재개발은 조합 내부의 분열을 부르는데 재개발 사업을 진행하기에 녹록지 않은데다 속도도 내지못하는 상황이 생기기 때문이다.

주안재정비촉진지구 중에서는 현재 6개 사업지만이 진행을 하고 있다. 나머지 사업지는 구역취소단계이거나 진행이 멈춰 있는 경우다. 부동산 상황에 따라서 먼저 가는 단지가 있고 따라가는 단지가 있으며 그냥 멈춰 있는 단지도 있기 마련이다. 하지만 장기적으로 보면 이러한 구도심 개발지의 따라가는 구역들도 점차적으로 먼저 가는 단지들처럼 진행될 것이라고 생각한다. 왜냐하면 사업 진행이 멈춰 있었던 때는 구역들이 비슷하지만, 어느 한 구역이 개발되고 나서 멋진 아파트 단지가 올라가는 모습을 보면 우리 구역도 다시 추진해야 한다는 의지가 생기고, 개발 흐름을 따라가고자 하는 수요층이 다시 생기기 때문이다.

다시 말해, 투자의 관점에서 보면 앞 단지를 놓쳤더라도 후속 단지들도 투자 가치가 높을 수 있다는 점을 알았으면 좋겠다. 시간차와 흐름의 차이가 있을 뿐이지 다 같이 좋아지는 입지를 서로 공유하게 될 것이라고 생각한다.

투자자라면 따라가지 못하는 구역이 어렵다고 투자에서 배제하지 말고, 실제 임장을 다녀보고 입지와 상품성을 직접 경험해 보는 것이 좋다. 실제 사업성이 안 나와서 속도가 느린 경우보다 조합 내부의 이권 다툼으로 지연되는 경우가 종종 있기 때문이다. 그래서 부동산 투자자는 사업지의 가치를 볼 줄 알아야 한다고 생각한다. 항상 전체 시장을 보려고 노력하자. 한 구역의 장·단점만을 보게 된다면 편견이 생기기 마련이고 투자의 방향성을 잘못 설정할 수도 있다. 그러니 늘 시장을 크게 보고 나서 각 구역을 분석하는 전략적인 시각을 가지려 노력해야 한다.

인천 부동산의 부활을 예상하는 2가지 이유

나는 앞에서 말한 개발 호재에 더하여 두 가지 현상을 인천의 긍정적인 지표로 보고 있다.

첫째는 인천광역시 전체적으로 미분양 매물이 감소하고 있는 것이다. 다음의 그래프를 보면 인천광역시는 지난 6년 동안 두 번의 미분양 증가 시기가 있었다. 2018년 입주 물량의 과다로 인해서 미분양이 증가했었고, 2022년에도 미분양 물량이 증가했다. 그러다가 2023년에 들어서 미분양이 감소하는데 이것이 인천 지역에 실거주 수요와 투자 수요가

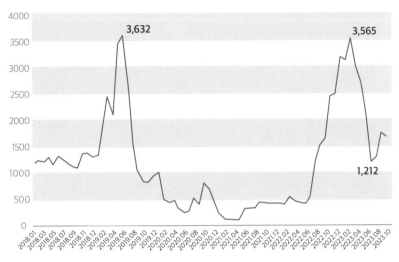

출처: 통계청 자료 바탕으로 저자 편집

진입한 타이밍이라는 것을 알 수 있다. 그러다 2023년 9월 수치를 보면 다시 미분양이 일시 늘어나는데 이는 서구의 한 단지(청라호반베르디움)의 미분양 물량이 통계에 합산되면서 나타난 결과로 보인다. 그래서 인천은 전체적으로 미분양 감소세가 여전히 진행 중이라고 보아도 될 것이다.

미분양이 감소하면 투자 수요 및 매매가격은 증가한다. 과거부터 많은 투자자들이 이렇게 미분양이 감소하는 시점에 저평가된 미분양 단지를 선점해서 좋은 단지로 성장할 때를 기다리는 투자를 했다.

다음은 인천 미추홀구의 미분양 소진 속도를 나타내는 자료다. 인천 전체 시장과 비슷하게 2022년 미분양이 증가하다가 2023년부터 감소하는 것을 볼 수 있다. 미추홀구라고 따로 움직이는 것이 아니라 인천 전체

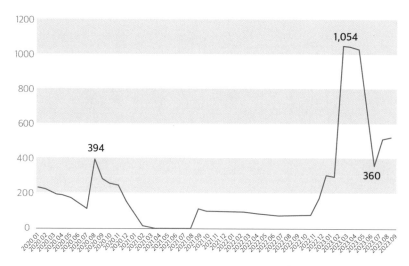

출처: 통계청 자료 바탕으로 저자 편집

시장과 비슷한 흐름을 보이는 것이다. 2023년 9월을 기준으로 미분양이 100여 개 늘어난 것을 볼 수 있다. 아마도 학익3구역의 미분양이 통계에 집계된 것으로 보이는데 이 물량 또한 금방 소진되어 사실상 미분양이 거의 없다고 봐도 무방할 것이다.

통계는 항상 후행하기 때문에 실제 현장에서 몇 개의 미분양이 나타나고 있는지 확인해야 한다. 미분양 통계는 부동산 공부를 위해서 좋은 장치임에 틀림없지만, 통계는 지나간 현장의 데이터(약 3~4개월 전)라는 것을 알고 있어야 할 것이다.

다음의 그래프는 인천광역시 미분양과 매매가격지수의 상관관계를 나타내고 있다. 2019년 미분양이 감소하자 바닥을 다지던 부동산 시장이 상승하기 시작하면서 대세 상승장으로 가고 있는 것을 볼 수 있다. 그

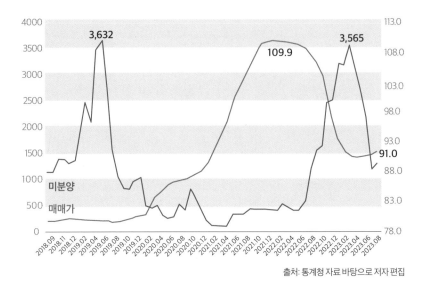

출처: 통계청 자료 바탕으로 저자 편집

러다가 2022년 미분양이 증가하자 매매가격도 조정되면서 하락하는 모습을 보여주고 있다. 모든 부동산 시장은 상승이 있으면 하락이 있고, 하락이 있어야 상승도 있는 법이다.

2023년에는 추세적으로 미분양이 감소하고 있다. 지난번 2018년 시장처럼 대세 상승장으로 갈지는 알 수 없다. 지난 시장이 이렇게 흘러갔다고 하여 앞으로의 시장도 100퍼센트 똑같이 진행된다는 보장은 어디에도 없다. 하지만 지난 시장만큼은 아니더라도 흐름에 변화가 올 수 있는 전조현상임에는 틀림이 없어 보인다.

미분양이 감소하면 아파트 가격은 상승했다. 그럼 미분양이 감소하는 인천의 아파트 가격은 어떻게 될까? 내가 올해 인천 구도심을 기대하는 이유이기도 하다. 흔히 투자자들 사이에서 우스갯소리처럼 '투자의 9할은 타이밍'이라고 말한다. 아무리 좋은 지역도, 아무리 나쁜 지역도 오를 때가 있으면 내릴 때가 있다. 무한정 오르기만 하는 부동산은 지구상에 존재하지 않는다.

쌀 때 매수해서 심리가 회복되고 뜨거워질 때 매도하는 전략이 최고의 투자 방법이라는 것은 부동산 투자 초보들도 다 아는 이야기다. 하지만 그대로 실천하는 것은 그렇게 쉽지 않다. 바로 두려움과 편견 때문이다. 인천이라서 안 되고 미추홀구라서 더 안 되고 강남이라서 무조건 되고 가치투자는 무조건 옳다는, 이런 고정관념만 갖지 않아도 큰 어려움 없이 안전한 투자가 가능하다. 그러니 미분양이 감소하는 지역을 꾸준히 관심 가져보자.

인천 부동산 시장을 긍정적으로 보는 두 번째 이유는 입주 물량이 감소하고 있다는 점이다. 인천은 2022년부터 2023년까지 입주 물량의 폭탄 지역이었다. 입주 물량이 늘면 인근 전월세 시장은 폭락하게 되고 입주하려는 수요층의 매도 물량으로 기존 주택도 약세장으로 돌아선다. 그런데 연달아 입주가 이어지면 그 인근 부동산 시장은 침체기를 겪게 된다. 물량 앞에 장사 없다는 말이 이래서 나온 것인지도 모르겠다.

하지만 2023년을 기점으로 인천은 입주 물량이 줄어든다. 특히 검단의 입주 물량이 줄어들면서 인근 도시의 수요를 빨아들이는 블랙홀 현상이 없어지게 된다. 물론 2024년도에도 입주 물량이 잡혀 있기는 하다. 하지만 지난 2023년 같은 대규모 입주 시기는 이제 지나가고 있다. 최악의 상황이 끝나가고 있는 것이다.

그렇다면, 앞으로 최소한 보합 또는 상승으로 갈 확률이 높아지는 것은 아닐까? 나는 긍정적으로 바라보고 있다. 입주 물량의 폭탄으로 전월

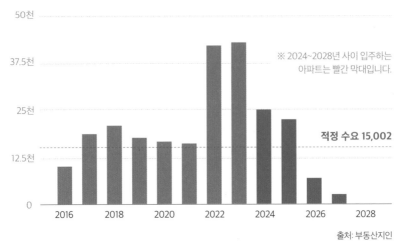

(단위: 가구 수)

※ 2024~2028년 사이 입주하는
아파트는 빨간 막대입니다.

적정 수요 15,002

출처: 부동산지인

세 가격이 폭락하고 기존 주택가격도 조정받았다면 이제 입주 물량이 줄어드는 시점에는 조정장이 어느 정도 정리되고, 바닥을 다지는 시기를 지나면 부동산 가치에 따라서 가격도 상승할 시점이 온다. 2024년부터 이런 바닥을 다지는 장세가 나타날 가능성이 높다고 생각한다.

인천은 앞으로 입주 물량은 줄어들고, 도심 개발은 완성되어가며 분양 물량도 거의 없다. 건설사들이 신규 단지 개발을 주저하고 있기 때문이다. 그럼 간단하게 생각해서 전세가격은 높아질 것이고 기존 매수가격과 전세가격의 갭은 줄어들 것이다. 사람들은 자기가 선호하는 지역들을 찾아서 이동할 것이고 이것이 구도심의 신축들에게는 큰 호재로 작용할 가능성이 높다고 생각한다.

최소한 이렇게 입주 물량이 없어지면 전세가 폭락은 없다는 것이 정설이니 말이다. 전세가가 보합이거나 가격이 상승하면 매매가격은 버틸 수 있는 힘이 생긴다. 이렇게 힘겨루기 할 때가 바로 시장이 바닥을 다지는 시간이다. 이때 남보다 반 발만 일찍 움직일 수 있다면 가장 좋은 타이밍에 소액투자로 안전하게 지켜갈 수 있는 발판을 마련하게 될 것이다.

그래서 나는 올해 그러한 바닥을 다지게 되는 지역 중 하나가 인천 미추홀구라고 생각한다. 반등의 시기는 그 누구도 알 수 없다. 신이라면 모를까 한낱 인간의 통찰로 어찌 미래를 점칠 수 있을까? 하지만 예측해 볼 수는 있을 것이다. 틀릴 수도, 맞을 수도 있지만 나의 생각과 관점에 따라서 투자 방향을 예측해보고 확인해보는 것도 부동산 공부라고 생각한다.

인천 정비사업의 메카, 미추홀구의 주요 재개발 구역

주안10구역

이제 미추홀구의 주요 단지들을 살펴보자. 먼저 주안10구역을 재개발하여 공급하는 주안동의 더샵아르테 아파트다. 2024년 6월 입주 예정인 단지로 총 10개 동, 1,146세대로 구성되어 있으며 단독·다가구 밀집지역이던 곳에 공급되는 신축 대단지다.

GTX-B 노선이 정차하는 인천시청역과 한 정거장 차이인 인천 2호선 석바위시장역 초역세권 단지로 주안재정비촉진지구 가장 왼쪽에 위치해 있다. 초반 분양시장에서 참패해서 한참 미분양으로 고생하다가 인천에 부동산 관심도가 높아지고 분양 조건을 변경해서 투자자들에게 좋은 조건으로 공급해서 미분양을 해소했다.

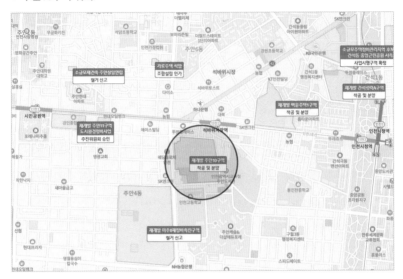

출처: 아실

이곳이 의미 있는 이유는 인천 미분양 감소세의 첫 단지이기 때문이다. 더샵아르테 단지를 시작으로 인천의 미분양들이 감소하기 시작했으며 가격 상승의 시발점이 되었다. 기존에 33평형이 6억 원대로 분양을 시작했지만 부동산 시장의 침체와 미분양의 증가로 분양에 참패한 이후로 이렇다 하게 소진 속도를 내지 못하다가 계약금 5퍼센트로 분양 조건을 변경한 후로 딱 3주 만에 완판에 성공했다.

원래라면 분양가의 10퍼센트인 계약금 6,000만 원이 초기 자금으로 필요하지만 5퍼센트로 낮추면 약 3,000만 원 소액으로 미분양 단지를 투자할 수 있어서 사람들의 관심을 받게 되었다. 한마디로 투자자들의 진입을 유도하는 미끼였던 것인데, 소액투자자들의 니즈를 간파해서 완판에 이른 첫 번째 단지가 될 수 있었다.

입지와 주변 환경

입지적으로 더샵아르테의 최대 장점은 인천시청역과 인접하다는 것이다. GTX-B 노선과 인접하다는 것은 그 개발 호재를 직·간접적으로 같이 누릴 수 있어서 '흐름 투자'로 적격인 단지가 될 수 있다. 인천시청역 인근 직주근접 단지들이 먼저 상승하게 되면 시차를 두고 인근 주변 단지들도 가격 차이를 유지하면서 따라가기 때문이다.

현장을 답사해 보면 2023년 12월 기준 2024년 입주를 위해서 열심히 공사가 진행 중인 것을 볼 수 있었다. 대단지 브랜드 아파트답게 상품성 좋은 곳으로 성장할 것이라고 생각되었다. 일단 단지 규모가 커서 인근 상권과 인프라 확장이 가능한, 이 구역의 중심이 될 것으로 보인다. 더하여 바로 아래 기축인 주안캐슬앤더샵에듀포레와 함께 같이 시세를 주

● GTX-B 환승역인 인천시청역 위치

출처: 카카오맵

고받으며 가격 상승을 견인할 것으로 예상된다.

주안10구역 바로 옆에는 석바위공원이 있다. 실제로 답사를 해보니 공원 자체가 정리가 잘되어 있고 둘레길도 휴양도보코스가 잘 구축되어 있어서 인근 주민들의 휴식 공간으로 손색이 없어 보였다. 특히 더샵아르테와 바로 인접해서 숲세권으로 인정받을 수 있는 입지가 될 것으로 보인다. 게다가 주안도서관이 단지 바로 좌측에 있는데 완공된 지 얼마 되지 않는 새 도서관이라고 한다. 다시 봐도 주거입지로 꽤 좋은 단지라고 생각된다.

투자를 위한 접근 전략

이렇게 입지적으로 나쁘지 않은 단지가 부동산 시장의 침체만을 이유로 미분양이 되었다면 그 미래 가치를 보고 선제적으로 매수하는 것도 나쁘지 않다고 생각한다. 시기와 흐름은 변화하지만 입지의 가치는 변하지 않기 때문이다.

내가 더샵아르테 모델하우스에 갔을 때는 사람들이 이 아파트에 그다지 관심을 보이지 않던 분위기였다. 개인적으로 이런 초기 미분양 단지들을 우선적으로 매수하는 것을 선호한다. 남들보다 좋은 동호수를 선점할 수 있고, 사람이 적으니 입지 설명과 상품가치를 충분히 브리핑 받을 수 있기 때문이다. 물론 모델하우스에 '줍줍'을 하러 가기 전에 손품은 필수로 팔아야 하겠지만 말이다.

내가 이 단지를 좋게 보는 이유는 앞에서 언급한 내용과 일맥상통한다. 입지적으로 나쁘지 않고 인천의 미분양이 소진되기 시작했으며, 특히 분양 조건의 변화로 소액투자가 가능했기 때문이다. 또한 나는 이 단지의 가치는 GTX-B 개통 이후에 더 날아오를 것이라고 생각한다. 장기투자도 가능하고 입주장이 나오기 전에 단기매매로도 팔고 나올 수 있는 선택권이 높은 단지라고 판단된다. 출구 전략이 여러 가지라서 선택권이 넓고 안전성이 확보되는 단지라면 한 번쯤 베팅해볼 만하다고 생각하기 때문이다.

아직 이 아파트의 가치는 다 확인되지 않았다. 인천에 6억 원이라는 분양가를 내건 단지이지만, 서울과의 접근성이 높아지는 장점을 아직 체감하지는 못했기 때문이다. GTX 개통 이후의 이 아파트의 시세 흐름이 궁금해진다.

백운1구역

다음은 백운1구역을 재개발한 간석동 힐스테이트인천시청역 아파트를 살펴보자. 주안10구역과 더불어 인천시청역 개발 호재를 같이 누릴 수 있는 입지에 있으며, 단독·다가구 밀집지역에서 유일한 신축 단지라는 점이 닮았다.

● 백운1구역 위치

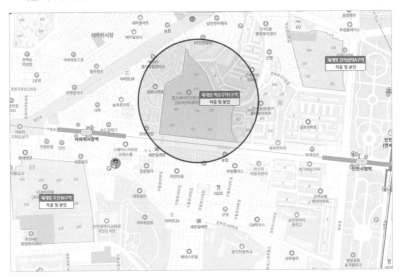

출처: 아실

입지와 주변 환경

힐스테이트인천시청역 아파트는 더샵아르테보다 인천시청역이 거리

상 더 가까워서 도보로 이용할 수 있는 장점이 있다. 더샵아르테는 지하철을 한번 환승해야 GTX를 이용할 수 있지만, 힐스테이트인천시청역 단지는 더 좋은 입지를 가졌다고 볼 수 있겠다.

백운1구역도 미분양으로 아픔이 있었다. 2022년 12월, 더샵아르테와 거의 3개월 차이를 두고 먼저 분양했는데 시장의 침체로 완판에 실패해서 지지부진하다가 더샵아르테가 완판에 성공하는 것을 보고 벤치마킹을 시도했다. 계약금 5퍼센트 조건과 더불어서 '선착순 줍줍' 수요자들에 적극적으로 마케팅하여 재분양을 시도했는데 이 전략이 시기와 맞아떨어져 완판에 성공하였다.

현장 답사를 가봤을 때는 분양 완료를 알리는 현수막이 크게 붙어 있었다. 다시 생각해봐도 참 기획력이 좋은 홍보마케팅 기법으로 완판을 한 단지라고 생각된다. 대대적인 옥외 홍보보다 요즘 유행하는 투자자 SNS를 이용한 마케팅을 했는데, 선착순 분양을 시작한 지 일주일 만에 완판했으니 말이다. 모델하우스는 들어가 보지는 못했지만 주안10구역과 비슷한 입지와 상품이라서 주변만 돌아보는 것으로 임장을 진행해보았다.

백운1구역은 입지적으로 보면 인천시청역과 인접한 장점을 가지고 있지만, 반대로 나홀로 신축 단지라는 단점도 있다. 주변에 개발의 영향이 미치지 못해서 단독 다가구 빌라 밀집지역이라는 한계가 있을 것으로 보여진다. 그리고 실제 현장 답사를 해보니 평지는 아니고 언덕인데다 등고선이 3층 정도 차이가 나서 역까지 도보로 출퇴근이 가능할까 하는 생각이 들기도 했다.

아울러 힐스테이트인천시청역 공사 현장 근처도 돌아봤는데 주변 환

● 힐스테이트인천시청역 모델하우스 현장과 주변 전경

경이 잘 정리되고 있었다. 이것이 도시재생사업의 최대 장점이 아닐까. 도로가 넓어지고 인프라가 들어오며 신축에 대한 수요로 사람들이 늘어날 것이다. 이것이 도심 신축의 힘이며 실거주자의 니즈를 충족시켜줄 수 있는 최상의 조건일 것이다.

임장을 해보니 단지의 주차 설비와 도로, 인도가 정비되고 있었다. 입주가 예정된 2026년에는 더 넓은 도로와 쾌적한 인도가 제공될 것으로 예상된다. 그러면서 주거입지가 성장하는 것이고 힐스테이트인천시청역 아파트의 실거주 만족도는 더 높아질 것이다.

투자를 위한 접근 전략

힐스테이트인천시청역 아파트가 들어오면 인근의 다른 아파트들도 인프라 개선 효과를 볼 것이다. 나는 이 부분이 소액투자로 다시 한번 찾아볼 수 있는 틈새시장이라고 생각한다. 이 아파트처럼 미분양이 되는 시점에서 분양권을 사놓고 완판되고 나서 실거주 수요자에게 매도하는 전략이 가장 빠르고 안전할 것이다. 또는 새 아파트가 입주하는 시점이나 입주 후 1~2년 지나서 주거 인프라가 개선되는 주변의 소형 아파트를 공략하는 것도 소액투자 전략으로 좋은 방향이 될 것이다.

힐스테이트인천시청역도 앞으로 더 성장해나갈 좋은 상품이라고 생각한다. 5퍼센트 계약금으로 투자금을 줄일 수 있었고 상품적으로도 입지가 개선되는 효과를 톡톡히 누리는 단지가 되어 매수세는 더 늘어날 것으로 보인다. 인천시청역 GTX 개발 호재를 직·간접적으로 영향을 받아서 서울과의 접근성은 더 개선될 것이고 이는 지가에 점차적으로 반영되어 중·장기적으로 가격 상승을 불러올 것이다. 백운1구역 재개발 사업지가 기대되는 이유다.

다음으로 알아볼 곳은 학익동 재개발 구역이다. 총 6개 구역이 개발되고 있는데 일단 구역지정이 완료된 4개 구역만 이번 장에서 언급하고자 한다.

인천 학익동은 남동구 쪽과 인접한 미추홀구의 대표적인 구도심이다. 이곳도 백운1구역이나 주안1구역처럼 자연 발생적 도시의 성격을 가지고 있어서 노후화되고 슬럼화 되는 빌라 밀집지역이 많다는 특징이 있다. 도심이 낙후되면서 개발의 요구도 커졌고, 인프라와 주거 입지 개선을 목표로 여러 재개발 구역이 선정되었다.

학익1구역

학익동에서도 대표적인 곳이 학익1구역이다. 가장 속도가 빠르고

출처: 아실

2024년 9월 입주를 앞두고 있는 사업지다. '학익SK뷰'라는 단지명으로 개발되며 14개 동, 1,581세대로 공급되는 대규모 사업지다. 세대수도 많지만 일반분양 물량만 1,215세대로 상당히 많아서 사업성이 좋은 단지로 유명하다. 개발이 완료 단계에 이르러 입주가 다가옴에 따라서 인근 주거 인프라에 긍정적 영향을 미칠 것으로 예상하고 있다.

입지와 주변 환경

현장을 가보니 단지 규모도 크고 큰 도로와 인접해서 교통이 편리해 보였다. 특히 인근 신축 아파트가 없는 동네에서 이렇게 좋은 대단지 아파트가 입주하면 인근 지가와 주거지 상품성을 높여줄 것은 당연하다.

그래서 인근 학익 재개발 구역들도 같이 개발의 속도가 빨라져서 더 좋은 지역으로 발전할 것으로 예상된다. 이렇게 연계되어 개발되는 지역의 장점은 인프라를 같이 공유하면서 성장한다는 점이다. 대단지가 이끌어주고 후속 단지들이 그 분양가와 시세를 견인하면서 같이 오르기 때문이다. 물론 분양가 차이는 있겠지만 시기에 따른 사업성도 입지의 성장과 같이 좋아진다고 보면 될 듯하다.

● 학익SK뷰 공사 현장과 모델하우스 현장

투자를 위한 접근 전략

주거 지역은 서로 연계하여 성장하는 특징이 있다. 도로가 확장되고 지하철이 들어오고 상권이 발전하면서 다시 가치가 높아지는 것이 부동산의 원리다. 학익1구역이 기대되는 이유이기도 하다. 나홀로 아파트로 지어지는 게 아니라 총 6개의 재개발 구역들이 서로 밀어주고 끌어주면서 대단지 아파트가 만들어진다. 그러면서 또 다른 부동산 투자 상품이 되고 이를 먼저 파악한 선구안을 가진 투자자들이 접근하게 되면서 지가는 또 한 번 오르게 된다.

물론 지금같이 고금리 상황에서는 사업 속도가 빠를 수 없겠지만, 개발의 힘은 늦추어질 수는 있어도 멈추지는 않을 것이다. 왜냐하면 학익1구역 자체적으로 속도감 있게 사업이 진행되어 결실을 보는 단계가 되었기 때문이다.

학익4구역

다음으로 속도가 빠른 단지는 학익4구역이다. '포레나인천학익'이라는 이름을 달게 되었다. 2026년 4월 입주 예정으로 총 562세대가 공급되는 중급 규모의 단지다. 2023년 7월에 분양했는데 당시 일반분양으로는 전용 84타입이 없어서 전용 76타입이 가장 큰 평형이었다. 소비자들이 원하는 평형과 가격대가 아니다 보니 미분양으로 고생을 좀 했던 시기가 있었지만, 금방 미분양을 소진하고 완판하리라고 생각한다. 일반분양 물량이 250세대로 그다지 많지 않아서 소진 속도의 문제이지 입지의 문제는 아니라고 본다.

입지와 주변 환경

입지적으로 보면 학익1구역에는 약간 못 미치고 상품성도 세대 수가 적다 보니 좀 약하다고 생각되었다. 하지만 가까이에 인천지방법원과

검찰청이 있고, 학익동 재개발 구역 단지 중 중간 정도의 속도를 내고 있어서 뒤에 밀어주는 학익3구역의 영향을 받아 같이 성장 가능한 곳이라고 생각한다.

실제 임장을 해보니 인근 상권도 잘 형성되어 있고 구도심의 전형적인 다가구 밀집지역의 신축이라는 장점이 있었다. 아쉬운 점이라면 주민 동의율 때문인지 아파트 단지 모양이 직각이지 않고 상가 건물 사이에 입구가 있는 형태라는 것이다. 단지의 배치가 약간 애매해진 듯한데 재개발 사업지 특유의 상황이라고 봐야겠다.

하지만 입주시기인 2026년이 되면 금리도 안정화 되어 있을 것이고 인근에 다른 입주 물량도 없어서 안정적으로 자리 잡는 단지가 될 것이라 예상해본다.

● 포레나인천학익 공사 현장과 모델하우스 전경

포레나인천학익은 소형 평형 위주로 일반분양을 한 게 특징이다. '국민 평형'이라고 하는 전용 84타입이 없어서 아쉽지만 1~2인 수요층이 증가하는 우리나라의 인구구조상 소형 평형도 얼마든지 투자 효과가 있을 수 있으니 관심 가져볼 만하다고 생각한다. 중대형 평수만 오르고 소형은 가격이 그대로인 단지는 지금까지 없었으니 말이다.

학익3구역

마지막으로 학익3구역을 둘러보자. 학익3구역은 약 1,500세대의 대단지로 개발되는 사업지로 대우건설이 시공을 맡았다. 일반분양 물량이 약 700여 세대가 나오는 사업성 좋은 곳이다.

입지와 주변 환경

임장 당시 철거 단계를 밟고 있었는데 사업지 규모가 학익1구역만큼이나 크고 넓어서 좋은 단지로 변할 것이라는 생각이 들었다.

먼저 사업을 진행하는 단지는 분양가 자체는 저렴하다는 장점이 있는 반면에 반대 여론이 너무 많다는 단점도 있다. 기존 주민들의 반대도 많고, 부정적인 의견이 가장 많이 나오는 것이 첫 번째 사업지이기 때문이다. 그런데 3구역처럼 따라가는 단지는 선착한 학익1구역이 비바람을 다 맞아주면서 사업을 성공시키는 모습을 보여주기 때문에 후속 단지들은 큰 잡음 없이 사업을 진행할 수 있다. 그래서 리스크는 줄고 사업 속도는 오히려 빠른 장점이 있는 사업지가 된다.

● 현장 전경

투자를 위한 접근 전략

현재 학익3구역은 2027년 입주를 목표로 사업을 진행하고 있는데 학익 재개발 구역의 한 주축이 될 만한 입지와 상품성을 가졌다고 본다. 입주권 투자는 큰돈이 들어가기 때문에 소액투자로는 방향성이 맞지 않지만 분양권 투자나 인근 재건축 투자는 소액으로 접근이 가능하니 투자금을 줄일 수 있는 방법을 알아보면서 다녀보면 좋을 단지다.

이 단지의 분양 성패도 아마 입지보다는 금리의 영향이 가장 클 것이다. 고금리 상황에서 실수요자들이 받아들일 수 있는 금융 혜택이 주어진다면 분명 좋은 분양 단지로 잘 진행될 것이라고 생각한다.

지금까지 살펴본 바와 같이 학익동 재개발 구역은 인천 구도심의 입지가 좋은 단지들이다. 첫 단지인 학익1구역도 대단지인 만큼 입주가 시작되면 인근 전세가에 영향을 주어서 약세장을 보이겠지만, 입주가 마무리되면 인근 전세가도 회복될 것이라고 생각한다. 이때 인근 재개발·재건축 단지들을 접근해보는 것도 하나의 투자 포인트가 될 수 있다. 전세가가 상승하면서 전세가율 갭도 줄어들 것이고 입지는 계속 좋아질 것이며, 주거환경이 개선되는 만큼 부동산의 가치는 높아져 아파트 가격도 같이 상승할 여력이 충분하기 때문이다. 대표적으로 이제 살펴볼 대동 아파트 같은 곳이 소액투자처로 적정해 보인다.

학익동 대동

학익1구역 바로 아래 위치한 대동 아파트는 1988년 준공, 최고 6층, 5개 동, 총 402세대의 주된 평형은 18평(전용 49제곱미터)인 소형 저층 아파트다.

입지와 주변 환경

단지가 작고 대로변을 건너야 학익1구역과 연결되는 단점이 있지만, 학익1구역이 개발되고 나면 소규모 재건축으로 진행되기 좋은 입지와 상품성을 가지고 있다고 본다.

실거래가를 보면 지난 금리상승기 하락장에서도 하락폭이 크지 않고 기존 가격을 유지하면서 거래가 되었는데 이는 수요층이 탄탄한 단지라는 뜻이다. 이렇게 대규모 사업지와 인접하면서도 대지지분이 높고 저층인 아파트는 추가적인 개발로 진행될 가능성이 높다.

사업자 입장에서는 학익1구역 같은 대규모 개발이 마무리되면 인근

지가와 부동산 가치는 높아지게 된다. 그러면 인근 단지로 눈을 돌려서 사업할 수 있는 단지들을 찾게 되는데 이렇게 바로 인접한 단지가 있으면 개발의 바람이 불어올 가능성이 크다고 생각한다.

실제 임장을 가보니 단지의 모양이나 입지는 그다지 좋지 못하다는 느낌을 받았다. 단지가 가운데 도로를 기점으로 2개로 나뉘어 있고 평지도 아니며, 대지지분이 15평이 될 수 있을지도 확실치 않아 보였다. 그래서 소규모 재건축인 가로주택정비사업으로 진행하면 좋을 것 같다는 생각이 든다. 인근 다가구주택을 수용해서 진행하는 대규모 재건축보다는 사업 속도도 빠르고 개발의 흐름이 이어질 수 있는 소규모 재건축으로 진행된다면 충분히 투자 가치가 높을 것이라 생각한다.

● 현장 전경

투자를 위한 접근 전략

시세를 보면 전고점 1억 5,000만 원을 기준으로 상방과 하방이 안정적인 단지다. 장기 투자로 매수했음에도 사정이 생겨서 팔고자 하는 상황이 생긴다면 약간 싸게 내놓으면 시기와 상관없이 팔리는 단지라는 뜻이다. 출구 전략이 다른 단지 대비 안정적이고 지가 상승의 가능성도 높으며 학익1구역의 흐름을 이어받을 수 있는 단지이므로 소액으로 세팅해놓고 기다리면 분명 좋은 단지로 성장할 것이라고 생각한다.

개인적으로 이런 소규모 재건축을 바라볼 만한 곳을 선호한다. 큰 단지는 입지가 좋아져서 오를 것은 알겠는데 투자금이 너무 많이 들어서 투자처가 마땅치 않다면 이렇게 따라가는 단지도 충분히 소액투자처로 좋은 선택이 될 수 있다고 생각한다.

● 학익동 대동 아파트 시세

출처: 호갱노노

미추홀구 소액투자 방향성에 관하여

한때 '이부망천'이라는 말이 회자된 적 있다. '이혼하면 부천 가고, 망하면 인천 간다'라는 뜻인데 인천 등 외곽 지역을 비하하는 인식에서 나온 것이라 생각된다. 서울에서 살다가 인천 구도심을 가보면 정말 이런 데서 사람이 살 수 있나 하는 생각이 들 정도로 노후화된 지역이 많은 것은 사실이다. 서울에서 멀고 출퇴근이 힘들어서 살고 싶지 않다는 생각부터 하게 될 수도 있을 것이다.

하지만 우리 소액투자자들은 그러면 안 된다. 여러 번 강조했지만 투자처에 대한 편견이 없어야 한다. 강남은 무조건 옳고 인천은 무조건 아니다 같은 생각은 투자자에겐 참 위험하다. 지역마다 투자 가치와 투자 금액은 천차만별이다. 강남에 투자할 만한 여건이 되는 사람이 있고, 인천에서 시작하는 사람도 있는 법이다. 투자를 두고 단순 흑백논리로 접근하는 것은 우리 소액투자자들에게는 정말 위험한 인식이다.

인천 구도심도 현재의 노후화되고 슬럼화되는 다가구·다세대 밀집지역에서 고급형 대단지 아파트들이 공급되고 있다. 더하여 서울과의 접근성이 더욱 좋아지고, 더 나은 주거지가 공급된다면 그 가치는 지금보다 훨씬 높아질 것이 당연하다고 생각한다.

미추홀구는 전체적으로 인구수가 증가하고 있는 지역이다. 기존 다가구 밀집지역에서 고급화된 대규모 아파트단지들이 들어서면서 도심을 개발하고 인근 정주 수요를 흡수하고 있기 때문이다. 구도심이라고 살고 싶어 하는 사람이 없는 게 아니다. 직장 때문이든 교육 때문이든 기존 생활권에 남고 싶기 때문이든 어떤 이유로도 그 지역에 정주해야만 하는 수요는 꼭 있다. 그러한 수요층이 풍부한 지역이 바로 미추홀구다.

이런 배경에서 개발 호재를 품은 좋은 신축 아파트가 공급된다면 그 수요층은 충분히 새로운 주거 단지를 선택할 가능성이 높다. 이것이 인천 구도심을 바라보는 나의 관점이다.

경기가 안 좋아지고 고금리 상황이 지속된다면 이러한 도심 개발사업도 침체기를 겪으면서 부동산 시세도 조정받을 가능성도 있다. 부동산 심리가 안 좋으면 기축시장뿐 아니라 청약시장과 재건축·재개발시장도 부정적 영향을 받는다. 하지만 그러한 상황에서도 구도심 신축에 대한 수요층은 꾸준히 있을 것이고, 가치는 변화하지 않을 것이기에 우리는 이러한 도심 개발의 축을 이해하고 그 길목을 기다리는 전략을 꼭 가져가면 좋겠다. 그래서 소액투자처로 인천 구도심의 도시재생사업지를 답사해보고 자신에게 맞는 사업지와 물건을 꼭 검토해보기를 권한다.

제8장

서울과 한층 가까워지는 부평구

지하철 7호선 연장과 GTX-B 사업의 수혜지, 인천 부평구

부평구는 인천광역시 중동부에 있는 자치구다. 북쪽으로 계양구, 동쪽으로는 경기도 부천시, 남으로 남동구, 서쪽으로는 서구, 남서쪽으로 미추홀구와 인접해 있다. 계양구와 같이 인천광역시에서 서울시와 가까운 편이고 서울로 통근하는 수요층의 선호도가 높아 많이 거주한다. 서울의 위성도시 같은 특징을 가지고 있는 것이다. 자연히 서울과의 접근성이 주택가격에도 큰 영향을 미치며 교통 여건이 양호한 지역일수록 아파트 가격도 높은 편이다. 그래서 경인선과 7호선 역세권이 선호도가 가장 높다.

제8장 서울과 한층 가까워지는 부평구

319

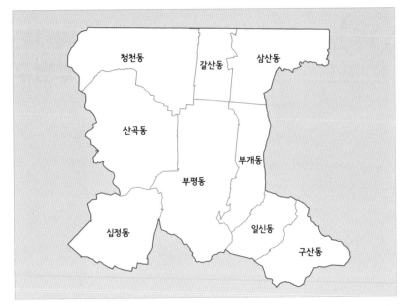

출처: 부평구

　교통편이 상당히 좋아서 직장이 인천, 서울, 부천인 사람들은 가성비 면에서 부평이 가장 좋은 선택지라고 할 수 있다. 특히 경기도 부천시와 아주 인접해서 행정구역상 분리됐을 뿐, 부천시와 경제적 차이가 크지 않은 점도 부평구의 특징 중 하나다.

　또 부천시보다 인구밀도는 약간 높지만 녹지가 상대적으로 많아서 살기에는 조금 더 쾌적하다는 평가가 많다. 부천시와 바로 붙어 있는 삼산지구, 부개지구와 중동신도시, 상동지구를 비교해보면 알 수 있다. 부개동, 삼산동 같은 경우는 중동, 상동의 편의시설을 이용하면서 유흥가가 거의 없으므로 취학아동이 있는 가구가 살기에 좋다. 녹지율도 부천시보다 높다고 한다. 또한 미군부대 부지의 공원화도 예정되어 있고 부평

산업단지의 제조업 공장들이 감소하는 추세이며 경인고속도로도 지하화가 예정되어 있는 등 공원화로 인한 주거환경 개선은 더욱 좋아질 것으로 보인다. 특히 미군부대의 면적이 워낙 넓으므로 획기적인 공기질 개선과 녹지 확보가 기대된다.

부평 내에서 선호도가 좋은 삼산동의 경우 굴포천을 따라 공원과 산책로가 조성되어 있고, 부개동은 택지지구 내 부천시민문화동산과 상동호수공원이 있다. 또한 인천대공원이 멀지 않으며 거리는 부평구 동남부에서는 계양산과의 거리보다 훨씬 가깝다.

그래서인지 부평구나 계양구는 인천시의 다른 지역에 비해 아파트 가격이 높다. 서울과의 접근성이 좋고 교통이 편리하다는 점 때문으로 단순히 저렴한 주택을 찾는다면 인천 동북부 지역은 그다지 마음 가는 곳이 아닐 수 있다. 일반적으로 인천시의 집값이 싸다는 편견이 있다 보니, 낙후 지역이자 가장 값싼 청천동 일대를 제외하면 실제로 투자에 나서면 그다지 저렴한 아파트 단지를 찾지 못하는 것이 현실이다. 그만큼 부평구는 서울의 위성도시로의 정체성을 감안하면 가격적인 메리트가 있는 지역이라고 생각한다.

이번 장에서는 지하철 7호선 라인으로 출퇴근이 가능한 사업지 위주로 소액투자로 유망해 보이는 단지들을 찾아보려고 한다. 부천시와 인접하고 7호선을 이용할 수 있으며 정비사업이 진행되고 있는 삼산동과 부개동 일대의 재개발·재건축 사업지를 주로 분석해보겠다.

부평구의 개발 호재 1. 지하철 7호선 청라 연장사업

부평구의 호재는 교통망 호재가 가장 현실적이다. 우선 7호선 청라

출처: 국토교통부

연장구간 개통이 있다. 석남역에서 청라국제도시를 잇는 7호선 청라 연장선에 가칭 '돔구장역'이 신설되며 신설 정거장수가 총 8개로 늘어났고 '돔구장역'을 제외한 7개 정거장을 2027년에 우선 개통할 계획이라고 한다. 지하철 구간이 많아지고 노선이 연장되면 될수록 유동인구는 늘어나고, 부평구가 외곽이라는 인식은 점점 줄어드는 효과가 나타날 것이다.

경인선과 7호선 중에서 연장이 가능한 노선은 7호선뿐이다. 그래서 7호선의 강남 구간을 지나가는 수요층은 더 늘어날 것이다. 그러면 인천이 가진 '수도권의 종점'이라는 이미지도 점차적으로 사라질 것이다. 부평구에 직접적인 호재는 아니지만 간접적인 호재로는 충분하다.

부평구의 개발 호재 2. GTX-B 노선의 도입

두 번째 호재는 GTX-B 노선 개통사업이다. 앞에서도 언급했듯이 GTX-B 노선 사업이 미치는 파급력은 생각보다 훨씬 클 수 있다.

GTX-B 노선에는 인천은 부평부터 송도까지 속해 있는데 2024년 3월 착공을 목표로 사업을 진행하고 있다. 개통 호재가 분명히 존재하므로 관심 있게 지켜볼 사항이라고 생각한다. 부평 구간에서는 부천종합운동장과 부평역이 해당되는데 민자구간으로 진행되며 국책사업으로 연동되어 부평구의 위상을 한층 더 높여줄 좋은 호재라고 생각한다.

● 수도권 광역급행철도 노선도

출처: 국토교통부

탄탄한 인프라로 주목받는 부평구의 재개발·재건축

먼저 부평구에서는 여러 지역에서 크고 작은 도시재생사업이 진행되고 있다. 물론 산곡역 인근에 도심 개발과 재개발 사업이 많이 진행되고 있어서 사업성이 좋은 단지들이 많은 것이 사실이다. 하지만 소액투자로 접근하기에는 어려운 지역으로 성장하였기에 잘 알려진 사업지보다는 사람들의 관심이 다음으로 옮겨올 만한 지역을 공부해 보는 것도 좋을 것이라 생각한다.

그래서 이번 장에서는 부개동과 삼산동 지역의 정비사업 구역 위주로 살펴보고 그 대장주의 위치와 사업성 그리고 소액투자로 따라갈 만한 입지의 상품을 찾아보도록 하자.

굴포천역 부개욱일·대동·대진·동아 통합재건축

굴포천역 인근에서 관심 가져볼 만한 사업지는 크게 세 곳이 있다. 그중 첫 번째는 부개욱일·대동·동아 대진 아파트 통합재건축사업 구역이다.

굴포천역 초역세권이면서 5층 이하 저층 아파트 단지가 밀집해 있고 특히 통합재건축을 추진하고 있어서 대지지분이 부족하더라도 사업에 같이 참여할 수 있는 장점이 있는 구역이다. 4개 단지가 통합재건축을 추진하고 있어서 아주 속도감 있게 진행되고 있는 것은 아니지만, 입지가 좋고 필지 모양도 좋아서 대단지로 성장할 수 있기에 관심 가져볼 만한 곳이라고 생각한다.

굴포천역 통합재건축은 부개욱일·대동·대진·동아 아파트 기존 1,800가구가 추진하는 재건축 사업인데, 각 단지별로 약간씩 다른 특징을 갖고 있다. 단지수도 다르고 세대당 대지지분도 다르며 굴포천역과의 거리에 따라 시세가 좀 떨어지는 단지도 있다.

● 부개욱일 · 대동 · 대진 · 동아 아파트 위치

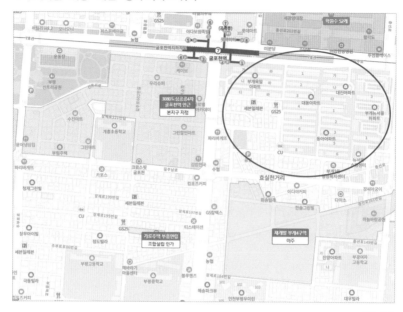

출처: 아실

● 현장 전경

이곳 역시 대장주보다는 대장주를 따라가는 단지로 볼 수 있는데, 만약 여기 4개 단지 중 어떤 것을 선택해 투자하는 게 좋겠는지 물어본다면 나는 가장 싸고 '못난이'를 투자하라고 추천할 것이다. 그 이유에 대해서 하나씩 찾아보자.

부개욱일 아파트

먼저 부개욱일 아파트를 보자. 1998년 준공, 6개 동, 최고 6층, 468세대로 구성된 단지다. 세대당 대지지분은 14평으로 사업성 면에서는 그다지 좋지 못하다. 그런데 굴포천역 초역세권으로 세입자 세팅이 쉬운 덕에 인근 4개 단지 중 가장 비싸다. 역시 서울과의 접근성이 좋은 단지들이 가장 높은 가격을 유지하는 것은 당연한 일이다.

● 부개욱일 아파트 위치

출처: 카카오맵

2024년 1월 기준으로 19평형이 3억 5,000만 원선에서 물건이 나왔고 실거래는 2023년 10월 3억 6,000만 원을 마지막으로 호가는 조금씩 조정을 받는 분위기이다. 등락폭이 그다지 크지 않고 꾸준히 거래량이 유지되는 장점이 있다고 보인다. 2022년 3월의 최고가 4억 6,000만 원을 기준으로 약 80퍼센트까지 회복한 시세를 보여주고 있으며 상승 여력도 충분하다고 생각한다.

통합재건축사업을 주도적으로 끌고 갈 수 있는 힘이 있는 곳이며 감정평가 시기가 돌아오면 가장 좋은 평형을 신청할 수 있는 좋은 입지의 단지라고 생각한다.

대동 아파트

다음으로 대동 아파트를 보자. 1998년 준공, 8개 동, 최고 6층, 708세대로 구성된 단지다. 4개 단지 중 세대수가 가장 많고 단지가 크다는 장점이 있다. 세대당 대지지분은 14.5평으로 알려져 있다. 시세를 보면 18평형을 기준으로 3억 원선에서 거래가 나타나고 있고 2022년 5월 최고가 4억 7,000만 원 대비 70퍼센트 정도 회복한 가격을 가지고 있다.

대동 아파트는 자체적으로 재건축을 추진하기에 충분한 입지와 상품성을 가지고 있지만, 인근 단지들과 연계해 사업성을 높여서 추진하기에 좋은 단지로 성장할 조건을 가지고 있다. 가격 면에서 부개욱일 아파트보다 저렴하고 매도 시 출구 전략이 간편해서 투자하기에도 좋다고 판단된다.

어차피 통합재건축되어 대단지로 만들어지면 지분이나 현재 위치 등은 별로 중요하지 않다. 조합원 동호수 배정 시 받는 동과 평형이 중요한

데, 그것은 조합원 모두에게 공통적인 조건이기에 따라가는 단지로 투자하기에 메리트가 있다고 생각한다. 소액투자자인 우리는 지금보다 미래의 가치를 사려고 하는 사람들이기에 이런 앞으로 드러날 가치를 더 중요하게 생각해야 한다.

단점이라면 굴포천역과 거리가 약간 먼 것인데 그렇다고 해서 투자 가치가 없다고 생각하면 안 된다. 실제로 임장을 해보니 그다지 멀지도 않았다. 동에 따라서 오히려 부개욱일 아파트보다 더 가까운 곳에서 매수 가능한 물건을 찾을 수도 있다. 실제 임장을 가봐야 보이는 점이라는 것을 기억하고 꼭 현장을 답사해보기를 추천한다.

● 대동 아파트 위치

출처: 카카오맵

대진 아파트

다음으로 볼 곳은 대동 아파트 오른쪽의 대진 아파트다. 1998년 준공, 3개 동, 최고 6층, 258세대로 구성된 단지다. 4개 재건축 단지 중 가장 세대 수가 적고 위치도 애매하다. 15평형 기준 2억 5,000만 원선에 거래가 되고 있는데 옆의 큰 단지들의 거래 흐름에 따라가는 단지라고 보면 될 듯하다. 2021년 최고가 3억 5,400만 원 기준 약 70퍼센트까지 가격이 회복했다.

여기는 단지가 작다고 우습게 보면 안 된다. 이렇게 좋은 단지를 작다는 이유로, 지하철과 멀다는 이유로, 혹은 대지지분이 적다는 이유로 외면한다면 투자자로 성공하는 길에서 크게 멀어질 수 있다.

일단 이곳은 가격이 저렴하다. 15평형 기준 2억 5,000만 원이면 4개 단

● 대진 아파트 위치

출처: 카카오맵

지 중 가장 저렴한 편이라 소액투자가 가능한 장점이 있다. 또한 저층 아파트다 보니 그래도 전세가는 비슷한 편이다. 수리 여부에 따라서 전세가 기준이 달라지는데, 그렇다면 가격이 저렴하면서 전세를 더 받을 수 있는 이런 단지들이 나는 더 좋아 보인다.

그리고 실제 임장을 가보니 외관도 나쁘지 않았고 굴포천역 접근성에서 밀리지는 않겠다고 생각되었다. 출퇴근하기에 어렵지 않은 단지라는 뜻이다. 이후 통합재건축 되면 감정평가에서 조금 손해를 볼 뿐, 나머지 동호수 추첨이나 대단지 프리미엄은 조합원이 다 같은 조건이라 소액투자로는 대진 아파트가 적정하다고 본다.

동아 아파트

통합재건축 단지 중 마지막은 동아 아파트다. 1988년 준공, 5개 동, 최고 6층, 384세대로 구성된 저층 단지다. 다른 단지들과 비슷한 입지와 상품성을 가지고 있으며, 대진 아파트 대비 지분이 약간 더 좋아서 매매가격이 3,000~5,000만 원 정도 비싸게 시세가 형성되어 있다. 이는 감정평가를 잘 받을 수 있는 장점이 있다는 뜻이다.

그런데 개인적으로는 동아 아파트보다는 앞에서 본 대진 아파트가 더 투자가치가 높아 보인다. 일단 따라가는 단지의 특징이 같다면 가격이 저렴한 단지를 소액으로 세팅하고, 상황이 어려울 때 출구 전략이 쉬운 단지가 투자가치가 더 높기 때문이다. 아파트 거래량도 하락장에서도 꾸준히 거래가 이뤄진 것을 볼 때 출구 전략이 좋은 단지라고 판단된다. 내가 팔고 싶을 때 팔리는 단지를 매수하는 것도 투자의 포인트 중에 하나임을 꼭 기억하기 바란다.

● 동아 아파트 위치

3080도심공공재개발 굴포천역 인근

다음으로 관심 가져볼 만한 사업지는 3080공공도심재개발 굴포천역 인근 사업지다. 기존에 재개발로 추진되었다가 도심공공복합개발 사업지로 선정되어 본지구로 지정되었다. 굴포천역 초역세권이라는 장점과 대단지 개발이 가능한 점, 공공개발이라서 사업성이 보장된다는 점에서 긍정적인 면이 많은 곳이다.

실제 임장을 해보면 공공개발에 대한 기대감과 함께 초기 사업지이다 보니 우려 섞인 목소리도 있었다. 이 지역은 기존에 재개발이 진행되었다가 꽤 오랫동안 속도를 내지 못하고 지지부진하게 끌어왔다. 그러다가 공공재개발로 구역이 지정되고 사업성이 확보되니 다시 기대감이 커

● 3080도심공공재개발 사업지 위치

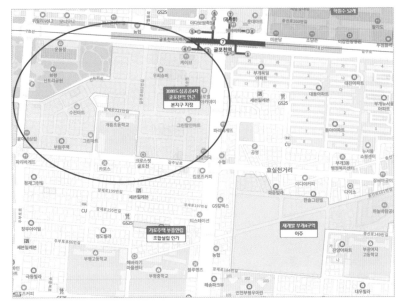

출처: 아실

진 것이 사실이다.

3080도심공공재개발 굴포천역 사업은 이 일대에 아파트 2,530세대 공급을 목표로 한다. 주택공급대책 4차 선도사업 후보지로 선정되어 2022년 1월에 예정지구 지정을 마치고 2023년 6월 구역지정이 확정되었다.

공공주택복합사업의 특징으로 주민 동의율이 중요한데 1년 6개월 만에 동의율을 충족했다는 것에서 의의가 있다고 본다. 현재 조합설립 인가 단계를 거치고 있으니 사업 속도는 더 빨라질 것을 기대해 볼 수 있겠다.

물론 공공재개발이다 보니 매매가 일반 재개발같이 자유롭지는 않다.

매매 조건이 아주 어렵고 거의 불가능해서 장기투자로 미리 들어간 상
태의 빌라 투자자들만 상대적으로 이익을 많이 볼 수 있는 구조다. 하지
만 인근 재개발 사업지의 선도지구 역할을 할 것이라 사업 속도와 감정
평가액, 분양가 등을 관심 있게 지켜볼 필요가 있다. 비바람을 맞아주는
큰형의 역할을 할 것이기 때문이다.

● 현장 전경

미래 가치가 기대되는 부평구의 소액투자처들

지금까지 부평구 부개동 인근의 대장주와 재건축 단지를 찾아봤다. 3080도심공공개발 굴포천역 사업지는 공공개발이라서 매매가 어렵고, 부개욱일·대동·대진·동아 통합재건축 단지는 갭이 커서 소액투자로 접근하기에는 어려운 곳이다.

물론 둘 다 7호선 초역세권의 장점을 가지면서 대단지 프리미엄을 품고 성장할 것이기에 꾸준히 관심 가져볼 만한 사업지들이다. 개인적으로 대진 아파트를 꾸준히 지켜봤으면 좋겠다. 사업성도 확보된 상태에서 갭이 적어지는 물건이 나오면 소액투자가 가능하고 상승 여력도 충분해 보이기 때문이다.

● 삼산동의 재개발·재건축 사업지

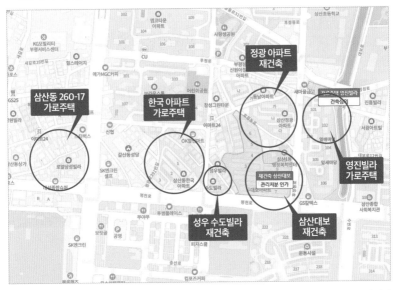

출처: 아실

이제부터 알아볼 곳은 삼산동 상단에 진행되고 있는 재개발·재건축 단지들이다. 산곡 인근의 단지들도 사업성이 좋지만, 이렇게 잘 알려지지 않은 곳에 숨어 있는 사업지도 충분히 소액투자가 가능하고 수익이 높을 수 있기에 알아두면 도움이 될 것이다.

삼산동 인근은 재개발·재건축 단지들이 서로 흐름을 주고받으며 저마다 약진하고 있는 지역이다. 재개발 한 곳, 재건축 한 곳, 소규모 재건축 세 곳, 가로주택정비사업지 다섯 곳이 도심 개발로 진행 중이다. 이중에서 소액투자처로 매력적인 단지를 찾아보도록 하자.

대보 아파트

먼저 알아볼 곳은 대보 아파트 재건축 단지다. 관리처분인가를 득하고 이주 단계를 밟고 있는, 인근 재건축 사업지 중에서 가장 속도가 빠르

● 대보 아파트 위치

출처: 카카오맵

고 단지 규모도 큰 곳이다.

두산건설이 시공을 맡았고 기존 최고 5층, 340세대에서 지하 4층, 지상 25층, 총 500세대의 신축 아파트로 사업을 진행 중이다. 이 중 141세대가 일반분양 예정인데 사업성이 좋고 브랜드가 1군이어서 일반분양에도 관심 가져보면 좋을 곳이다.

입지와 주변 환경

임장을 해보니 굴포천역과는 거리가 있어서 교통은 좀 불편한 편이었다. 하지만 인근에 신축 아파트가 없고 이만큼 큰 단지가 공급되지 않았기에 희소성이 높아 충분히 프리미엄이 높아질 수 있는 입지라고 본다.

● 현장 전경

투자를 위한 접근 전략

이곳은 특히 인근 정비사업 단지들과 연계해서 개발될 것이기에 시너지 효과도 생길 수 있고, 따라서 가치 상승도 예상된다. 이주 철거 기간을 지나서 일반분양 시기가 되면 분양률에 따라서 주변에 따라오는 재건축 사업지에도 긍정적인 영향을 줄 수 있을 것이다. 꾸준히 지켜보면서 분양가 상승과 인근 지가의 가치 상승도 같이 모니터링 해보자.

성우·수도 빌라

다음으로 성우·수도빌라 재건축 사업지를 알아보자. 일반적으로 빌라 밀집지역은 재개발로 사업이 진행되는데 이곳은 재건축으로 진행하고 있다.

● 성우·수도 빌라 위치

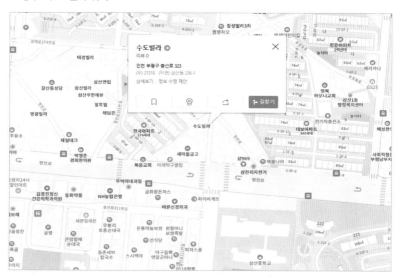

출처: 카카오맵

입지와 주변 환경

입지적으로 대보 아파트와 한국 아파트 중간에 위치해 있어서 재건축 사업을 진행하면 같이 연계하여 성장할 수 있을 것으로 보인다. 이 사업지의 최대 장점은 세대당 대지지분이 18평이 넘는다는 것이다. 사업성이 좋은 단지라는 뜻이 되겠다. 일반적으로 세대당 대지지분이 15평이 넘으면 재건축을 진행할 사업성이 확보된다고 보는데, 여기는 3평 정도나 더 많은 것이다. 대보 아파트와 한국 아파트가 재건축을 진행하면서 성우·수도 빌라도 같이 속도를 낼 수 있을 것으로 예상된다.

단점도 있다. 필지가 별로 크지 않아서 소규모 재건축 형태로 진행될 가능성이 있다. 통합재건축은 불가능할 듯해 아쉽다. 사업지를 합치는 것은 생각보다 쉽지 않다. 조합마다 이해관계가 다르고 재건축을 바라보는 방향도 다르기 때문이다. 혹시 인근 한국 아파트 가로주택정비사업과 합쳐서 도시재생사업을 진행한다면 대단지 프리미엄 단지로 성장할 수 있지 않을까 하는 생각도 해본다.

실제 임장을 해보면 입지가 그다지 나쁘지 않다는 것을 알 수 있다. 바로 옆 대보 아파트가 재건축 사업이 마무리 단계로 접어들어서 그 속

● 현장 전경

도를 따라가는 형국인데, 가까운 사업지가 성공하는 것을 목격하는 것만으로도 사업 진행에 힘이 붙는다.

투자를 위한 접근 전략

소액투자가 가능한 사업지다. 최대한 가격이 저렴한 매물을 구해서 수리를 깔끔하게 해놓으면 전세가를 최고가로 받을 수 있을 것이다. 그러면 매매가와 전세가의 차이를 줄일 수 있는데 빌라 매물이라서 아파트와는 다르게 전세가는 매물의 상태에 따라서 변할 수 있다. 물론 HUG 보증보험 한도가 나오지 않을 수 있지만, 경우에 따라서 보증보험이 필요 없는 세입자를 받는 것도 방법이다. 이런 재건축이 다양하게 지역에서는 종종 적정한 물건이 나올 수 있다. 안 된다고 포기하지 말고 꾸준히 알아보면 소액으로 재건축 단지를 매수할 수 있는 기회가 나타날 것이다.

정광 아파트

다음은 정광 아파트 단지를 살펴보자. 1989년 준공, 3개 동, 최고 6층, 240세대로 구성된 저층 아파트다. 단지 크기가 작아서 소규모 재건축으로 사업을 진행하고 있다.

입지와 주변 환경

입지적으로 보면 대보 아파트 대비 길 안쪽으로 단지가 위치해 있고 크기가 작아서 사업성과 재건축으로서의 가치는 약간 부족하다고 생각한다. 하지만 대보 아파트를 기점으로 재건축이 잘 진행되게 되면 사업

● 정광 아파트 위치

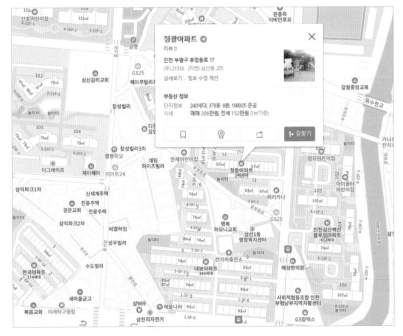

● 현장 전경

적인 면에서 투자가치가 오를 수 있다. 가격적인 면을 살펴보아야 한다
는 뜻이기도 하다.

임장을 해보니 단지 입구가 비좁고 도로가 주거입지로 접근하기에는

불편해 보였다. 가까이에 시장도 있어서 차량 통행도 많고 사람들이 붐비는 골목형 주거 형태였다. 도로가 좁아 접촉사고도 종종 날 것 같아 정비가 필요해 보였다. 현장을 보고는 이곳은 꼭 개발될 수밖에 없겠구나 하고 다시금 깨달았다. 비록 소규모이고 재건축 초기 상태이긴 하지만 장기적으로 인근 주거 단지들과 더불어 신축으로 성장 가능한, 투자가치 있는 단지로 변할 것이라고 생각한다.

투자를 위한 접근 전략

매매가격을 보면 대보 아파트 대비 절반 가격으로 투자가 가능할 듯하다. 전세가도 비슷하게 받을 수 있어서 갭은 더 줄어들 수 있는 장점도 있다. 초기 재건축 단지이기에 리스크가 있을 수 있지만, 충분히 사업을 진행할 수 있는 입지 가치와 가능성이 있다고 본다. 현 시세가 최고가 대비 약 70퍼센트까지 회복한 것을 알 수 있는데 대보 아파트 분양률에 따라서 회복 속도는 더 빠를 수 있겠다.

이곳 역시 옆의 큰 단지 흐름에 따라가는 투자로 볼 수 있다. 출구 전략이 간편하고 투자금이 소액으로도 가능하며 형님들을 따라가는 형국이라서 리스크 대비도 가능한 사업지기 때문이다.

무엇보다 가격적인 메리트가 있는 아파트다. 아직 구역지정 전이라서 취득세 중과를 피할 수 있는 매물을 찾을 수 있다는 장점이 크다. 투자는 타이밍이 9할 이상이다. 쌀 때 사서 비싸지면 파는 것이 투자의 기본 원리이자 원칙이다.

반대로 가장 저렴한 시기는 언제인지 알 수 있는 방법은 없다. 지금보다 싸질 수 없는 환경이 조성되고 있는지가 중요하다고 생각한다. 더 저렴해지지 않는다면 보합이거나 오를 가능성이 높으니 말이다. 나는 정광 아파트가 바로 이런 타이밍에 와 있다고 생각한다.

● 정광 아파트 시세

출처: 호갱노노

한국 아파트

이어서 한국 아파트 단지를 알아보자. 1989년 준공, 3개 동, 최고 6층, 174세대로 구성된 소규모 재건축 단지다. 정광 아파트와 마찬가지로 초기 재건축을 추진 중이며 대보 아파트를 따라가는 입지의 아파트다.

● 한국 아파트 위치

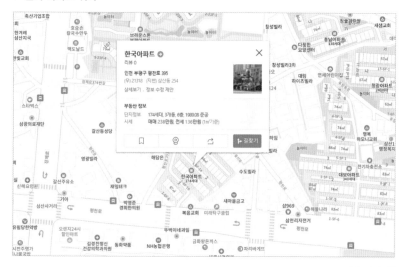

출처: 카카오맵

● 현장 전경

입지와 주변 환경

초기 재건축 단계로 추진위원회가 설립되었다. 입지적으로 정광 아파트보다 거주 여건이 좋은 편인데, 단지가 크지 않아서 소규모 재건축으로 추진할 수 있으며 대지지분 대비 가격도 저렴한 편이다.

실거래가 20평형 기준으로 1억 5,000만 원선으로 2021년 11월의 최고가 2억 2,600만 원 대비 약 70퍼센트까지 시세가 회복되었다. 세대당 대지지분으로 보면 저렴하다고 볼 수 있다. 아직 구역지정 전이라서 취득세 중과를 피해갈 수 있는 물건이 있고 소액 세팅이 가능한 장점이 있는 단지다.

매매가 대비 전세가율 60퍼센트까지 세팅이 가능해 소액투자가 가능한 장점도 있다. 초기 재건축 단지라서 리스크가 있지만 성장 가능성도 큰 단지이기에 소액으로 매수해두면 중장기적으로 사업이 진행되면서 부동산 가치가 높아질 수 있다고 생각한다. 소액투자로는 이렇게 인근의 큰 단지를 쫓아가는 작은 단지를 더 적격으로 보는 이유이기도 하다.

삼산동 260-17번지

마지막으로 삼산동 260-17번지 가로주택정비사업이 있다. 가로주택정비사업은 재개발보다 속도가 빠른 장점이 있다. 인근 빌라 시장에서 10년 내외 신축급 빌라를 매수할 수 있어서 투자 메리트가 있다고 본다. 이게 무슨 말이냐면, 일반적으로 재개발 사업지는 낡은 빌라나 다가구를 매입해서 신축 아파트 입주권을 받으려는 전략으로 접근한다. 하지만 재개발 사업지가 되려면 노후도가 맞춰져야 하기 때문에 근처 빌라가 대부분 노후화가 많이 진행되어서 전세 세팅이 어려운 단점도 있다.

아니면 다가구를 매입해서 직접 들어가 사는 방법인데, 이것도 실거주로는 별로 좋지 못한 선택이 될 수 있다. 나는 상관없다지만 주거환경이 별로 좋지 않은 지역에서 아이들을 키워야 하니 이 또한 선호되지 않

● 현장 전경

는 방식이다.

그런데 삼산동 260-17번지 가로주택정비사업 같은 경우는 주변을 돌아보니 10년 이내의 신축빌라들이 종종 눈에 띄었다. 이는 다시 말해 일반적인 전세가격으로 세입자를 받을 수 있다는 뜻이고, 그로 인해 투자금을 줄일 수 있는 장점이 있다는 의미다.

가로주택정비사업은 쉽게 말해 소규모 재개발 사업이라고 생각하면 된다. 사업지의 규모가 작은 단점이 있는 반면에 사업 절차는 기존 재개발 대비 간편하고 빠르게 진행되는 특징이 있다.

삼산동 일대는 주변에서 재개발·재건축이 활발히 진행되고 있으므로 꼭 아파트 투자만 고집하지 말고 신축 아파트 메리트가 있는 입주권 매수 투자로 선회할 수도 있다.

물론 신축 빌라만 투자 메리트가 있는 것은 아니다. 대지지분이 상당히 높은 가로주택 내의 다가구도 좋은 투자처가 될 수 있다. 하지만 부동산 경기가 나빠지면 이런 덩치가 큰 매물들은 거의 거래가 전무해서 출구 전략이 매우 어려워진다. 팔 때도 나와 같은 생각을 가지는 사람들이 많이 있을 법한 지역의 물건을 매수하고, 또 매도하는 것이 리스크를 줄이는 방법 중 하나다.

주변 재건축 물건도 투자 가치가 있지만 이러한 도심이 개발되고 있는 가로주택 사업지의 빌라투자도 소액투자로 가치 있는 선택지가 될 수 있다고 생각한다.

제9장

서울과 맞닿은 인천의 다크호스, 계양구

서울과의 직주근접 도시로 재도약할 계양구

계양구는 인천광역시의 동북부에 위치한 자치구다. 자치구의 이름은 인천 내륙 지역에서 가장 높은 계양산에서 유래하였다고 한다. 남쪽으로는 인천 부평구, 북쪽으로는 경기도 김포시, 동쪽으로는 서울시 강서구, 남동쪽으로는 경기도 부천시 그리고 서쪽으로는 인천 서구와 맞닿아 있다. 인천광역시의 자치구·자치군 중에서 서울시와 바로 접해 있는 유일한 지역이다. 인천에서는 서울과의 접근성이 가장 좋은 장점이 있는 것이다.

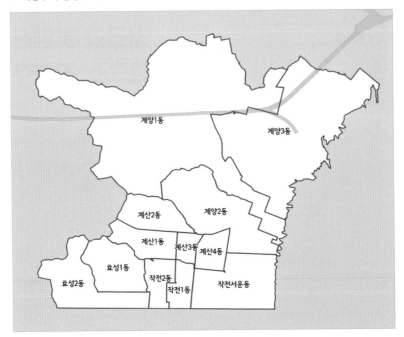

출처: 계양구

계양구는 부평구와 함께 서울 출퇴근자들의 선호도가 높고 정주수요
가 많다는 특징이 있다. 교외화 현상으로 서울의 인구가 경기도, 인천으
로 유출되면서 서울 서부 지역에서 계양구로 이주해 오는 서울 서부 지
역 주민도 많은 편이라고 한다.

그런데 이웃인 부평구와 마찬가지로 2010년 이후로는 지속적으로 인
구가 감소하고 있는 지역 중 하나다. 부평구와 마찬가지로 재개발 사업
이 부진하여 계양구 인구 상승에 한계가 왔으며, 빈집도 늘어나고 있다.
다만 현재 계양신도시 사업을 추진하고 있어 부평구와는 달리 인구가
증가할 가능성도 있다고 보여진다.

현재 계양구 지역은 대부분이 부평·김포평야를 구성하는 논 위주와 도시 변두리에 위치한 중소 규모 공장들만 있었기에 개발이 힘든 지역 중에 하나였다. 그러던 중 계산지구 등이 개발되면서 많은 택지지구들이 들어섰다. 그로 인해 대부분의 지역이 주거지로 이뤄진 특징이 있으며 공업지대나 경제금융지대, 주상복합지대가 많은 인천 시내 타 지역과는 조금 다른 풍경이다. 하지만 택지지구를 개발하면서도 자연발생적 도시의 성격을 동시에 갖고 있어서 단독·다가구 밀집지역이 대부분인 것도 입지적 특징이라 하겠다.

계양구의 개발 호재: GTX-D와 역세권 도시재생사업

계양구의 호재는 크게 서울과의 접근성을 획기적으로 높여줄 수 있는 교통망 호재 그리고 도시재생사업이다. 우선 교통망 호재부터 알아보자.

서울이 아닌 지역에서 최고의 호재는 서울과의 접근성을 높일 수 있는 교통망 호재일 것이다. 이는 외곽 지역이라면 공통적인 직주근접의 딜레마에서 시작된다. 일자리는 대부분 서울에 있지만 집값이 너무 비싸니 장거리 통근을 감수하더라도 서울 외곽에 살 수밖에 없는 것이다.

계양구도 역시 서울로 통학을 하거나 출퇴근하는 거주자가 대부분이다. 하지만 한 번에 서울로 진입할 수 있는 대중교통편이 원활하지 못해서 몇 번의 환승을 거쳐야만 한다. 그런 면에서는 현재 계양구가 직주근접을 바라는 수요층의 니즈를 충족시키기엔 부족함이 있다. 또 한편으로는 그런 절실한 이유 때문에 이번 정부의 GTX-D 사업 공약에 거는 기대가 크다고도 할 수 있다.

계양구는 위치적으로는 서울과 인접하지만, 철도 노선망을 보면 접근

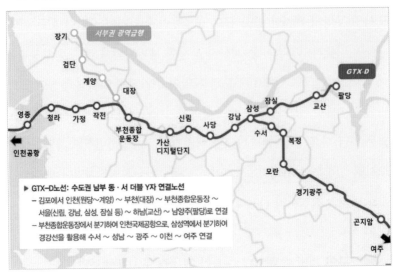

출처: 제20대 대통령선거 국민의힘 중앙정책공약집

성이 무척이나 불편하게 놓여 있다. 물론 인천 지하철이 지나고는 있으나, 여러 번 환승해야 하고 인구밀도 대비 서울과의 직결선이 없어서 직주근접의 의미가 무색해져 버린다. 따라서 이렇게 철도망이 불편한 지역에 서울과의 접근성을 획기적으로 높여줄 수 있는 GTX 사업은 정말 큰 호재임에 틀림없다. GTX-D는 김포한강신도시와 검단신도시의 기반시설을 확장시키기 위해서 추진되는 노선 중 하나다. 그 중간에 계양역이 개발되면 계양구도 인프라 개선 효과를 크게 볼 수 있을 것이다.

GTX-D 노선은 윤석열 정부의 건설 공약이기도 하다. 부평구와 연관된 GTX-B 노선이 2024년 3월 착공 예정인 것을 볼 때, 설계를 기점으로 노선을 합쳐서 운용해야 한다면 GTX-D 노선도 설계에 반영될 수 있는 여지가 충분하다고 보인다.

그렇게 되면 착공도 빨라질 수 있고 직주근접 지역으로 계양구의 입지는 더 개선될 가능성이 있다. 기술적인 문제나 정치적인 이슈 등이 남아 있기는 하지만, 김포와 검단의 승차 수요를 수용하기 위한 철도망은 무엇이든 필요하기에 정책적으로 계속 진행될 가능성이 높은 사업이라고 생각한다.

물론 규모가 큰 국책사업인 만큼 변수가 많을 수밖에 없고 정권의 항로에 따라서 노선이 변경될 수도 있다. 그러나 일단 개발이 진행된다면 인근 부동산의 가치가 높아지면서 아파트 가격도 오르게 될 것이다. 부동산 가치 상승에 대한 기대감이 높아지기 때문이다. 지금 당장 실제 개선효과는 미비하더라도 앞으로를 바라보는 기대감은 클 수밖에 없어서 계양구에 관심 있는 실거주 수요자나 투자자는 해당 사업의 진척상황을 꾸준히 지켜봐야 할 것이다.

계양구의 두 번째 호재로는 도시재생사업을 들 수 있다. 계양구는 자연발생적 도시의 성격을 가지고 있는 지역이다. 미추홀구와 비슷하게 단독·다가구가 많은 곳이라고 보면 될 것 같다. 미추홀구에서 먼저 언급했듯이 이렇게 단독·다가구가 많은 지역에서 개발 압력이 높아지면 부분적으로 입지 좋은 사업지가 선두로 개발된다. 본격적인 재개발·재건축의 서막이 열리는 것이다.

계양구의 주요 재개발·재건축

계양구도 도심 개발 흐름에 따라 재개발·재건축 사업이 많이 진행되고 있다. 특히 역세권 인근의 대단지 사업지들이 흐름을 이끌고 있는데, 사업이 마무리되고 있는 사업지도 있고 이제 곧 분양하는 단지도 있어서 선택적으로 접근하기 좋을 것이다.

계양구의 차기 대장주, 계양1구역

계양1구역은 계양구 작전동 인근에서 가장 규모가 큰 재개발 사업지로 2024년 3월 입주 예정이며 총 2,371세대를 공급한다. 작전역 초역세권에 위치하고 '힐스테이트자이' 브랜드로 개발되는 대어급 단지다. 이렇게 주변에서 대규모로 개발되는 단지가 있으면 장점이 많다. 따라가는 후속 사업지들의 진행 속도와 사업성을 예측해볼 수 있기 때문인데, 후속 사업지 입장에서는 참고할 기준점이 생긴 터라 사업을 진행할 때 예견된 리스크를 줄일 수 있는 장점이 생긴다. 특히 힐스테이트자이계양 같은 단지는 이미 개발이 끝나고 입주를 앞두고 있는 시점이기 때문에 안정적인 사업성을 계산해볼 수 있어서 인근 사업지에 대한 리스크를 더 줄일 수 있는 이점을 제공한다.

정비사업에서는 첫 타자가 온갖 비바람을 먼저 맞는 아주 힘든 자리지만, 그 결과는 배가 되는 수익률로 돌아올 수 있으니 장·단점을 꼭 검토해보고 접근하는 것이 좋겠다. 어느 것이 좋다는 말이 아니라 상황에 따라서, 그리고 자신의 투자 성향에 따라서 먼저 가는 타자를 잡을지 따라가는 타자를 잡을지 선택하면 된다는 뜻이다. 개인적인 편차가 있다는 것뿐 투자의 방향성은 같다고 볼 수 있다.

힐스테이트자이계양을 직접 임장해보면 그 위용을 실감할 수가 있다. 대로변에 인접해 있어서 교통이 편리하고 작전역이 바로 앞이라서 역세

출처: 아실

권 가치가 더해지면 더했지 낮아지지는 않을 것이다. 게다가 2,371세대의 대단지인 만큼 단지 규모도 상당히 크고 수요층도 많을 것이다. 또한 주변 인프라도 서서히 더 늘어날 것이다. 지가 상승은 당연한 얘기다.

　일단 왕복 8차선 봉오대로가 단지 입구와 연결되어서 차량 출입이 편하고 경인고속도로를 통행하기에도 최적의 조건을 가지고 있어 출퇴근도 편리할 것으로 예상된다. 8차선의 획기적인 접근성이 이 단지의 장점 중 하나다. 게다가 작전역이 바로 앞이라 도보로 이용이 가능하다는 점도 단지의 가치를 높여줄 것이다. 브랜드도 1군인 힐스테이트자이이어서 실거주 수요자들에게 1급지로 인정받을 최상위 주거상품이 되리라 생각한다.

왜 이렇게 이 단지를 좋게 보는지 이유를 설명하자면 이 밖에도 많다. 하지만 내 말의 논지는 이런 단지를 지금 투자하라는 게 아니라, 이렇게 될 단지를 찾아서 장기적으로 보유하라는 것이다. 장기적으로 봤을 때 이런 단지는 언제고 또 나올 수밖에 없다. 도심이 슬럼화 되고 정주인구가 줄어들면 도심 개발의 압력은 커질 수밖에 없기 때문이다. 그래서 꾸준히 이렇게 될 만한 사업지와 지역들을 임장하고 분석해 놓아야 한다. 그래야 기회가 왔을 때 투자를 실행할 수 있는 용기를 낼 수 있기 때문이다.

시세를 보면 34평형 기준으로 2024년 입주를 앞두고 전고점을 거의 회복한 것으로 보여진다. 2022년 하락장에서도 꿋꿋하게 버티기를 잘하는 단지라는 뜻이면서도 실수요들이 받아주는 즉 인정하는 단지라는 뜻이다. 2021년 8월 최고가 8억 원 후반대까지 올랐다가 부동산 경기 침체로 하락했으나 다시 전고점의 80퍼센트까지 회복한 것을 볼 수 있다. 호가는 8억 원까지 나오고 있으니 입주장에도 가격이 흔들리지 않을지 지켜볼 만하다. 2,300여 세대가 동시에 입주하게 되면 인근 전월세

● 힐스테이트자이계양 분양권 시세

시장도 흔들릴 테지만, 전월세를 맞추지 못한 투자자의 물건들이 저렴하게 나오게 될 테니 실거주 수요자라면 이때를 적극적으로 활용하면 좋을 듯하다. 입주장이 끝나면 시세는 다시 회복되는 특징이 있으니 입주장이 시작되는 2024년 상반기를 꼭 노려보기를 추천한다.

전월세시장도 비슷하게 될 것 같다. 2,300여 세대 중 절반 이상은 임대 물량으로 나올 것이 예상되기에 저렴한 임대매물을 원한다면 이런 타이밍을 찾아보는 것도 좋은 방법이다.

다시 한 번 이야기하지만 이런 단지에 투자로 접근하라는 뜻이 아니다. 선도 사업지를 먼저 보고 입지를 분석하면서 후속 사업지에 관심 가지라는 뜻이다. 이런 지역을 지켜보다 보면 투자금에 따라서 후속 단지들도 소액투자가 가능한 타이밍과 물건이 꼭 나온다. 이런 것이 부동산 투자의 묘미가 아닐까 생각한다.

계양구의 신흥강자, 작전현대A구역

다음으로 찾아볼 사업지는 작전현대A 재개발 사업지다. 2027년 5월 입주 예정으로 '두산위브더제니스센트럴계양'이라는 이름으로 총 1,370세대가 공급된다. 620세대를 일반분양 했는데 아쉽게도 실거주자들이 가장 원하는 전용 84타입은 조합원들에게 배정되어 일반분양 물량은 없는 것으로 알려져 있다. 힐스테이트자이계양과 더불어 작전동의 주거 인프라를 한층 끌어올려줄 단지라고 생각한다.

이곳 역시 계양1구역과 마찬가지로 작전역 초역세권에 해당하는 사

● 작전현대A구역 위치

출처: 아실

업지로 입지가 좋고 단지 규모도 커서 이 지역의 주축 아파트로 성장할 것이다. 대단지이면서 입지도 좋고 그러면서 후속 사업지만의 장점까지 있는 단지는 별로 많지 않다. 투자하기에는 최적의 입지가 아닐까 생각된다. 다만, 아쉽게도 입주권은 초기 투자금이 너무 많이 들어서 투자로 추천하지 않는다.

현장을 임장해보니 생각보다 입지가 더 좋다는 느낌을 강하게 받았다. 임장 당시에는 터파기 공사가 한창이었는데 작전현대A구역이 완성될 때를 상상해보면 차기 대장주로 손색이 없을 듯했다.

두산위브더제니스센트럴계양의 최대 장점은 힐스테이트자이계양이 가진 장점을 모두 가지고 있다는 것이다. 대단지 역세권, 1군 브랜드에 교통 호재, 게다가 힐스테이트자이계양이 선도 단지로 선행학습을 시켜준 덕분에 사업 속도도 빠르고 분양시기도 앞당길 수 있었다.

현장을 둘러볼 때 어쩌면 힐스테이트자이계양보다 더 입지가 좋은 것 같다는 생각도 들었다. 힐스테이트자이가 대단지 아파트이긴 하지만 인근 인프라의 특징이 주거용 상권보다는 먹자골목 상권으로 발전하여서 신규택지를 개발하는 느낌을 받았다면, 이곳은 주변에 이미 주거 인프

● 두산위브더제니스센트럴계양 공사 현장

라가 촘촘히 배열되어 있는 단지 사이에 신축으로 들어가는 특징이 있다. 한마디로 도심의 인프라는 다 가지면서 신축 대단지라는 말이다. 구축 밭에서 신축은 선호도가 높을 수밖에 없다. 게다가 기존 주거 인프라를 계속 누리면서 신축이 들어온다면 이보다 더 좋은 상품은 없다고 본다.

2023년 12월 기준으로 분양가는 전용 74타입이 약 6억 원이다. 약간 비싸다고 생각되지만 분양 물량이 몇 개 되지 않아서 금방 소진될 것으로 예상하고 있다. 이 단지의 단점은 소형 평형이 많다는 것인데, 최근엔 1인 가구 수요도 만만치 않기에 어떻게 결과가 나올지 지켜봐야 하겠다.

한 가지 확실한 점은 힐스테이트자이계양의 시세가 8억 원 구간을 뚫어준다면 이곳도 충분히 8억 원대로 따라갈 입지와 힘을 가지고 있다는 점이다. 대장을 따라가는 대장은 그래서 투자 가치가 높은 장점이 있다.

● 두산위브더제니스센트럴계양 분양가

출처: 호갱노노

효성동의 백조가 될 미운오리, 제일풍경채위너스카이

다음으로는 지금은 미운오리 취급을 받고 있지만 향후 백조처럼 가치가 높아질 수 있는 제일풍경채위너스카이 단지를 살펴보자. 작전동 인근인 효성동에 공급되는 대단지 아파트로 전형적인 구도심에 들어오는 신축이다. 2개 단지로 나뉘어서 개발하는데 주상복합(A블록)과 아파트(B블록)로 구분하여 총 1,370세대가 공급된다. 입주 시기는 2025년 8월로 두산위브더제니스센트럴계양보다 일찍 입주한다.

이 사업지는 작전역과 인접하지 못한 입지에다 부동산 시장이 안 좋을 때 분양을 해서 미분양으로 고생한 단지다. 분양가격과 입지 상품성을 모두 살펴봐야 하는 단지라는 뜻이다.

● 제일풍경채위너스카이 위치

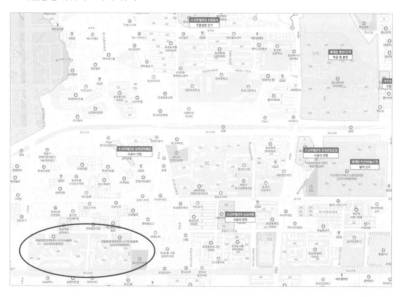

출처: 아실

왜 미분양이 되었는지, 정말 시장 분위기가 안 좋아서인지, 입지적인 한계는 없는지, 미래 가치는 얼마나 되는지 등 다방면으로 검토해야 미분양에 대한 투자 가치를 알 수 있다. 한마디로 현장을 가보라는 뜻이다. 물론 먼저 손품을 팔아서 기존 대장주의 가격과 분양가격의 차이를 확인해보는 수고 정도는 하고 출발하는 것이 좋다. 그래야 실제 임장하면서 가치의 차이가 어떻게 가격의 차이로 나타나는지 확인할 수 있기 때문이다.

개인적으로 나는 이런 미분양 단지를 투자로는 긍정적으로 본다. 가격적인 메리트와 투자금이 맞아진다면 말이다. 미분양 투자를 할 때는 꼭 모델하우스와 현장을 다녀와보고 결정을 해야 한다. 친구 따라 강남 간다고 투자자 지인들이 투자했다고 자기 판단 없이 덩달아 투자했다가 출구 전략이 없어서 고생하는 경우를 많이 봤다. 꼭 현장에 들러서 위치와 상태, 주변 인프라의 발전 가능성을 확인하기 바란다.

현장 임장을 가보니 왜 미분양인지 알 것 같았다. 장점부터 찾아보자면 일단 단지의 크기와 위치는 나쁘지 않다고 생각했다. 두산위브더제니스센트럴계양과 멀기는 하지만 인근 지역의 기축 대장주인 'e편한세상계양더프리미어'와 도보로 5분 거리에 위치해 있고, 왕복 4차선 도로와 바로 인접해 있어서 교통도 나쁘지 않은 입지다. 물론 아파트가 개발되고 나면 도로폭은 더 넓어져서 쾌적성도 좋아질 것이다. 도보로 단지 주변만 돌아보는데 20분 넘게 걸린 것 같다. 단지가 길게 배열되어 있어서 임장 구역이 넓어지는 듯하다.

장점이 있다면 단점도 있는 법, 일단 주변에 주거 인프라가 너무 열악해 보였다. 원래 이곳은 단독·다가구 밀집지역인데 아파트 단지는 작전역을 기준으로 공급되어서 이쪽 지역에는 빌라·다세대주택만 공급되다 보니 주거환경이 그리 좋지 못한 상황인 것이다.

단지 주변을 돌아보면 시장이나 자연발생적 인프라도 거의 없고 단순 빌라 밀집지역으로 보일 정도로 주거 인프라는 아무것도 없는 현장이었다. 그러니 기존 이 지역의 실거주자들은 이런 곳에 아파트가 공급되어도 주거환경이 안 좋다는 이미지가 있으니 청약을 넣지 않을 것이고, 인근에서 청약을 기다리는 수요층 또한 작전현대A구역의 '두산위브'를 기다리는 타이밍과 겹치니 제일풍경채위너스카이는 청약 수요를 유도할 수 있는 여건이 부족했던 것으로 분석된다.

꼭 현장에 가보라고 하는 이유가 바로 여기에 있다. 우리 부동산 투자자들은 현재 가치보다는 미래 가치를 판단해서 투자를 실행한다. 현재는 주거입지가 아주 좋지 못하고 사람들이 싫어하는 입지지만, 주거환경이 지금보다 개선되는 지역이라면 투자해볼 만하다고 생각한다. 지금의 제일풍경채위너스카이 사업지처럼 말이다.

그런데 반대로 생각을 해보면 제일풍경채위너스카이가 입주하는 시점에는 지금 같은 주거 인프라는 아닐 것이다. 현재의 관점에서만 보지 말고 미래의 관점에서 보는 습관을 가지는 것이 좋다. 지금은 비록 다세대 밀집지역이지만 'e편한세상계양더프리미어'처럼 주변이 정돈되면서 주거환경이 개선된다면 분명히 가격도 동반 상승할 것이라고 상상해보는 것이다.

제일풍경채위너스카이를 좋게 보는 두 번째 이유는 가격이다. 전용 84타입(B블록) 기준으로 약 6억 원에 분양을 했는데 현재 대장주인 e편한세상계양더프리미어 32평형(전용 84제곱미터)가 6억 원 초반대 가격을

유지하고 있다. 입지와 위치적인 차이가 있다고 하더라도 2021년 입주한 단지와 2025년에 입주하는 단지의 차이가 크게 벌어지지 않았다면 고평가된 것은 아니라고 생각한다.

　임장을 가게 되면 도보로 걸어보기를 추천한다. 정말 가까운데 가격 차이가 나면 이게 맞는 걸까 하는 의문이 저절로 생기게 될 것이다. 그래서 실제 임장을 가본 사람과 지도만 보고 가격을 평가하는 사람은 투자 안목의 차이가 있을 수밖에 없다.

　물론 e편한세상계양더프리미어 단지 주변의 인프라는 아파트 단지가 포진해 있어서 주거입지가 양호한 편이다. 구축 밭에 신축으로 선호도도 좋을 수밖에 없고 대단지의 장점도 가지고 있다. 그렇다면 그런 양호한 주거환경을 가지고 있는 지역과 도보로 접근할 수 있는 지역에 대단

● 제일풍경채위너스카이 분양가

지 프리미엄 단지가 공급된다면 가치 차이가 너무 많이 나는 것도 이상하다. 지금은 6억 원이라는 분양가가 주변입지 대비 비싸다고 생각할 수 있지만 입주시기와 주거환경 개선사업이 병행되는 점을 감안한다면 충분한, 아니 적정한 가격대라고 판단할 수 있는 것이다.

2023년 12월 기준으로 인천의 미분양은 약 1,600여 세대다. 대략 6개 단지가 미분양 상태로 남아 있는데 그중에서 가장 투자 가치가 높은 곳이 여기 제일풍경채위너스카이라고 보인다. 그만큼 소액투자의 메리트를 가지고 있고 상승 여력이 충분한 가치를 가지고 있다고 보기 때문이다.

지금까지 계양구의 개발 호재와 주요 단지들을 찾아봤다. 주력 단지들의 상태와 입지 가격들을 알고 있어야 이후 실제로 투자할 수도 있는 재건축 단지들의 가치를 비교해 볼 수 있기에 세 곳의 단지를 찾아보고 분석하는 시간을 가진 것이다.

이제 실제로 우리가 투자 가능한 중소형 재건축 단지들을 찾아보고 가치를 분석하는 시간을 가져보고자 한다. 계양구 주요 도시재생사업 단지 중 소액으로 접근 가능한 물건과 단지들을 검색해보면 투자에 좋은 도움이 될 것이다.

일단 그 지역의 재건축 단지나 재개발 사업지의 사업성을 판단하려면 지역 대장주의 가격 먼저 알고 있어야 한다. 그 지역에서 가장 선호하는 단지가 어디인지, 입지적 가치는 어느 정도이고 가격대는 얼마인지, 단지 브랜드와 입주 시기는 언제인지 등을 미리 알아놓고 시작하는 것이 좋겠다.

효성동의 현재 대장주, e편한세상계양더프리미어

계양구 작전동 인근의 현 대장주는 'e편한세상계양더프리미어'로 2021년에 입주한 신축이다. 단지 주변의 주거입지가 양호하고 구축 아파트 사이에 공급된 특징이 있어 실거주 수요층의 선호가 높다고 한다.

실제 임장을 가보니 건폐율 면에서 답답하다는 느낌을 받기는 했다. 하지만 신축이라서 설비와 주거입지가 양호하고 상품성도 좋아 보였다. 게다가 구축 밭의 신축이라는 장점 덕에 인근 시세를 리딩하는 단지라

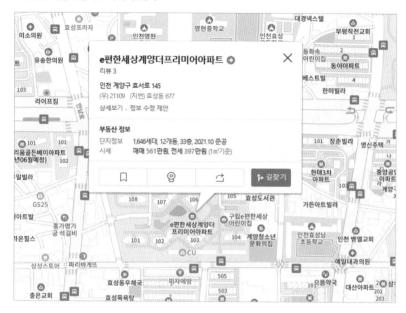

출처: 카카오맵

는 것도 매력적이었다.

32평형 기준으로 6억 원 초반의 시세를 형성하고 있으며 전세는 4억 원 초·중반에 거래가 이뤄진다고 한다. 이제 입주 4년 차라 관리가 잘 되어 있어 상품성 좋은 단지라는 평가를 받고 있다.

단점으로는 앞서 언급한 건폐율에서 조금 답답한 느낌을 받았고 남쪽 도로와 인접한 동들은 대로변 쪽으로 이동하기가 불편해 보였다. 그래 서 동의 위치마다 가격 차이가 있을 듯하다.

이렇게 대장 단지부터 가격의 기준을 잡고 가치를 판단하면서 인근의 재개발·재건축 단지들을 찾아보고 분석해보는 것이다. 기준가격보다 높 다면 가치도 높은지 확인해야 하고 기준가격보다 낮은데 너무 가격이 낮으면 혹시 저평가인지 판단할 수 있는 습관을 길러야 한다.

e편한세상계양더프리미어 같은 단지를 갭투자로 접근하라는 말이 아니다. 이렇게 좋은 단지가 기준이 되니 미래에 이런 단지가 될 만한 재건축 사업지를 소액으로 접근할 수 있는지 고민하고 찾아보고 투자에 반영하도록 노력해야 한다는 뜻이다.

● e편한세상계양더프리미어 외부 전경

투자금이 작은 소액투자자라고 해서 무조건 리스크가 큰 초기 재개발이나 빌라에 투자하는 것이 아니다. 리스크를 줄이면서 사업이 진행될 만한 단지와 사업지를 찾아서 미리 선점하고 기다리는 전략을 가진다면 분명 성공 투자로 가는 기반이 될 것이라고 생각한다.

지금까지 대장주들, 선호도 높은 단지 위주의 사업지를 찾아보았다면, 이제부터는 실제로 소액투자로 접근이 가능한 재건축 단지들이나 인근 대지지분이 높은 단지를 찾아서 투자에 반영할 수 있는 부분들을 찾아보고자 한다.

서광 아파트

첫 번째 단지는 e편한세상계양더프리미어 바로 앞에서 소규모 재건축을 진행하고 있는 효성동 서광 아파트다. 1983년 준공, 4개 동, 최고 5층, 140세대로 구성된 저층 아파트로 세대당 대지지분은 약 14.5평이다. 재건축이 되면 지상 20층, 2개 동, 187세대의 신축 아파트로 공급될 예정이다.

● 서광 아파트 위치

출처: 아실

입지와 주변 환경

단지가 작아서 소규모 재건축으로 추진 중인데 속도가 빨라 사업성과 투자 메리트가 있는 곳이다. 특히 대장주 옆에서 진행되는, 즉 따라가는 재건축 단지의 장점이 있어서 리스크가 줄어드는 효과도 있다. 소규모 재건축이라고 투자 가치가 없거나 사업 속도 등에서 불이익이 생기는 건 아니다. 소규모 재건축의 속도도 일반 재건축 대비 빠르고 신축 아파트가 될 때 수익성도 투자금 대비 높은 경우도 많다. 작은 아파트라고 무시해서는 안 되는 이유가 여기에 있다.

현장에 가서 보니 대장주에 인접한 재건축 단지라서 그런지 단지가 깔끔하게 잘 정리되어 있고 주거 인프라도 좋아 보였다. 특히 e편한세상 계양더프리미어 바로 앞에서 진행되는 소규모 재건축이라 사람들의 관심도 높다고 한다. 사람들이 생각하기에 차기 투자처로 딱 알맞은 크기의 단지가 아닐까 생각된다.

● 현장 전경

투자를 위한 접근 전략

사업 속도가 빨라서 건축심의를 통과하고 사업시행인가를 앞두고 있다. 사업시행인가가 통과되면 바로 이주를 계획하는 단계가 진행될 것이라 소규모 재건축의 속도감대로 잘 흘러가는 단지라고 판단된다. 입지적으로 나쁘지 않은 주거 단지에 위치해 있고 대장주를 따라가고 있으며 소액투자로 적합하다고 생각된다.

그런데 일단 5층 이하 저층 아파트이기는 하지만 가격대가 만만치는 않다. 2023년 12월 기준으로 19평형이 1억 7,000만 원대를 유지하고 있는데 전고점 대비 5,000만 원 정도 하락한 가격으로 거래가 되고 있다. 부동산 시장이 2023년 하반기 이후 정체되어 나타나는 현상으로 보여지는데 일시적인 하락이 아닐까 생각된다. 가격적으로 상승 여력이 충분해 보이는 단지이고 인근 소규모 재건축 단지 중에서는 가장 속도가 빠른 곳이기에 관심 가져볼 만하다고 본다.

임장을 가게 되면 감정평가와 예상 조합원분양가를 확인해보고 인근 재건축 단지들과의 차이를 확인하면서 공부하는 것이 좋다. 이곳은 아

● 서광 아파트 시세

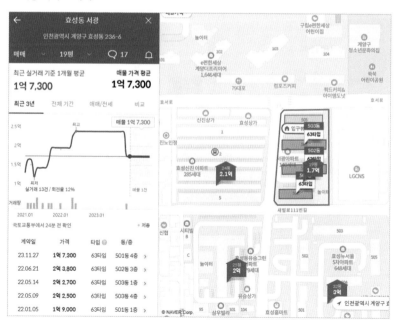

출처: 호갱노노

직 조합원분양가가 확정되지 않아서 확실한 수익성은 알 수 없지만, 예상되는 조합원분양가는 대체로 중개사님들이 알고 있기 때문에 임장을 통해서 알 수 있을 것이다. 입지적으로 나쁘지 않고 조합설립 이후 멈춰 있다가 속도를 내고 있는 점 등이 긍정적으로 평가되는 단지이기에 소액투자처로 적당하다고 생각한다.

신진 아파트

다음으로 알아볼 곳은 서광 아파트 바로 옆의 신진 아파트다. 1984년 준공, 4개 동, 최고 5층, 285세대로 구성된 아파트로 세대당 대지지분은 약 14평이다.

● 신진 아파트 위치

출처: 카카오맵

입지와 주변 환경

서광 아파트와 마찬가지로 소규모 재건축으로 진행되기 좋은 입지와 상품성을 가지고 있으며 서광 아파트 대비 면적이 큰 장점도 있다.

실제 임장을 해보니 서광 아파트와 비슷한 상품성과 입지를 가지고 있는 것을 알 수 있었다. 아파트 관리도 깔끔하게 잘되어 있고, 외관도 너무 오래되어 보이지 않게 잘 관리하고 있는 듯 보였다. 그러나 저층 아파트라 주차는 어쩔 수 없이 힘들어 보였다. 입지적·시기적으로 옆 서광 아파트를 벤치마킹 할 수 있는 요소들이 많아 보여서 소규모 재건축으로 추진하기 좋은 입지라고 생각된다.

● 현장 전경

특이한 점으로 서광 아파트와 다르게 신진 아파트 앞에 있는 상가건물이 리모델링을 추진하고 있었다. 건물이 노후화되어서 다시 시공하면 넓고 쾌적한 신축 상가가 들어서게 된다. 그럼 이왕이면 서광 아파트랑 같이 재건축을 했으면 어땠을까 하는 생각이 들기도 했다. 아까운 자리이면서도 상품성이 좋은 상가 건물이 나올 수도 있을 것 같은데 말이다. 하지만 한편으로 조합원들이 왜 그런 결정을 했을지 짐작은 되었다. 가까운 곳에 있어도 이해관계가 다른 경우가 많은 것이 재개발·재건축인 만큼 지주 작업이 쉽지는 않았을 듯싶다.

투자를 위한 접근 전략

단지 인근의 다른 구역과 상가가 새로이 신축으로 바뀌어가고 있으므로 신진 아파트도 재건축 될 만한 입지와 상품성을 가지고 있다. 실제 재건축으로 이어지려면 사업성을 따져보고 건설사의 건축비용 등이 문제가 되기는 하겠지만, 입지적으로 상응하는 가치가 있는 단지이기에 관심 가져 볼 만하다고 생각한다.

가격대도 서광 아파트와 비슷하게 2억 원대를 유지하고 있는데 간혹 1억 원 중후반대 매물이 나와서 거래가 되기도 한다. 이런 급매물이 나오면 투자 메리트가 있는 상품이므로 꾸준히 관심을 가지고 지켜보고 있으면 좋은 투자 타이밍이 올 것이다.

중앙공영 아파트

다음으로 소개할 아파트는 효성동 중앙공영 아파트다. 1989년 준공, 4개 동, 최고 6층, 168세대로 구성된 저층 아파트 단지다.

출처: 아실

입지와 주변 환경

이 단지의 최대 장점은 두산위브더제니스센트럴계양(작전현대A구역) 옆에 위치해 있다는 것이다. 바로 옆에 대단지가 개발되고 있으니 소규모 재건축으로 사업이 진행될 가능성이 높은 단지라고 판단된다.

앞에 소개한 서광 아파트 같이 소규모 재건축으로 추진되기 좋은 입지를 가지고 있다. 임장을 가보니 확실히 두산위브더제니스센트럴계양이 준공되면 같이 주거환경이 개선될 곳이라고 생각된다.

단점도 있었는데 아파트 입구가 시장과 인접해서 접근하기에 좀 불편해 보였다. 중앙 아파트 인근이 상가와 주변 주택들로 연결되어 있는데, 주차와 진출입이 뒤엉켜 있는 상황이라서 주거 여건으로는 좋지 않아

보였다. 그리고 단지의 크기가 작은 것도 아쉽지만 단지 모양이 직각형이 아니라서 건축선 한계도 있을 듯하다. 특히 두산위브더제니스센트럴계양 단지가 개발되고 나면 조망권에 대한 이슈가 나올 것이라 동의 배치가 사선으로 배치될 수 있겠다는 생각도 들었다.

물론 인근 주거 단지와 상가가 많아서 주거 여건은 별로이지만 바로 옆에 대단지가 개발되면 인근 주거환경은 비약적으로 개선될 것이고 그에 따른 후광 효과를 톡톡히 볼 수 있을 것임에는 틀림없다.

● 현장 전경

투자를 위한 접근 전략

아파트 가격은 입지 대비 저렴하다고 본다. 서광 아파트나 신진 아파트는 2억 원대를 유지하고 있는데 중앙 아파트는 16평형 기준 1억 원 중반을 유지하고 있어서 타 사업지 대비 성장 가능성도 높아 보인다. 아직 이렇다 할 재건축 추진 움직임은 없지만 두산위브더제니스센트럴계양이 개발되면서 점차적으로 투자의 바람이 불어올 것으로 예상되므로 저렴한 물건이 있다면 투자를 고려해볼 만하다. 필지 모양이 좀 아쉽지만 그래도 소규모 재건축으로 충분히 발전할 수 있는 입지에 형님 단지(두산위브)의 지가 상승률이 있기 때문에 소액투자처로 손색이 없다고 생각한다.

● 중앙공영 아파트 시세

출처: 호갱노노

동아 아파트

다음으로 소개할 단지는 효성동 동아 아파트다. 1986년 준공, 4개동, 최고 5층, 270세대로 구성된 저층 아파트 단지다. 세대당 대지지분이 약 14평으로 약간 아쉬운 부분이다.

앞에서도 설명했듯이 이 단지 역시 바로 옆에 힐스테이트자이계양(계양1구역)이라는 큰단지가 입주를 앞두고 있다는 장점이 있다. 대단지 아파트가 사업이 마무리됨에 따라 인근 주거 인프라는 기존에 비해서 비약적으로 개선될 것이다. 또한 아파트 주변 상권을 따라 유동 인구가 증가할 것이고 이는 인근 단지들에도 긍정적인 영향을 미칠 것이므로 이 흐름은 분명히 동아 아파트에도 이어질 것이다.

입지와 주변 환경

실제 임장을 가보니 아쉬운 점이 몇 가지 보였다. 일단 출입구가 불편해 보였다. 동아 아파트는 단지 주위에 상가가 몇 개 있는데 주출입구 진입에 혼란을 줄 만큼 상가 주변이 복잡해 보였다. 그리고 동아 아파트 좌측이 계양1구역인데 후문 동선도 진입하기에 혼잡도가 높을 것 같았다. 단지의 모양도 정사각형이 아니라 그다지 예쁘지 않다. 지형도 약간 오르막으로 평지가 아니었다. 하지만 어느 단지든 장점과 단점이 존재하니 단점보다는 장점이 많은 단지를 찾아서 상황에 맞춰가면 된다.

● 현장 전경

투자를 위한 접근 전략

2023년 12월 기준 동아 아파트는 17평형 기준 1억 원 중후반대 가격을 유지하고 있다. 충분히 상승 가능한 가격대로 보이며 힐스테이트자이계양이 더 올라주면 사업성이 좋아져서 인근 지가의 상승분이 가격에 반영될 것이라고 생각한다. 좋은 투자처라고 생각되니 임장 갈 때 꼭 한 번 들러보기를 추천한다.

● 동아 아파트 시세

출처: 호갱노노

동서 아파트

다음으로 알아볼 곳은 효성동 동서 아파트다. 소규모 재건축을 추진 중인 단지로 현재 건축심의 단계를 거치고 있다고 한다. 1981년 준공, 3개 동, 최고 6층, 112세대로 구성된 아파트 단지로 소규모 재건축을 통해서 164세대와 부대복리시설이 들어설 예정이다. 인근에 대규모 재건축 단지는 없지만 소액투자 단지로 관심 가져볼 만하다고 생각한다.

● 동서 아파트 위치

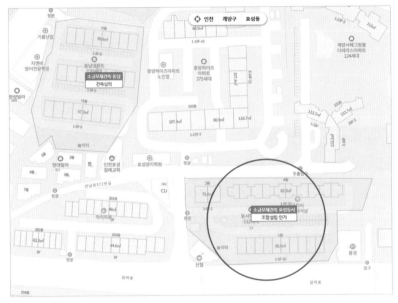

● 현장 전경

입지와 주변 환경

2023년 12월 현재 동서 아파트는 조합설립인가를 받고 지나고 사업

시행인가를 준비하고 있다. 소규모 재건축답게 진행 속도가 더 빨라질

수 있을 듯하다. 단지 규모가 작기는 하지만 새 아파트로 변신하는 과정에서 상품적인 장점을 가져 충분히 투자가치가 있다고 생각한다.

투자를 위한 접근 전략

현재 매매가격은 19평형 기준 1억 원 초반이라서 적은 투자금으로 접근할 수 있어 부담이 적은 장점이 있다. 물론 수익률 면에서는 타 단지 대비 낮을 수는 있겠으나, 리스크가 적고 속도가 빠르며 특히 출구 전략이 확실하다는 메리트가 있어서 소액투자 단지로 좋다고 생각한다. 인근 소규모 재건축 중에서는 가장 단지 규모가 작지만, 그만큼 재건축에

● 동서 아파트 시세

출처: 호갱노노

대한 소음과 저항도 거의 없기 때문이다.

동남 아파트

다음은 효성동 동남 아파트를 알아보자. 1984년 준공, 3개 동, 최고 5층, 120세대로 구성된 저층 아파트 단지다. 지금은 소규모 재건축으로 사업을 진행하고 있고 총 190세대와 부대복리시설을 신축해서 공급할 계획이다.

2021년 4월 총회를 통해 시공사를 남광토건으로 선정했고 현재 사업 시행인가 구간을 지나고 있다. 소규모 재건축이기는 하지만 세대수 대비 공급량이 많은 장점이 있다.

● 동남 아파트 위치

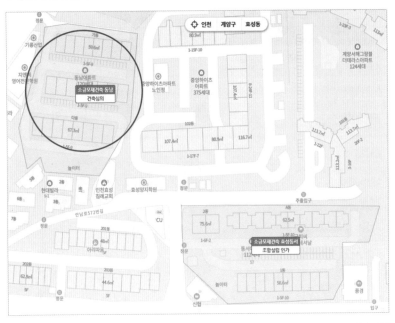

출처: 아실

입지와 주변 환경

현장 임장을 가보니 인근 주거 단지들이 대부분 노후화가 많이 진행되어서 신축 아파트가 들어오면 관심도가 높아질 수밖에 없는 입지를 가질 듯했다.

사업지는 평지는 아니고 약간 오르막이 있어서 옆 단지와 단차가 있는 것을 볼 수 있었다. 이전 같으면 이런 단차 구조는 아파트 건축한계선에 영향을 주어서 사업성에 마이너스로 작용하는데 요즘에는 건축기술이 좋아져서 설계의 힘으로 단차를 보완한다고 한다.

● 현장 전경

투자를 위한 접근 전략

아파트 가격은 20평형 기준 1억 원 후반대를 유지하고 있는데 아무래도 속도가 빠른 만큼 가격도 받쳐주는 장점이 있다고 본다. 조합원분양가 대비 인근 신축단지의 70~80퍼센트 정도의 가격을 바라보는 방향으로 접근하면 안전한 투자가 될 수 있을 것이다. 입지와 환경의 차이가 있을 뿐 가격만 저렴하다면 투자 메리트가 있다는 뜻이다.

그런데 개인적으로는 동남 아파트보다는 동서 아파트가 투자 가치가 좀 더 있어 보인다. 왜냐하면 동서 아파트가 가격이 좀 더 저렴하고 사업 속도가 약간 느려서 동남 아파트의 리스크를 지켜보면서 진행할 수 있기에 보다 안전한 투자처로 생각되기 때문이다. 개인적인 소견이니 추후 소액투자 단지를 찾을 때 고려사항 중에 하나로 보고 분석하면 될 것이다.

● 동남 아파트 시세

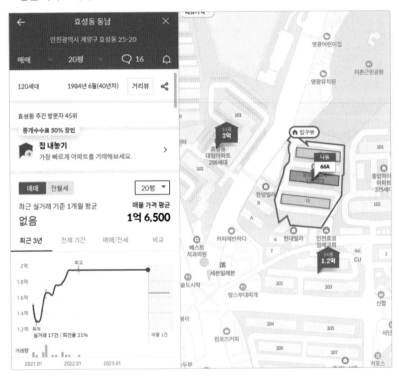

출처: 호갱노노

뉴서울 1차 아파트

마지막으로 뉴서울 1차 아파트를 소개해보고자 한다. 이 아파트는

1985년 준공, 10개 동, 최고 5층, 460세대로 구성된 재건축 단지다. 현재 사업시행인가 구간을 지나고 있다고 한다. 총 6개 동, 601세대와 부대복리시설을 공급할 계획이며 2025년 관리처분인가를 목표로 사업을 진행하고 있다. 인근 재건축 사업지중에서 가장 규모가 크고 사업 속도도 빠른 재건축 사업지다.

뉴서울 1차 아파트의 재건축 사업은 1군 브랜드인 SK건설이 시공을 맡아서 이후 수요층의 선호도가 높을 것이라고 예상된다. 작전역 인근 재건축 단지를 제외하고 1군 브랜드가 맡은 곳은 뉴서울 1차 아파트뿐이기 때문이다.

● 뉴서울 1차 아파트 위치

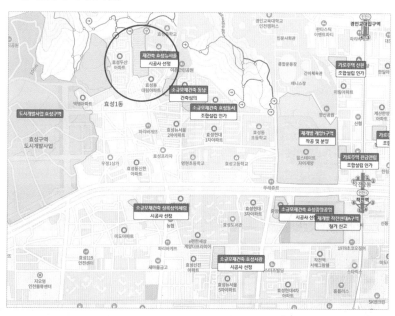

출처: 아실

입지와 주변 환경

일단 입지적으로 작전역과는 거리가 좀 있다. 천마산 줄기와 인접해서 숲세권으로 발전할 가능성이 있고 초등학교와 중학교를 다 인접하고 있어서 실거주 수요자들에게 선호되는 아파트가 될 듯하다.

단점으로 작전역과는 거리가 멀어 6억 원대까지는 성장하기 힘들 것으로 보인다. 아무리 인천이라고 해도 역세권과 비역세권의 차이는 분명히 존재한다. 그리고 천마산 줄기에 공급된 단지다 보니 아파트 동마다 단차가 심한 편이다. 입구에서 뒤쪽 동으로 갈수록 오르막이 있어 생각보다 단지 내 도보가 편하지는 않아 보였다. 앞쪽 동과 뒤쪽 동의 가격차이가 좀 있을 듯하나, 재건축 단지이다 보니 큰 의미는 없을 것이다. 다만 조합원분양 시 동호수 배정된 물건 중에서 앞쪽 동이 더 선호도가 높을 것으로 예상된다. 조망도 비슷하게 나올 것이고 진입로가 한 곳뿐

● 현장 전경

이라서 앞쪽 동이 더 출입이 편하기 때문이다.

투자를 위한 접근 전략

현재 매매가격은 17평형 기준 1억 원 중반에 형성되어 있는데 단지의 크기와 사업 속도 대비 저렴해서 투자 가치도 높다고 생각한다. 전고점은 2022년 5월경 2억 원 중반이었는데 사업 진행이 정체되고 금리인상의 여파로 지금은 많이 하락한 상황이라고 판단된다. 전고점 대비 약 1억원 차이니 대략 40퍼센트나 하락한 셈인데 이 정도면 바닥이라고 봐도

● 뉴서울 1차 아파트 시세

출처: 호갱노노

될 것이다.

향후 조합원분양가가 발표되고 예상 일반분양가와 차이가 더 생긴다면 상승 여력은 더 생길 수 있겠다. 인근 재건축 중에서 가장 빠르고 단지도 크며 가격적인 메리트가 분명히 있으므로 소액투자 단지로 주목해볼 만하다고 생각한다.

계양구의 소액투자 방향성에 관하여

계양구는 앞에서도 언급했듯이 주력 재건축 단지보다는 따라가는 소규모 재건축 단지들이 투자로는 좋아 보인다. 형님 단지들이 치고 나가면 지가와 가치는 높아질 것이고 인프라의 확충은 분명히 주거환경 개선으로 나타나게 될 것이다. 이때 주변에서 이런 신축으로 변모 가능한 단지를 소액으로 매수해놓고 시간에 투자한다면 분명히 훌륭한 투자 수익률로 돌아올 수 있을 것이다.

계양구는 이 책에 소개한 단지 외에도 소규모로 진행되는 정비사업지가 많은 편이다. 가로주택정비사업지도 다수 있고 재건축과 재개발이 혼재된 사업지도 있다. 각 사업지마다 특징이 다르고 입지와 가치, 가격의 메리트도 모두 다르다. 이 중에 분명 옥과 같은 좋은 투자 단지가 있을 것이다. 이런 곳들을 알아볼 줄 알고 가격 대비 저렴한 물건을 찾아내려면 그만큼 노력해야 할 것이다. 세상에 쉬운 투자는 없다.

여기까지 책을 보면서 이런 질문이 생길 수도 있을 것이다. '좋은 사업지나 큰 사업지 놔두고 왜 저런 소규모 사업지만 추천하는 거지?'라고 말이다. 좋은 질문이다. '서울이냐, 인천이냐'로 거슬러 올라 생각해보자. 좋은 것은 누구나 다 안다. 누구나 다 아니 비싸다. 그래서 투자금이 많이 들어간다. 압구정이 좋다는 것은 모두 알고 있다. 하지만 우리는 현금 70억이 없지 않은가?

그렇다면 내가 가능한 투자금에서 최적이라 할 만한 사업지과 신축으로 갈 수 있는 단지들을 찾아서 투자하는 것이 앞에서 이야기한 이런 흑백논리의 소모적 논쟁을 피하는 것이며 가장 현명한 투자가 아닐까 생각한다.

나도 처음에는 이렇게 소액으로 지방투자부터 시작했다. 나도 서울이 좋은 것은 안다. 좋은 시기에 시장에 진입해서 사기만 하면 오르는 시간을 지나온 것도 사실이다. 하지만 그 좋은 시절에도 돈이 없었다. 목돈을 모으기 위해서 소액투자처를 찾아나섰고 그것이 지방 재건축이었을 뿐이다. 지금도 마찬가지라고 생각한다. 나에게 맞는 투자처와 리스크 헷지의 구간을 철저히 분석해서 투자에 반영하는 사람이 가장 현명한 소액투자자라고 생각한다.

그 기준에서 인천의 재개발이 좋아 보였고, 그 중 한 지역이 계양구라고 생각한다. 누누이 강조하고 있지만 이렇게 부동산 경기가 안 좋은 상황에서도 구도심 신축에 대한 수요층은 꾸준히 있다. 그 점만은 과거에도 현재에도 미래에도 똑같을 것이다. 그리고 가격은 변해도 가치는 변하지 않을 것이기에 우리는 이러한 도심 개발의 축을 이해하고 그 길목을 기다리는 투자를 했으면 좋겠다. 소액투자처로 인천 구도심의 정비사업지를 답사해보고 자신에게 맞는 사업지과 물건을 꼭 검토해보기를 바란다.

소액투자 기록을 마무리하며

부동산은 심리가 중요하다고 생각한다. 남들이 돈 벌러 다닌다는 소리가 들려와야 나도 해볼까 하는 마음이 생긴다. 아는 누가 뭐 샀다더라, 그래서 얼마가 올랐다더라, 땅값이 얼마라더라, 거기에 도로가 생긴다더라 등 귀에 흘러들어오는 이야기가 사람의 심리를 자극한다. 정부의 금리 정책, 개발 호재, 부동산 뉴스 등의 다양한 변수들이 사람들의 투자 심리를 자극하는 원인일 테다.

2023년 9월을 기점으로 하락하기 시작한 서울 아파트 거래량이 2024년 상반기에는 소폭이나마 증가하기 시작했다. 현장에서는 1급지를 시작으로 투자 문의를 하는 사람들이 늘기 시작했다고 한다. 이런 현상이 반등장의 시작을 의미할지, 일시적인 갈아타기 매수세일지는 조금

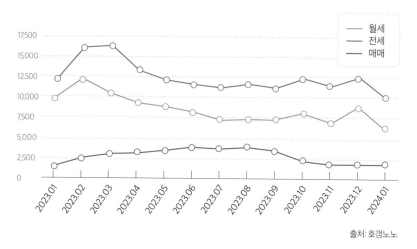

● 서울 아파트 거래량

출처: 호갱노노

지켜봐겠지만, 한 가지 확실한 것은 투자 심리가 바닥을 찍고 하방을 다지기 시작했음이 검증되었다는 것이다. 그래서 더 이상의 하락곡선은 나타나지 않을 가능성이 높으며 횡보장이나 소폭 강보합세로 갈 수 있다고 예상된다.

통계에서도 나타나고 있다. 2023년 9월부터 하락하던 서울 아파트 매매 거래량이 1월부터 소폭 오른 것을 볼 수 있다. 통계는 후행한다. 그래서 정확한 거래량이 집계되어 나타나려면 3개월 정도가 지나야 가능하다.

현장에서는 물론 1급지 위주이기는 하지만, 부동산을 찾는 손님들이 늘어나고 있다고 한다. 낙수효과가 나타나려면 급지별로 점차적으로 시간이 걸린다. 좋은 지역부터 매수세가 시작되는 것은 당연한 현상이다.

2024년의 유동성의 주축은 신생아 특례대출이 될 것이라고 책 초반에 언급했던 것을 기억할 것이다. 신생아 특례대출의 수요가 만만치 않다. 아마 조기 소진될지도 모르겠다. 물론 특례대출을 받는 사람 중에는 기존 대출상품에서 환승하는 수요도 있어서 전체적으로 지켜보아야 할 것이다.

그렇지만 다시 다른 대출이 신생아 특례대출을 이어가거나, 또는 한도 증액이 될 수 있다고 생각한다. 정부 입장에서는 부동산 침체보다는 수요층의 충족이 더 이익이기 때문이다. 거래량도 올라오기 시작했다는 기사가 나오고 있다. 책을 마무리하는 시기에 예측한 시황이 가시화되니 나 또한 기분이 좋아진다. 다들 올해 좋은 일이 있기를 바란다.

마지막으로 소액투자자 분들에게 드리고 싶은 말이 있다. 크게 두 가지를 당부하고 싶다.

첫 번째, 자신이 감당 가능한 범위 내에서 투자하면 좋겠다. 현재 가진 자산과 하락장에서 버틸 수 있는 자산 능력은 하늘과 땅 차이다. 상승장에서는 이것저것 팔면 방어가 가능하니 마피가 되거나 입주장의 일시 하락 같은 리스크도 감당이 가능하다. 하지만 전체 시장이 무너지면 개인이 보유하고 있는 모든 자산은 동결된다. 아무것도 하지 못하는 상황이 되면 모든 계획이 물거품이 된다는 것을 서사는 이번 장에서 깨날았다.

아직 고금리 상황이 지속되고 있고 금리인하의 시그널은 요원하기만 하다. 리스크를 감당 가능한 범위 내에서 천천히 늘려가기를 추천한다. 우리는 장거리 마라톤을 하는 사람들이다. 단기로 남들보다 조금 못했다고 주눅들 필요도, 결과가 생각보다 못하다고 실망할 필요도 없다. 투자 1~2년 하고 하산할 것 아니지 않은가? 10년, 20년 오래오래 투자하고 성장하면 되는 것이니 너무 조급해 하지 말자.

두 번째, 꼭 부동산이 아니어도 괜찮다. 이 책은 부동산 투자 관련 책이다. 그런데 부동산이 아니어도 좋다니 무슨 말일까? 주식, 채권, 부동산, 예·적금 등 자산시장은 여러 가지다. 고금리 상황에서 가장 좋은 상품은 금리에 투자하는 안전자산이 선호도가 높다. 자산가들이 시기마다 자산을 돌려가며 지키는 것은 다 이유가 있다. 잠깐씩 쉬어 가는 것도 투자의 한 방법이다. 기다리는 법을 배우지 못하면 항시 부화뇌동하게 되고 자신이 '호구'인지도 모르게 당하게 된다. 그렇게 소리 소문 없이 자산시장에서 낙오하는 경우가 비일비재하다.

시기마다 그에 맞는 자산투자 타이밍이 있다. 물론 이론적으로 분석만 잘한다고 부자가 되는 것도 아니다. 하지만 적어도 소나기는 피할 수 있는 확률이 높아지지 않을까? 잠시 숨을 돌리며 차액을 발생시킬 수 있는 채권시장도 공부해보고, 서울의 초기 재개발 시장도 관심 가져보자. GTX가 영향을 줄 수 있는 수도권 외곽 지역도 한 번씩 가보자. 개발의 힘은 예상보다 더 큰 효과로 돌아올 수도 있으니 말이다.

서울 초기 재개발 구역들은 리스크가 크다. 특히 재개발 시장은 지금 공사비 증액으로 사업 자체가 안 되는 구역들이 늘어나고 있다. '대장주들도 사업이 잘 안 되는데 초기 재개발이 잘될까?' 이런 의문을 가지는 것도 당연하다고 본다. 그래서 좋은 지역에 적당한 가격의 물건을 찾아서 투자할 수 있는 역량을 키우기 바란다. 나는 아무거나 투자하라고 추천한 적이 단 한 번도 없다. 매력적인 가격으로 내려온 초기 재개발 구역들은 중장기적으로 대장주로 올라설 수 있는 미래 가치를 품고 있는 곳들이다. 서울은 당연히, 언제나, 지금이 가장 싸다. 소액으로 지분 하나라도 소유하기를 추천한다.

힘든 시기를 견뎌오면서 투자를 이어온 모든 소액투자자 분들을 응원한다.